BESTSELLER

Steven D. Levitt es catedrático de economía en la Universidad de Chicago. En 2003 recibió la medalla John Bates Clark, que reconoce al economista más influyente del mundo menor de cuarenta años.

Stephen J. Dubner ha trabajado en la revista dominical de *The New York Times*. Es autor de *Turbulent Souls (Choosing My Religion). Confessions of a Hero-Worshiper* y del libro infantil *The Boy With Two Belly Bottons*.

STEVEN D. LEVITT
y STEPHEN J. DUBNER

Superfreakonomics

Traducción de
Juan Manuel Ibeas

DEBOLS!LLO

Papel certificado por el Forest Stewardship Council'

MIXTO
Papel procedente de
fuentes responsables
FSC® C117695

Penguin
Random House
Grupo Editorial

Título original: *Superfreakonomics*

Segunda edición en Debolsillo: enero de 2015
Octava reimpresión: abril de 2023

Printed in Spain – Impreso en España

ISBN: 978-84-9908-813-6
Depósito legal: B-11.079-2011

Compuesto en Fotocomposición 2000, S. A.

Impreso en QP Print

P 8 8 8 1 3 B

Índice

... Una de cada cincuenta mujeres es prostituta ... El próspero comercio sexual en el viejo Chicago ... Un estudio como ningún otro ... La disminución de la paga de la prostituta ... ¿Por qué se ha vuelto tan barato el sexo oral? ... Chulos frente a agentes de la propiedad ... Por qué a los polis les gustan las putas ... ¿Qué ha sido de todas las maestras de escuela? ... ¿Cuál es la verdadera causa de la diferencia de salarios entre hombres y mujeres? ... ¿Les gusta el dinero a los hombres como los niños a las mujeres? ... ¿Puede un cambio de sexo hacer subir tu salario? ... Presentamos a Allie, la prostituta feliz. ¿Por qué no hay más mujeres como ella?

Donde comentamos aspectos atractivos de la vida y la muerte, pero sobre todo de la muerte.

El peor mes para tener un hijo ... La ruleta de la natalidad afecta también a los caballos ... Por qué Albert Aab eclipsará a Albert Zyzmor ... El abultamiento de las fechas de nacimiento ... ¿De dónde viene el talento? ... Algunas familias producen jugadores de béisbol; otras, terroristas ... ¿Por qué el terrorismo es tan barato y tan fácil? ... El goteo de efectos secundarios del 11 de septiembre ... El hombre que arregla hospitales ... Por qué las nuevas salas de urgencias están ya obsoletas ... ¿Cómo se puede distinguir un buen médico de uno malo? ... «Mordido por un cliente en el trabajo» ... Por qué quiere que su médico de urgencias sea una mujer ... Diversas maneras de posponer la muerte ... ¿Por qué se utiliza tanto la quimioterapia, si casi nunca funciona? ... «El cáncer nos sigue pateando el culo» ... ¿Es la guerra menos peligrosa de lo que creemos? ... Cómo atrapar a un terrorista.

¿Por qué 38 personas presenciaron el asesinato de Kitty Genovese? … Con vecinos como estos … ¿Qué ocasionó el auge de criminalidad de los años sesenta? … Cómo la ACLU fomenta el delito … Déjeselo a Beaver: no tan inocente como creía … Las raíces del altruismo, puro e impuro … ¿Quién visita las residencias de ancianos? … Desastres naturales y días de pocas noticias … Los economistas hacen como Galileo y se meten en el laboratorio … La brillante sencillez del juego del Dictador … ¡Qué generosa es la gente! … Gracias a Dios que hay «motodonantes» … El gran experimento iraní de los riñones … De conducir un camión a la torre de marfil … ¿Por qué la gente de verdad no se comporta como la del laboratorio? … La cochina verdad acerca del altruismo … Los espantapájaros también asustan a las personas … Nueva visita a Kitty Genovese.

Los peligros del parto … Ignatz Semmelweis al rescate … Cómo la Ley de Especies en Peligro puso en peligro a las especies … Maneras creativas de pagar por tu basura … Acaparamiento de fórceps … La hambruna que no fue tal … Trescientas mil ballenas muertas … Los misterios de la polio … ¿Qué impidió de verdad su ataque al corazón? … El coche asesino … La extraña historia de Robert McNamara … Tiremos unos cuantos cráneos escaleras abajo … Vivan los cinturones de seguridad … ¿Qué tiene de malo viajar de copiloto? … ¿Son buenos los asientos para niños de los coches? ... Los muñecos de pruebas de choque no mienten ... Por qué los huracanes matan, y qué se puede hacer al respecto.

¡Fundamos el casquete polar! ... ¿Qué es peor, los escapes de los coches o los pedos de las vacas? ... Si amas la Tierra, come más canguro ... Todo es cuestión de externalidades negativas ... La barra antirrobo contra el LoJack ... El monte Pinatubo enseña una lección ... Los caballeros asquerosamente listos y algo retorcidos de Intellectual Ventures ... Asesinos de mosquitos ... «Señor, soy científico de todas las clases» ... Una sinceridad incómoda ... Lo que les falta a los modelos climáticos ... ¿Es el dióxido de carbono un falso villano? ... «Volcanes culogordos» y cambio climático ... Cómo enfriar la Tierra ... La «manguera al cielo» ... Razones para odiar la geoingeniería ... Saltando la barrera de la repugnancia ... «Espejos mojados» y la solución de la nube algodonosa ... Por qué es tan difícil cambiar de conducta ... Manos sucias y médicos mortíferos ... La caída de los prepucios.

Nota explicativa

Ha llegado el momento de reconocer que en nuestro primer libro mentimos. Dos veces.

La primera mentira aparecía en la introducción, donde escribimos que el libro no tenía un «tema unificador». Lo que sucedió fue esto: nuestra casa editorial —buena gente, gente lista— leyó el primer borrador de nuestro libro y lanzó un grito de alarma: «¡Este libro no tiene un tema unificador!». Por el contrario, el manuscrito era un montón de historias elegidas al azar sobre profesores que hacían trampas, agentes inmobiliarios que se vendían a sí mismos, y niños de mamá que vendían crack. No había una elegante base teórica sobre la que amontonar estas historias para que, milagrosamente, el todo fuera mayor que la suma de sus partes.

La alarma de nuestros editores aumentó cuando propusimos un título para aquel revoltillo de libro: *Freakonomics*. Incluso por teléfono se podía oír el sonido de las palmas golpeando frentes: *¡Este par de payasos acaban de entregar un manuscrito sin tema unificador y con un título inventado y absurdo!*

Como era de esperar, se nos sugirió que en el libro publicado reconociéramos desde un principio, en la introducción, que no teníamos tema unificador. Y así, con el fin de mantener la paz (y de que nuestro libro avanzara), eso fue lo que hicimos.

Pero la verdad es que el libro *sí que tenía* un tema unificador, aunque en aquel momento no resultara obvio, ni siquiera para nosotros. Bajo presión, se podía reducir a seis palabras: *la gente responde a los incentivos*. Si querías ser más expansivo, podías decir esto: *La gente responde a los incentivos, aunque no necesariamente de maneras predecibles o evidentes. Por lo tanto, una de las leyes más poderosas del universo es la ley de las consecuencias no intencionadas. Esto se aplica a los maestros de escuela, a los agentes inmobiliarios y a los traficantes de crack, así como a las madres con grandes expectativas, los luchadores de sumo, los vendedores de bollos y el Ku Klux Klan.*

Mientras tanto, la cuestión del título del libro seguía sin resolverse. Después de varios meses y decenas de sugerencias, entre ellas *Sabiduría no convencional* (¿ein?), *No es necesariamente así* (bah) y *Visión de rayos E* (ni me hablen), nuestros editores decidieron por fin que tal vez *Freakonomics* no fuera tan malo después de todo… o más bien, que era tan malo que hasta podría ser bueno.

O tal vez estaban simplemente agotados.

La introducción prometía que el libro exploraría «el lado oculto de todas las cosas». Esta era nuestra segunda mentira. Estábamos seguros de que la gente razonable vería esta frase como una hipérbole intencionada. Pero algunos lectores se lo tomaron al pie de la letra, y se quejaron de que nuestras historias, una colección bastante variopinta, no abarcaban en realidad «todas las cosas». Y así, aunque la introducción no pretendía ser una mentira, resultó serlo. Pedimos perdón.

No obstante, nuestro fallo, al no incluir «todas las cosas» en el primer libro, tuvo una consecuencia no intencionada: generó la necesidad de un segundo libro. Pero que quede bien claro que el conjunto de este segundo libro y el primero todavía no abarca literalmente «todas las cosas».

Nosotros dos llevamos varios años colaborando. Empezó cuando uno de nosotros (Dubner, escritor y periodista) escribió un artículo en una revista acerca del otro (Levitt, economista académico). Adversarios al principio, aunque civilizados, unimos nuestras fuerzas cuando varias editoriales empezaron a ofrecer jugosas sumas de dinero por un libro. (Recuerden: *la gente responde a los incentivos*; y a pesar de la extendida creencia, los economistas y los periodistas también son personas.)

Discutimos cómo se debería repartir el dinero. Casi inmediatamente llegamos a un callejón sin salida, porque los dos insistíamos en un reparto 60-40. Cuando nos dimos cuenta de que cada uno pensaba que *el otro* debía llevarse un 60 por ciento, supimos que teníamos una buena sociedad. Así que quedamos de acuerdo en ir a medias y nos pusimos a trabajar.

No sentimos mucha presión al escribir aquel primer libro porque, sinceramente, pensábamos que lo leería muy poca gente. (El padre de Levitt estaba de acuerdo y dijo que era inmoral aceptar un solo céntimo por adelantado.) Estas bajas expectativas nos dejaron libres para escribir acerca de cualquier cosa que nos pareciera que merecía la pena. Así que lo pasamos muy bien.

Nos sorprendió y emocionó que el libro fuera un éxito. A pesar de lo provechoso que habría sido cocinar rápidamente una continuación —por ejemplo, *Freakonomía para tontos* o *Sopa de pollo para el alma freakonómica*—, preferimos esperar hasta que hubiéramos reunido tanta información que fuera inevitable escribirlo todo. Y aquí estamos por fin, más de cuatro años después, con un segundo libro que creemos que es mucho mejor que el primero. Por supuesto, son ustedes, y no nosotros, quienes deciden si eso es verdad... o si es tan malo como algunos temían que fuera nuestro primer libro.

Por lo menos, nuestros editores se han resignado a nuestro irreductible mal gusto. Cuando propusimos que este nuevo libro se titulara *Superfreakonomics*, ni siquiera pestañearon.

Si este libro tiene algo de bueno, también se lo debe a ustedes. Una de las ventajas de escribir libros en una época de comunicaciones tan fáciles y baratas es que los autores oyen directamente la opinión de sus lectores, alto y claro y en gran número. Una buena retroalimentación es difícil de obtener, y su valor es incalculable. No solo recibimos opiniones sobre lo que ya habíamos escrito, sino también muchas sugerencias de futuros temas. Algunos de los que nos enviaron correos electrónicos verán sus pensamientos reflejados en este libro. Muchas gracias.

El éxito de *Freakonomics* tuvo un subproducto particularmente extraño: nos invitaban con frecuencia, juntos o por separado, a dar conferencias a toda clase de públicos. Muchas veces nos presentaban como el mismo tipo de «expertos» de los que en *Freakonomics* les advertíamos que deberían cuidarse: gente que posee una ventaja informativa y tiene un incentivo para explotarla. (Hicimos todo lo posible por desengañar al público de la idea de que fuéramos expertos en algo.)

Aquellos encuentros también proporcionaron material para futuros escritos. Durante una conferencia en la UCLA, uno de nosotros (Dubner) habló de que la gente se lava las manos después de usar el cuarto de baño mucho menos de lo que dice. Al terminar, un caballero se acercó al estrado, ofreció la mano y dijo que era urólogo. A pesar de esta presentación tan poco sugerente, el urólogo tenía una fascinante historia que contar acerca de negligencias en la higiene manual en ambientes de alto riesgo —el hospital en el que él trabajaba— y los incentivos creativos que el hospital empleaba para superar tales negligencias. Encontrarán esa historia en este libro, además de la historia de otro médico de otra época que también luchó contra la falta de higiene manual.

En otra conferencia, ante un grupo de capitalistas especuladores, Levitt comentó unas investigaciones que estaba haciendo con Sudhir Venkatesh, el sociólogo cuyas aventuras con una banda de traficantes de crack aparecían en *Freakonomics*. La nueva investigación tenía como tema las actividades hora a hora de las prostitutas callejeras de Chicago. Resultó que uno de los especuladores (le llamaremos John) tenía después una cita con una prostituta de 300 dólares la hora (que responde al nombre de Allie). Cuando John llegó al piso de Allie, vio un ejemplar de *Freakonomía* en la mesita de café.

—¿De dónde has sacado eso? —preguntó John.

Allie dijo que se lo había enviado una amiga que era también «del oficio».

Con la intención de impresionar a Allie —parece que el instinto masculino de impresionar a la hembra es fuerte incluso cuando el sexo se ha comprado y pagado ya—, John dijo que aquel mismo día había asistido a una conferencia de uno de los autores del libro. Como si aquello no fuera suficiente coincidencia, Levitt había dicho que estaba haciendo una investigación sobre la prostitución.

Pocos días después, llegó este correo electrónico a la bandeja de entrada de Levitt:

> He oído a un conocido común decir que está usted trabajando en un reportaje sobre la economía de la prostitución. ¿Es cierto? Como no estoy muy segura de si se trata de un proyecto serio o si mi informante me estaba tomando el pelo, he pensado darme a conocer y hacerle saber que me encantaría poder ayudarle.
>
> Gracias, Allie

Quedaba una complicación: Levitt tuvo que explicarles a su mujer y a sus cuatro hijos que no estaría en casa el próximo sábado por la mañana porque iba a almorzar con una prostituta. Era importantísimo, argumentó, encontrarse con ella en persona para medir con exactitud la forma de su curva de demanda. Por lo visto, se lo creyeron.

Y así, también leerán sobre Allie en este libro.

La cadena de acontecimientos que condujeron a su inclusión se podría atribuir a lo que los economistas llaman *ventaja acumulativa*. Es decir, la popularidad de nuestro primer libro generó una serie de ventajas al escribir un segundo libro, de las que no habría gozado un autor diferente. Nuestra mayor esperanza es que le hayamos sacado el debido partido a esta ventaja.

Por último, al escribir este libro hemos procurado utilizar al mínimo la jerga económica, que puede resultar abstrusa y difícil de recordar. Así que en lugar de pensar en el caso Allie como un ejemplo de *ventaja acumulativa*, llamémoslo simplemente… freaky o, mejor aún, friki.

Introducción
Metiendo lo friki en la economía

Muchas decisiones de la vida son difíciles. ¿Qué tipo de carrera debe uno seguir? ¿Es preciso meter a tu achacosa madre en una residencia? Tu pareja y tú tenéis ya dos niños; ¿deberíais tener un tercero?

Estas decisiones son difíciles por varias razones. Para empezar, los riesgos son altos. Hay también mucha incertidumbre. Y por encima de todo, las decisiones como estas son poco frecuentes, y esto significa que uno no tiene mucha práctica en tomarlas. Probablemente se te da muy bien comprar comestibles, ya que lo haces a menudo, pero comprar tu primera casa es algo muy diferente.

Algunas decisiones, en cambio, son fáciles, facilísimas.

Imagine que ha ido a una fiesta en casa de un amigo. Vive a solo un kilómetro y medio de distancia. Se lo ha pasado muy bien, tal vez porque ha bebido cuatro copas de vino. La fiesta ya está terminando. Mientras vacía su última copa, saca las llaves de su coche. Y de pronto llega a la conclusión de que no es buena idea: no está en condiciones de volver a casa conduciendo.

Durante las últimas décadas se nos ha instruido rigurosamente acerca de los peligros de conducir bajo los efectos del alcohol. Un conductor borracho tiene trece veces más probabilidades de causar un accidente que uno sobrio. Y, sin embargo, mucha gente sigue conduciendo borracha. En Estados Unidos, en más del 30 por ciento de los accidentes fatales ha intervenido por lo menos un conductor que había estado bebiendo. A altas horas de la noche, cuando el consumo de alcohol es mayor, el porcentaje sube a casi el 60 por ciento. En general, alguien conduce borracho uno de cada 140 kilómetros, 33.000 millones de kilómetros al año.

¿Por qué tanta gente se pone al volante después de haber bebido? Puede que sea porque —y esta podría ser la estadística más desemborrachante— a los conductores bebidos casi nunca los pillan. Solo se da una detención por cada 43.000 kilómetros recorridos conduciendo borracho. Esto significa que podría conducir campo a través, ida y vuelta, y después otras tres idas y otras tres vueltas, bebiendo cerveza todo el tiempo, antes de que le hagan parar. Como sucede con casi todas las malas conductas, probablemente la de conducir borracho se podría erradicar si se instituyera un incentivo lo bastante fuerte: controles de carretera al azar, por ejemplo, en los que se ejecutara al instante a los conductores borrachos. Pero lo más probable es que nuestra sociedad no tenga estómago para eso.

Mientras tanto, volviendo a la fiesta de su amigo, ha tomado la que parece la decisión más fácil de la historia: en lugar de volver a casa conduciendo, va a volver andando. Al fin y al cabo, es solo un kilómetro y medio. Busca a su amigo, le da las gracias por la fiesta y le cuenta el plan. Él aplaude su buen juicio de todo corazón.

Pero ¿debería hacerlo? Todos sabemos que conducir borracho es sumamente peligroso, pero ¿qué me dice de caminar borracho? ¿Es tan fácil esta decisión?

Veamos algunas cifras. Cada año, más de mil peatones borrachos mueren en accidentes de tráfico. Se bajan de las aceras en las calles de las ciudades; se tumban a descansar en carreteras rurales; se lanzan como locos a cruzar autovías muy transitadas. Comparado con el número total de personas que mueren cada año en accidentes de tráfico relacionados con el alcohol —unas 13.000—, el número de peatones borrachos muertos es relativamente pequeño. Pero cuando decides si vas a andar o a conducir, lo que cuenta no es el número total. La pregunta relevante es esta: en relación con los kilómetros recorridos, ¿es más peligroso conducir borracho o caminar borracho?

El norteamericano medio anda unos 800 metros al día fuera de su casa o de su lugar de trabajo. Hay unos 237 millones de norteamericanos mayores de dieciséis años; contándolos a todos, la gente en edad de conducir camina cada año unos 69.000 millones de kilómetros. Si suponemos que uno de cada 140 de esos kilómetros se anda borracho —la misma proporción de kilómetros que se conducen habiendo bebido—, cada año se andan en estado de embriaguez 490 millones de kilómetros.

Haciendo cuentas, se descubre que, kilómetro a kilómetro, un peatón borracho tiene *ocho veces más probabilidades* de morir que un conductor borracho.

Hay un matiz importante: no es probable que un peatón borracho hiera o mate a otra persona, aparte de sí mismo. Esto no se puede decir de un conductor borracho. En los accidentes mortales relacionados con el alcohol, el 36 por ciento de las víctimas son pasajeros, peatones u otros conductores. Aun así, incluso teniendo en cuenta las muertes de esos inocentes, caminar borracho produce cinco veces más muertes por kilómetro que conducir borracho.

Así que cuando se marche de la fiesta de su amigo, la decisión debe estar clara: conducir es más seguro que andar. (Evidentemente, aún sería más seguro beber menos o coger un taxi.) La próxima vez que se beba cuatro copas de vino en una fiesta, a lo mejor se piensa su decisión de un modo algo diferente. Si está demasiado bebido, tal vez su amigo le ayude a resolver la situación. Porque los amigos no dejan que sus amigos anden borrachos.

Si pudiera elegir en qué país actual nacer, la India podría no ser la elección más prudente. A pesar de su proclamado progreso como actor importante en la economía global, el conjunto del país sigue siendo insoportablemente pobre. La esperanza de vida y la tasa de alfabetización son bajas; la contaminación y la corrupción son elevadas. En las zonas rurales, donde viven más de dos terceras partes de los indios, apenas la mitad de los hogares tienen electricidad y solo una de cada cuatro casas tiene cuarto de baño.

Es especialmente desafortunado nacer mujer, porque muchos padres indios manifiestan una fuerte «preferencia por los hijos». Solo el 10 por ciento de las familias indias con dos hijos varones quiere otro hijo, mientras que casi el 40 por ciento de las familias con dos hijas quiere intentarlo otra vez. Tener un hijo varón es como tener un fondo de jubilación. Al crecer será un hombre que ganará un salario, podrá encargarse de sus padres en sus años crepusculares y, llegado el momento, encenderá la pira funeraria. Tener una niña, en cambio, significa que en vez de adquirir un fondo de jubilación tendrán que pagar una dote. Aunque el sistema de dotes lleva mucho tiempo sometido a ataques, todavía es corriente que los padres de la novia le den al novio o a su familia dinero, coches o tierras. También se espera que la familia de la novia pague la boda.

Hace poco, la organización de ayuda estadounidense Smile Train, que se dedica a operar de labio leporino a niños pobres de todo el mundo, pasó algún tiempo en Chennai (India). Cuando le preguntaron a un hombre del lugar cuántos hijos tenía, él dijo que «uno». Más adelante, la organización se enteró de que el hombre tenía efectivamente un hijo… y también cinco hijas, que al parecer no valía la pena mencionar. Smile Train se enteró también de que había gente que pagaba 2,50 dólares a las comadronas de

Chennai por ahogar a las niñas nacidas con una deformidad en el labio... y así, haciendo uso del cebo de los incentivos, la organización empezó a ofrecer a las comadronas hasta 10 dólares por cada recién nacida que llevaran al hospital para ser operada.

Las chicas están tan infravaloradas en la India que en la población hay unos 35 millones menos de mujeres que de hombres. La mayoría de estas «mujeres desaparecidas», como las llama el economista Amartya Sen, se supone que murieron, bien por medios indirectos (los padres de las niñas desatendieron su nutrición o sus cuidados médicos, tal vez en beneficio de un hermano), por medios directos (a la niña la mataron al nacer, ya lo hiciera la comadrona o uno de los padres) o, cada vez más, por decisión prenatal. Incluso en las aldeas más pequeñas de la India, donde la electricidad puede ser esporádica y el agua limpia difícil de encontrar, una mujer embarazada puede pagar a un técnico para que le haga una ecografía y, si el feto es femenino, abortar. En los últimos años, estos abortos selectivos por razón de sexo se han hecho más frecuentes, y la proporción hombres/mujeres en la India —y también en otros países que veneran a los hijos, como China— es cada vez más desigual.

Una niña india que llegue a adulta se enfrenta a la desigualdad casi a cada paso. Ganará menos dinero que un hombre, recibirá peor atención sanitaria y menos educación, y tal vez se vea sometida a malos tratos cotidianos. En un estudio sanitario a escala nacional, el 51 por ciento de los hombres indios dijeron que pegar a la esposa está justificado en ciertas circunstancias; lo más sorprendente es que el 54 por ciento de las *mujeres* estaban de acuerdo: por ejemplo, si a la esposa se le quema la comida o sale de casa sin permiso. Cada año mueren en incendios más de 100.000 jóvenes indias; muchas de ellas en «cremaciones de esposas» u otras situaciones de maltrato doméstico.

Las mujeres indias, además, corren un riesgo desproporcionado de embarazos no deseados y enfermedades de transmisión sexual, incluyendo una elevada tasa de sida. Una de las causas es que los condones utilizados por los hombres funcionan mal más del 15 por ciento de las veces. ¿A qué se debe esta tasa tan alta de fallos? Según el Consejo Indio de Investigación Médica, aproximadamente un 60 por ciento de los hombres indios tienen el pene demasiado pequeño para los condones fabricados según las especificaciones de la Organización Mundial de la Salud. Esa fue la conclusión de un estudio que duró dos años, en el que los científicos midieron y fotografiaron los penes de más de mil indios. «El condón —declaró uno de los investigadores— no está optimizado para la India.»

Ante tal multitud de problemas, ¿qué se debería hacer para mejorar la vida de las mujeres indias, y en especial de la mayoría que viven en el campo?

El gobierno ha intentado ayudar prohibiendo las dotes y los abortos selectivos, pero estas leyes se han incumplido en gran medida. También se han creado diversas ayudas económicas para las mujeres indias. Entre ellas, Apni Beti, Apna Dhan («Mi hija, mi Orgullo»), un proyecto que paga a las mujeres rurales para que no aborten los fetos femeninos; una amplia campaña de microcréditos para mujeres con pequeños negocios; y una serie de programas de asistencia organizados por toda una sopa de letras de agencias internacionales.

El gobierno indio ha prometido también facilitar el acceso a condones más pequeños.

Por desgracia, muchos de estos proyectos han resultado complicados, costosos y, en el mejor de los casos, de discreto éxito.

En cambio, sí que parece haber funcionado un tipo de intervención muy diferente. Como el aparato de ultrasonidos para las ecografías, este también se basa en la tecnología, pero tiene poco que ver con las mujeres en sí mismas y aún menos con la gestación de niños. Tampoco fue suministrado por el gobierno indio ni por alguna organización caritativa internacional. De hecho, ni siquiera se ideó para ayudar a nadie, al menos no lo que se entiende normalmente por «ayudar». Era solo un viejo avance de la industria llamado televisión.

La televisión estatal llevaba décadas funcionando, pero la mala recepción y la escasa programación hacían que no hubiera muchos motivos para verla. Pero últimamente, gracias a una enorme caída del precio de los equipos y la distribución, grandes extensiones de la India disponen de televisión por cable y por satélite. Entre 2001 y 2006, unos 150 millones de indios recibieron televisión por cable por primera vez, y sus aldeas crepitaban con los últimos concursos y series, noticiarios y seguimientos policiales, emitidos desde las grandes ciudades de la India y del extranjero. La televisión proporcionó a muchos campesinos indios su primera mirada al mundo exterior.

Pero no todas las aldeas tenían televisión por cable, y las que la tenían no la recibieron todas al mismo tiempo. Esta introducción desigual proporcionó el tipo exacto de datos —un bonito experimento natural— que a los economistas les encanta explorar. En este caso, los economistas fueron un par de jóvenes norteamericanos, Emily Oster y Robert Jensen. Midiendo los cambios en diferentes aldeas, basándose en si tenían o no televisión por cable (y desde cuándo), consiguieron discernir el impacto de la televisión en las mujeres indias.

Examinaron datos de una encuesta del gobierno en 2.700 hogares, casi todos ellos rurales. Se preguntó a mujeres de más de quince años acerca de su modo de vida, preferencias y relaciones familiares. Resultó que las mujeres que habían adquirido televisión por cable estaban significativamente menos dispuestas a tolerar los malos tratos conyugales, era menos probable que admitieran tener preferencia por los hijos varones y tenían más tendencia a la autonomía personal. De alguna manera, parecía que la televisión estaba dando fuerzas a las mujeres como no lo habían hecho las intervenciones del gobierno.

¿Qué ocasionó estos cambios? ¿Se volvieron más autónomas las mujeres indias después de ver imágenes cosmopolitas en sus televisores: mujeres que se vestían como querían, que manejaban dinero propio y a las que no se trataba como una propiedad ni como máquinas de procrear? ¿O simplemente, la programación hizo que a las mujeres rurales les diera vergüenza reconocer ante un encuestador del gobierno lo mal que se las trataba?

Hay buenas razones para ser escéptico ante los datos de encuestas personales. Suele haber un abismo entre lo que la gente dice que hace y lo que hace de verdad. (En la jerga de los economistas, estas dos conductas se llaman *preferencias declaradas* y *preferencias reveladas*.) Además, cuando no cuesta casi nada mentir —como en el caso de una encuesta oficial como esta—, es de esperar una cantidad razonable de pequeñas mentiras. Incluso es posible que las mentiras sean subconscientes, porque el sujeto dice simplemente lo que cree que el encuestador desea oír.

Pero cuando se puede medir la preferencia revelada, o el comportamiento real, entonces se está llegando a alguna parte. Y ahí es donde Oster y Jensen encontraron evidencias convincentes de un auténtico cambio. Las familias rurales indias que tenían televisión por cable empezaron a tener una tasa de natalidad más baja que la de las familias sin televisión. (En un país como la India, una tasa de natalidad más baja significa generalmente más autonomía para las mujeres y menos riesgos para su salud.) Además, las familias con televisión tenían más tendencia a mantener escolarizadas a sus hijas, lo que parece indicar que se empezaba a considerar a las chicas más valiosas, o al menos merecedoras de igual trato. (Significativamente, la tasa de escolarización de los niños no cambió.) Estas cifras hicieron más creíbles los datos aportados en la encuesta. Parece que la televisión por cable dio fuerzas a las mujeres de la India rural, hasta el punto de no tolerar más el maltrato doméstico.

Cuando el mundo entró en la era moderna, se hizo considerablemente más populoso, y a toda prisa. La mayor parte de esta expansión tuvo lugar en centros urbanos como Londres, París, Nueva York y Chicago. Solo en Estados Unidos, las ciudades adquirieron treinta millones de nuevos residentes durante el siglo XIX, y la mitad de este crecimiento se produjo en los últimos veinte años.

Pero a medida que este enjambre humano se desplazaba, junto con sus posesiones, de un lugar a otro, surgió un problema. El principal medio de transporte producía grandes cantidades de subproductos que los economistas llamaban *externalidades negativas*, que incluían atascos, grandes gastos en seguridad y demasiados accidentes mortales de tráfico. En ocasiones, cosechas que deberían haber ido a parar a la mesa de una familia se transformaban en combustible, haciendo subir los precios de los alimentos y causando escasez. Y también estaban las emisiones contaminantes y tóxicas en el aire, que ponían en peligro el medio ambiente y la salud de los individuos.

Estamos hablando del automóvil, ¿verdad?

Pues no. Estamos hablando del caballo.

El caballo, ese versátil y potente colaborador desde los tiempos más antiguos, se puso a trabajar de muchas maneras a medida que se expandían las ciudades modernas: tirando de tranvías y coches particulares, arrastrando materiales de construcción, descargando cargamentos de barcos y trenes, incluso haciendo funcionar las máquinas que producían muebles, cuerdas, cerveza y ropa. Si su hijita se ponía gravemente enferma, el médico acudía corriendo a su casa a lomos de un caballo. Cuando se declaraba un incendio, un tiro de caballos galopaba por las calles arrastrando un coche de bomberos. A comienzos del siglo xx, unos 200.000 caballos vivían y trabajaban en Nueva York, uno por cada 17 personas.

Pero ¡la de problemas que causaban!

Los carros tirados por caballos atascaban terriblemente las calles, y cuando un caballo desfallecía, se le solía matar allí mismo. Esto causaba más retrasos. Muchos propietarios de establos contrataban pólizas de seguros de vida que, para protegerse contra el fraude, estipulaban que la ejecución del animal la llevara a cabo una tercera parte. Esto significaba esperar a que llegara la policía, un veterinario o la Sociedad Protectora de Animales. Y la muerte no ponía fin al atasco. «Los caballos muertos eran sumamente inmanejables —escribe el estudioso de los transportes Eric Morris—. Como consecuencia, las personas que limpiaban de las calles esperaban muchas veces a que los cadáveres se descompusieran, para poder cortarlos en trozos con más facilidad y llevárselos en carros.»

El ruido de las ruedas de hierro de los carros y de las herraduras era tan molesto —se dice que ocasionaba numerosos trastornos nerviosos— que algunas ciudades prohibieron el paso de caballos por las calles que rodeaban los hospitales y otras zonas sensibles.

Y era espantosamente fácil ser atropellado por un caballo o un carro, ninguno de los cuales es tan fácil de controlar como parece en las películas, sobre todo en las calles resbaladizas y abarrotadas de las ciudades. En 1900, los accidentes de caballos les costaron la vida a 200 neoyorquinos, uno de cada 17.000 habitantes. En cambio, en 2007, murieron en accidentes de automóvil 274 neoyorquinos, uno de cada 30.000. Esto significa que un neoyorquino tenía casi el doble de probabilidades de morir en un accidente de caballo en 1900 que de morir en un accidente de automóvil hoy. (Por desgracia, no existen estadísticas sobre carreteros borrachos, pero podemos suponer que el número sería peligrosamente alto.)

Lo peor de todo era el estiércol. Un caballo medio producía unos 10 kilos de excrementos al día. Con 200.000 caballos, eso son aproximadamente dos mil toneladas de estiércol de caballo. Cada día. ¿Adónde iban a parar?

Décadas antes, cuando los caballos eran menos abundantes en las ciudades, había un floreciente mercado de estiércol, que los granjeros compraban para llevárselo (en carro de caballos, por supuesto) para abonar sus campos. Pero cuando se produjo la explosión demográfica del caballo urbano, las existencias se dispararon. En los solares, el estiércol de caballo se amontonaba hasta alturas de 18 metros, flanqueando las calles de la ciudad como cuando se apila la nieve a los lados. En verano, el hedor llegaba al cielo; cuando llegaban las lluvias, un torrente espeso de estiércol de caballo inundaba las aceras y se metía en los sótanos de las casas. Ahora, cuando admire las piedras marrones de la vieja Nueva York y sus elegantes escalinatas que suben desde la calle hasta la entrada de la primera planta, acuérdese de que eran un diseño surgido de la necesidad, que permitía que los residentes subieran por encima del mar de estiércol de caballo.

Todo este estiércol era terriblemente insalubre. Era un campo abonado para la reproducción de miles de millones de moscas que propagaban una multitud de enfermedades mortales. Las ratas y otras alimañas acudían en masa a las montañas de estiércol para aprovechar la avena no digerida y otros restos de la alimentación de los caballos, cultivos que se estaban encareciendo para el consumo humano debido a la gran demanda de los caballos. En aquella época, a nadie le preocupaba el calentamiento global, pero de haber sido así, el caballo habría sido el Enemigo Público Número Uno, porque su estiércol emite metano, un potente gas de efecto invernadero.

En 1898, Nueva York fue la sede de la primera conferencia internacional de planificación urbana. La agenda estuvo dominada por el estiércol de caballo, porque todas las ciudades del mundo estaban experimentando la misma crisis. Pero no se encontró ninguna solución. «Perpleja ante la crisis —escribe Eric Morris—, la conferencia de planificación urbana declaró que su trabajo no había dado frutos y se disolvió a los tres días, en lugar de los diez previstos.»

Parecía que el mundo había llegado a un punto en el que sus mayores ciudades no podrían sobrevivir sin el caballo, pero tampoco con él.

Y entonces, el problema desapareció. No fueron la acción del gobierno ni la intervención divina las que hicieron el milagro. Los urbanitas no se alzaron en un movimiento masivo de altruismo o moderación, renunciando a todos los beneficios de la fuerza del caballo. El problema lo resolvió la innovación tecnológica. No, no la invención de un animal sin excrementos. El caballo fue desplazado por el tranvía eléctrico y el automóvil, los dos incomparablemente más limpios y mucho más eficientes. El automóvil, más barato en precio y mantenimiento que un vehículo tirado por caballos, fue proclamado «salvador del ambiente». Las ciudades de todo el mundo pudieron respirar hondo —por fin, sin taparse las narices— y reanudar su marcha hacia el progreso.

La historia, por desgracia, no termina ahí. Las soluciones que salvaron al siglo XX parecen haber puesto en peligro al XXI, porque el automóvil y el tranvía eléctrico tenían sus propias externalidades negativas. Las emisiones de carbono desprendidas durante el siglo pasado por más de mil millones de automóviles y miles de centrales energéticas en las que se quemaba carbón parecen haber calentado la atmósfera terrestre. Así como la actividad equina amenazó en otro tiempo con ahogar la civilización, ahora se teme que la actividad humana haga lo mismo. Martin Weitzman, economista medioambiental de Harvard, opina que existe aproximadamente un 5 por ciento de probabilidad de que las temperaturas globales asciendan lo suficiente para destruir a todos los efectos «el planeta Tierra tal como lo conocemos». En algunos círculos —los medios de comunicación, por ejemplo, que nunca han encontrado un potencial apocalipsis que no les gustara—, el fatalismo es aún mayor.

Tal vez esto no sea muy sorprendente. Cuando la solución a un problema no está justo delante de nuestros ojos, es fácil asumir que no existe solución. Pero la historia ha demostrado una y otra vez que esas suposiciones son erróneas.

Esto no quiere decir que el mundo sea perfecto. Ni que todo progreso sea siempre bueno. Hasta las cosas que más benefician a la sociedad en general perjudican inevitablemente a algunas personas. Por eso el economista Joseph Schumpeter decía que el capitalismo es «destrucción creativa».

Pero la humanidad tiene una gran capacidad para encontrar soluciones tecnológicas a problemas aparentemente insolubles, y lo más probable es que así ocurra con el calentamiento global. No es que el problema no sea potencialmente grande. Pero el ingenio humano —si se le ofrecen los incentivos adecuados— acaba por ser mayor. Aún más estimulante es que las soluciones tecnológicas suelen ser mucho más simples, y por lo tanto más baratas, de lo que habrían podido imaginar los profetas del desastre. De hecho, en el último capítulo de este libro conoceremos a una pandilla de ingenieros excéntricos que han desarrollado no una, sino tres soluciones para el calentamiento global, cualquiera de las cuales costaría menos que las ventas anuales de caballos purasangres en las subastas de Keeneland, en Kentucky.

El valor del estiércol de caballo, dicho sea de paso, ha vuelto a subir, tanto que los propietarios de una granja de Massachusetts llamaron hace poco a la policía para que impidiera que un vecino se lo llevara. El vecino decía que había un malentendido, que el anterior propietario le había dado permiso, pero el propietario actual no quiso echarse atrás y exigió 600 dólares por el estiércol.

¿Y se puede saber quién era este vecino tan aficionado al estiércol? Nada menos que Martin Weitzman, el economista de la sombría predicción sobre el calentamiento global.

«Enhorabuena —le escribió un colega a Weitzman cuando la noticia salió en los periódicos—. Casi todos los economistas que conozco son puros exportadores de mierda. Pero parece que tú eres un importador puro.»

La superación de la crisis del estiércol de caballo… las consecuencias imprevistas de la televisión por cable… los peligros de andar estando borracho: ¿qué tiene que ver todo esto con la economía?

En lugar de considerar estas historias como «economía», es mejor verlas como ejemplos del «enfoque económico». Es una expresión popularizada por Gary Becker, economista que trabajó mucho tiempo en la Universidad de Chicago y recibió el premio Nobel en 1992. En su discurso de aceptación, explicó que el enfoque económico «no supone que los individuos estén motivados únicamente por el egoísmo o el afán de ganancia. Es un *método* de análisis, no una suposición acerca de los motivos particulares. […] La conducta se basa en un conjunto mucho más rico de valores y preferencias».

Becker empezó su carrera estudiando temas que no eran típicos de la economía: el crimen y el castigo, la adicción a las drogas, la distribución del tiempo y los costes y beneficios del matrimonio, la crianza de los hijos y el divorcio. La mayoría de sus colegas ni se habrían acercado a semejante material. «Durante mucho tiempo —recordaba—, mi tipo de trabajo fue ignorado o profundamente despreciado por la mayoría de los principales economistas. Se me consideraba un chiflado y se pensaba que tal vez no era un auténtico economista.»

Bueno, pues si lo que hacía Gary Becker no era «auténtica economía», nosotros queremos hacerlo también. A decir verdad, lo que Becker hacía era en realidad freakonomía —aplicar el enfoque económico a una curiosidad gamberra o friki—, pero la palabra no se había inventado todavía.

En su discurso de aceptación del premio Nobel, Becker dio a entender que el enfoque económico no es una asignatura, ni un método matemático para explicar «la economía». Es más bien una decisión de examinar el mundo de un modo algo diferente. Es una manera sistemática de describir cómo toma decisiones la gente y cómo cambia de parecer; cómo eligen a alguien para amarlo y casarse, y tal vez a otro para odiarlo e incluso matarlo; qué harán si se encuentran un montón de dinero: robar una parte, dejarlo como está o incluso añadir más; por qué temen una cosa y suspiran por otra que solo es ligeramente diferente; por qué castigan un tipo de conducta y premian otra similar.

¿Cómo describen los economistas estas decisiones? Por lo general, empiezan por acumular datos, grandes cantidades de datos, que se pueden haber generado a propósito o tal vez son fruto de la casualidad. Un buen conjunto de datos puede ayudar mucho a describir el comportamiento humano, siempre que se le planteen las preguntas adecuadas. Nuestro trabajo en este libro consiste en encontrar esas preguntas. Esto nos permitirá describir, por ejemplo, cómo se comportaría el oncólogo típico, o el terrorista o el estudiante universitario típicos, en una situación dada, y por qué.

A algunas personas les puede resultar molesto que se reduzcan las veleidades de la conducta humana a frías probabilidades numéricas. ¿A quién de nosotros le gusta describirse a sí mismo como «típico»? Si se suman, por ejemplo, todos los hombres y mujeres del planeta, se comprobará que, por término medio, el humano adulto medio tiene una mama y un testículo... pero ¿cuántas personas encajan en esa descripción? Si la persona a la que *usted* amaba murió en un accidente en el que intervino un conductor borracho, ¿qué consuelo puede darle saber que caminar borracho es más peligroso? Si *usted* es la joven esposa india que recibe un trato brutal de su marido, ¿cómo puede animarle saber que la televisión por cable ha dado fuerzas a la esposa *representativa* india?

Estas objeciones son justificadas. Pero aunque no hay regla sin excepciones, también es conveniente conocer las reglas. En un mundo complejo en el que la gente puede ser atípica de infinitas maneras, es muy útil descubrir la tendencia básica. Y saber lo que ocurre por término medio es una buena manera de empezar. Al hacerlo, nos aislamos de la tendencia a construir nuestros pensamientos —nuestras decisiones cotidianas, nuestras leyes, nuestra manera de gobierno— sobre excepciones y anomalías, y no sobre la realidad.

Volvamos la mirada por un momento a los meses de verano de 2001, que en Estados Unidos se conocieron como el Verano del Tiburón. Los medios de comunicación nos traían espeluznantes historias de tiburones asesinos sueltos. El principal ejemplo fue la historia de Jessie Arbogast, un niño de ocho años que estaba jugando en las cálidas y poco profundas aguas de la playa de Pensacola (Florida), cuando un tiburón toro le arrancó el brazo derecho y se tragó además un buen trozo del muslo. La revista *Time* publicó un reportaje anunciado en portada sobre los ataques de tiburones. Esta era la entrada del artículo principal:

> Los tiburones llegan en silencio, sin aviso. Tienen tres maneras de atacar: el ataque con huida, el choque con mordisco y el ataque furtivo. El ataque con huida es el más común. El tiburón puede ver

la planta del pie de un bañista, creer que es un pez y dar un bocado antes de darse cuenta de que no es su presa habitual.

¿A que da miedo?

Una persona razonable podría no querer acercarse nunca más al mar. Pero ¿cuántos ataques de tiburones cree usted que hubo de verdad aquel año?

Piense un número, y después divídalo por dos y vuelva a dividirlo por la mitad unas cuantas veces. Durante todo el año 2001 hubo en todo el mundo 68 ataques de tiburones, de los cuales 4 fueron fatales.

Estas cifras no solo son muchos más bajas de lo que daba a entender la histeria de los medios; tampoco eran más altas que las de los años anteriores o los siguientes. Entre 1995 y 2005, hubo por término medio 60,3 ataques de tiburones al año en todo el mundo, con un máximo de 79 y un mínimo de 46. Por término medio, hubo 5,9 muertes por año, con un máximo de 11 y un mínimo de 3. En otras palabras, los titulares del verano de 2001 podrían haber dicho «Los ataques de tiburones rondan la media este año». Pero probablemente con eso no se habrían vendido muchas revistas.

Así que por un momento, en lugar de pensar en el pobre Jessie Arbogast y la tragedia que él y su familia padecieron, piense en esto: en un mundo con más de 6.000 millones de personas, solo cuatro de ellas murieron en 2001 por ataques de tiburones. Probablemente son más las personas atropelladas cada año por furgonetas de noticiarios de televisión.

Los elefantes, en cambio, matan por lo menos a 200 personas cada año. ¿Por qué no nos aterrorizan con ellos? Probablemente, porque la mayoría de sus víctimas viven en lugares alejados de los centros periodísticos del mundo. También puede que tenga algo que ver con las percepciones que extraemos de las películas. Los elefantes simpáticos y divertidos son habituales en las películas infantiles (piensen en *Babar* y en *Dumbo*); en cambio, los tiburones aparecen invariablemente como villanos. Si los tiburones tuvieran abogados, seguro que habrían presentado una querella por difamación contra *Tiburón*.

Y, sin embargo, el miedo a los tiburones continuó implacable aquel verano de 2001, con un horror tan desmesurado que no se calmó hasta los atentados terroristas del 11 de septiembre en el World Trade Center y el Pentágono. Casi 3.000 personas murieron aquel día, unas 2.500 más que los muertos por ataques de tiburones desde que se elaboraron los primeros registros, a finales del siglo XVI.

Así pues, a pesar de sus inconvenientes, pensar en términos de lo típico tiene sus ventajas. Por eso en este libro hemos hecho todo lo posible por contar historias que se basan en datos acumulados y no en anécdotas personales, anomalías llamativas, opiniones personales, estallidos emocionales o tendencias morales. Habrá quien argumente que se puede conseguir que las estadísticas digan cualquier cosa, para defender causas indefendibles o contar mentiras de conveniencia. Pero el enfoque económico se propone lo contrario: abordar un tema cualquiera sin miedo ni favoritismos, dejar que los números digan la verdad. No tomamos partido. La introducción de la televisión, por ejemplo, ha ayudado considerablemente a las mujeres de la India rural. Esto no significa que aceptemos que el poder de la televisión es invariablemente positivo. Como leerán en el capítulo 3, la introducción de la televisión en Estados Unidos provocó un fulminante cambio sociológico.

El enfoque económico no pretende describir el mundo como cualquiera de nosotros *quisiera* que fuera, o teme que sea, o reza por que llegue a ser, sino más bien explicar lo que hay en la realidad. La mayoría de nosotros querría arreglar o cambiar el mundo de alguna manera. Pero para cambiar el mundo, primero hay que comprenderlo.

En el momento de escribir estas líneas, llevamos aproximadamente un año sumidos en una crisis económica que empezó con una borrachera de hipotecas *subprime* en Estados Unidos y se extendió como una enfermedad sumamente contagiosa por todo el mundo. Habrá cientos, si no miles, de libros publicados acerca de este tema.

Este no es uno de ellos.

¿Por qué? Principalmente, porque la macroeconomía y su multitud de componentes complejos y móviles simplemente no es nuestra especialidad. Tras los recientes acontecimientos, uno se pregunta si la macroeconomía es la especialidad de *algún* economista. Casi todos los economistas que la ciudadanía encuentra se presentan como oráculos que pueden decirle, con fascinante certeza, hacia dónde va el mercado de valores, o la inflación, o los tipos de interés. Pero, como hemos visto últimamente, estas predicciones no suelen valer para nada. Los economistas ya han tenido bastantes dificultades para explicar el pasado, así que no hablemos de predecir el futuro. (¡Todavía siguen discutiendo sobre si las medidas tomadas por Franklin Delano Roosevelt aliviaron la Gran Depresión o la exacerbaron!) Claro que no son los únicos. Parece que forma parte de la condición humana creer en nuestra capacidad de predicción... y también olvidar rápidamente lo malas que resultaron ser nuestras predicciones.

Así que en este libro no tenemos prácticamente nada que decir acerca de lo que la gente llama «la economía». Nuestra mejor defensa (por débil que sea) es que los temas sobre los que escribimos, aunque no están directamente relacionados con «la economía», pueden aportar algo de conocimiento sobre la conducta humana real. Lo crea o no, si puede entender los incentivos que inducen a un maestro de escuela o un luchador de sumo a hacer trampa, puede entender cómo llegó a producirse la burbuja de las hipotecas *subprime*.

Las historias que va a leer se desarrollan en muchos ambientes, desde los pasillos enrarecidos de la academia hasta las más sórdidas esquinas de las calles. Muchas se basan en recientes investigaciones académicas de Levitt; otras nos las han inspirado colegas economistas y también ingenieros y astrofísicos, asesinos psicópatas y médicos de urgencias, historiadores aficionados y neurobiólogos transexuales.* Casi todas las historias se pueden clasificar en una de estas dos categorías: cosas que siempre creyó que sabía, pero que no sabía; y cosas que no sabía que quería saber, pero quería.

Muchos de nuestros descubrimientos pueden no ser de mucha utilidad, incluso puede que no sean concluyentes. Pero eso está bien. Lo que intentamos es iniciar una conversación, no tener la última palabra. Y eso significa que en las páginas que siguen puede encontrar unas cuantas cosas de las que discrepe.

De hecho, nos decepcionaría que no las encontrara.

---

* Para conocer las investigaciones en las que se basan las distintas secciones de este libro, léanse las notas finales, pp. 265-308.

1

¿En qué se parece una prostituta de la calle a un Santa Claus de unos grandes almacenes?

Una tarde, no hace mucho tiempo, en un día agradablemente fresco de finales del verano, una mujer de veintinueve años llamada LaSheena se sentaba en el capó de un SUV frente a Dearborn Homes, un proyecto urbanístico en el South Side de Chicago. Tenía una mirada abatida, pero por lo demás parecía juvenil, con su atractivo rostro enmarcado en una melena lisa. Vestía un holgado chándal negro y rojo, como los que había usado desde que era niña. Sus padres casi nunca tenían dinero para ropa nueva, así que ella solía recibir las prendas que dejaban sus primos varones, y se le quedó la costumbre.

LaSheena estaba hablando de cómo se gana la vida. Describió cuatro fuentes principales de ingresos: mangar, dar el agua, cortar el pelo y hacer la calle.

«Mangar», explicó, es robar en las tiendas y vender el botín. «Dar el agua» significa vigilar mientras la pandilla local vende drogas. Cobra 8 dólares por cortarle el pelo a un niño y 12 por cortárselo a un hombre.

—¿Cuál es el peor de los cuatro trabajos?
—Hacer la calle —dijo sin vacilar.
—¿Por qué?
—Porque la verdad es que no me gustan los hombres. Creo que me causa problemas mentales.

—¿Y si con la prostitución se ganara el doble?

—¿Si lo haría más? —preguntó—. ¡Sí!

A lo largo de la historia, ha sido invariablemente más fácil ser hombre que ser mujer. Sí, es una generalización muy grande y, sí, hay excepciones, pero desde todos los puntos de vista, las mujeres lo han tenido más difícil que los hombres. Aunque los hombres se encargaban de la mayor parte de la actividad guerrera, la caza y los trabajos de fuerza bruta, las mujeres tenían una esperanza de vida más corta. Algunas muertes eran más insensatas que otras. Entre los siglos XIII y XIX, un millón de mujeres europeas, la mayoría pobres y muchas de ellas viudas, fueron ejecutadas por brujería, tras ser culpadas del mal tiempo que destruía las cosechas.

Las mujeres han superado por fin a los hombres en esperanza de vida, gracias principalmente a los avances médicos relacionados con el parto. Pero en muchos países ser mujer todavía sigue siendo un grave handicap incluso en el siglo XXI. En Camerún, a las mujeres jóvenes se les «aplanan» los pechos —golpeándolos o masajeándolos con un almirez de madera o con una cáscara de coco caliente— para que sean menos tentadoras sexualmente. En China, por fin se ha abandonado la costumbre de vendar los pies (después de unos mil años), pero las niñas todavía tienen muchas más probabilidades que los niños de ser abandonadas después de nacer, de ser analfabetas y de suicidarse. Y las mujeres de la India rural, como decíamos antes, siguen enfrentándose a la discriminación en casi todos los aspectos.

Pero, sobre todo en las naciones desarrolladas, la vida de las mujeres ha mejorado espectacularmente. Las perspectivas de futuro de una chica norteamericana, británica o japonesa del siglo XXI son incomparables con las de sus congéneres de hace un siglo o dos. En cualquier ámbito que miremos —educación, derechos legales y de voto, oportunidades profesionales, etcétera—, es mucho mejor ser mujer ahora que en cualquier otra época de la historia. En 1872, el primer año del que existen estadísticas, el 21 por ciento de los estudiantes universitarios estadounidenses eran mujeres. En la actualidad, la cifra es del 58 por ciento, y sigue subiendo. Ha sido verdaderamente un aumento asombroso.

Y, sin embargo, todavía se paga un considerable precio por ser mujer. Para las mujeres norteamericanas de más de veinticinco años que tienen al menos estudios secundarios y trabajan a jornada completa, el salario medio nacional es de unos 47.000 dólares. Los hombres en situación similar, en cambio, ganan más de 66.000 dólares, una diferencia del 40 por ciento. Esto ocurre incluso con las mujeres que asisten a las universidades de élite del país. Los economistas Claudia Goldin y Lawrence Katz comprobaron que las mujeres que habían ido a Harvard ganaban *menos de la mitad* que los hombres que habían ido a Harvard. Incluso cuando el análisis incluía solo a trabajadores a jornada completa todo el año, clasificados según sus estudios universitarios, profesión y otras variables, Goldin y Katz descubrieron que las mujeres de Harvard todavía ganaban un 30 por ciento menos que sus equivalentes masculinos.

¿Qué puede explicar semejante diferencia de salarios?

Hay una diversidad de factores. Las mujeres tienen más tendencia a dejar de trabajar o reducir el ritmo de su carrera para criar una familia. Incluso en profesiones bien pagadas, como la medicina y el derecho, las mujeres tienden a escoger especialidades en las que se gana menos (medicina general, por ejemplo, o asesoría familiar). Y, seguramente, todavía existe una buena cantidad de discriminación. Puede variar desde lo explícito —negarle un ascenso a una mujer solo porque no es un hombre— a lo insidioso. Numerosas investigaciones han demostrado que las mujeres con sobrepeso ven más mermada su paga que los hombres con sobrepeso. Lo mismo les ocurre a las mujeres con los dientes estropeados.

También existen algunos factores biológicos. Los economistas Andrea Ichino y Enrico Moretti, que analizaron datos personales de un gran banco italiano, descubrieron que las empleadas de menos de cuarenta y cinco años tendían a faltar al trabajo sistemáticamente en ciclos de 28 días. Cotejando estas ausencias con las tasas de productividad de los empleados, los economistas determinaron que este absentismo menstrual explicaba el 14 por ciento de la diferencia entre las ganancias de hombres y mujeres en el banco.

También podemos considerar la ley estadounidense de 1972 conocida como Título IX. Aunque en general está pensada para prohibir la discriminación sexual en los centros educativos, el Título IX estipulaba además que los institutos y universidades elevaran sus programas de deportes femeninos al nivel de los programas deportivos de los varones. En consecuencia, millones de mujeres se apuntaron a estos nuevos programas y, como descubrió la economista Betsey Stevenson, las chicas que practican deportes en el instituto tienen más probabilidades de ir a la universidad y conseguir un buen empleo, sobre todo en algunos de los campos de alta cualificación dominados tradicionalmente por los hombres. Esa es la buena noticia.

Pero el Título IX también trajo algunas malas noticias para las mujeres. Cuando se aprobó la ley, más del 90 por ciento de los equipos deportivos universitarios femeninos tenían entrenadoras. El Título IX resaltaba la importancia de este trabajo: los sueldos subieron y recibió más atención e interés. Como la humilde comida campesina que es «descubierta» por la élite culinaria y no tarda en emigrar de las casitas rurales a los restaurantes exclusivos, estos trabajos fueron pronto acaparados por un nuevo conjunto de aspirantes: hombres. En la actualidad, apenas el 40 por ciento de los equipos deportivos femeninos de las universidades tiene mujeres como entrenadoras. Entre los puestos de entrenador más visibles de los deportes femeninos están los de la Asociación Nacional de Baloncesto Femenino (WNBA), fundada hace trece años como complemento de la NBA de los hombres. En el momento de escribir estas líneas, la WNBA tiene trece equipos, y solo seis de ellos (menos del 50 por ciento) tienen mujeres entrenadoras. En realidad, esto es una mejora, ya que en el décimo aniversario de la fundación de la liga solo 3 de los 14 entrenadores eran mujeres.

A pesar de los progresos que han hecho las mujeres en el mercado laboral del siglo XXI, la mujer habría llegado mucho más lejos si hubiera tenido la previsión de nacer hombre.

Hay un mercado laboral que las mujeres han dominado siempre: la prostitución.

Su modelo comercial está construido sobre una premisa simple: desde tiempos inmemoriales y en todo el mundo, los hombres han querido más sexo que el que podían obtener gratis. Y así surge inevitablemente una oferta de mujeres que, por el precio adecuado, están dispuestas a satisfacer esta demanda.

En la actualidad, la prostitución es generalmente ilegal en Estados Unidos, aunque con unas pocas excepciones y muchas incoherencias en la imposición de la ley. En los primeros años de la nación, la prostitución estaba mal vista, pero no criminalizada. Fue durante la Era Progresista, aproximadamente desde 1890 hasta la década de 1920, cuando esta tolerancia se acabó. Hubo un clamor público contra la «trata de blancas» que mantenía prisioneras contra su voluntad a miles de mujeres para que trabajaran como prostitutas.

El problema de la trata de blancas resultó ser una burda exageración. La realidad era tal vez más terrible: en lugar de verse forzadas a la prostitución, las mujeres la elegían voluntariamente. A principios de la década de 1910, el Departamento de Justicia elaboró un censo en 310 ciudades de 26 estados para determinar el número de prostitutas en Estados Unidos: «Llegamos a la conservadora cifra de aproximadamente 200.000 mujeres en el ejército fijo del vicio».

En aquella época, la población estadounidense incluía 22 millones de mujeres entre los quince y los cuarenta y cuatro años de edad. Si hemos de creer las cifras del Departamento de Justicia, una de cada 110 mujeres de esa franja de edad era prostituta. Pero la mayoría de las prostitutas, aproximadamente el 85 por ciento, tenía veintitantos años. En esta franja de edad, una de cada *cincuenta* mujeres norteamericanas era prostituta.

El mercado era particularmente activo en Chicago, que tenía más de mil burdeles conocidos. El alcalde reunió una Comisión Antivicio formada por expertos, que incluía líderes religiosos y autoridades cívicas, educativas, legales y médicas. En cuanto pusieron manos a la obra, aquellas buenas gentes se dieron cuenta de que se enfrentaban a un enemigo mucho más venal que el sexo: la economía.

«¿A alguien puede extrañarle —declaró la comisión— que una muchacha tentada que solo recibe 6 dólares por trabajar con sus manos venda su cuerpo por 25 dólares a la semana, cuando se entera de que hay demanda para ello y que los hombres están dispuestos a pagar el precio?»

Convirtiéndolo en dólares actuales, la dependienta de 6 dólares por semana tenía un salario anual de solo 6.500 dólares. La misma mujer, dedicada a la prostitución por 25 dólares semanales, ganaba el equivalente moderno de más de 25.000 dólares al año. Pero la Comisión Antivicio reconocía que 25 dólares por semana era el límite mínimo que ganaban las prostitutas de Chicago. Una mujer que trabajara en una «casa de dólar» (algunos burdeles solo cobraban 50 centavos; otros podían cobrar 5 o 10 dólares) llevaba a casa un salario semanal medio de 70 dólares, el equivalente moderno de 76.000 dólares anuales.

En el corazón del Levee, el barrio del South Side donde había hileras e hileras de burdeles, se alzaba el Everleigh Club, que la Comisión Antivicio describía como «la casa de prostitución más famosa y lujosa del país». Entre sus clientes había titanes de la industria, políticos, deportistas, artistas e incluso unos cuantos cruzados contra la prostitución. Las prostitutas del Everleigh, conocidas como «mariposas», no solo eran atractivas, higiénicas y de toda confianza, sino también buenas conversadoras que podían citar poesía clásica si era eso lo que ponía a tono a un caballero concreto. En el libro *Sin in the Second City*, Karen Abbott informa de que el Everleigh ofrecía también exquisiteces sexuales que no se encontraban en ninguna otra parte: el estilo «francés», por ejemplo, hoy conocido comúnmente como sexo oral.

En una época en que una buena cena costaba unos 12 dólares al cambio actual, los clientes del Everleigh estaban dispuestos a pagar el equivalente de 250 dólares solo por entrar en el club y 370 dólares por una botella de champán. Hablando en términos relativos, el sexo era bastante barato: unos 1.250 dólares.

Ada y Minna Everleigh, las hermanas que regentaban el burdel, protegían celosamente sus activos: a las mariposas se les proporcionaba una dieta sana, excelente atención médica, una educación completa y los mejores salarios de la época: hasta 400 dólares por semana, el equivalente moderno de unos 430.000 dólares al año.

A decir verdad, los salarios de las mariposas del Everleigh se salían de lo normal. Pero ¿por qué hasta una prostituta media de Chicago ganaba tanto dinero hace cien años?

La mejor respuesta es que los salarios están determinados en gran medida por la ley de la oferta y la demanda, que a veces es más poderosa que las leyes que hacen los legisladores.

En Estados Unidos sobre todo, la política y la economía no encajan muy bien. Los políticos tienen toda clase de razones para aprobar leyes que, por muy bienintencionadas que sean, no tienen en cuenta la manera en que la gente real responde a los incentivos del mundo real.

Cuando la prostitución fue ilegalizada en Estados Unidos, casi toda la energía policial se dirigió a las prostitutas y no a sus clientes. Esto es muy típico. Como ocurre con otros mercados ilegales —piensen en la venta de drogas o de armas del mercado negro—, la mayoría de los gobiernos prefieren castigar a las personas que proporcionan las mercancías y el servicio, en lugar de a la gente que los consume.

Pero cuando encierras a un proveedor, se crea una escasez que inevitablemente hace subir el precio, y eso atrae a más proveedores a entrar en el mercado. La «guerra contra las drogas» de Estados Unidos ha sido relativamente ineficaz precisamente porque se centra en los vendedores y no en los compradores. Aunque es evidente que los compradores de drogas superan en número a los vendedores, más del 90 por ciento de las condenas de cárcel por drogas las cumplen los vendedores.

¿Por qué la sociedad no apoya el castigo a los consumidores? Puede parecer injusto castigar a un pobre tipo, el consumidor, que no puede evitar caer en el vicio. Los proveedores, en cambio, son mucho más fáciles de demonizar.

Pero si un gobierno quisiera de verdad acabar con las mercancías y servicios ilegales, iría a por la gente que los pide. Si, por ejemplo, se condenara a la castración a los hombres culpables de haber contratado a una prostituta, el mercado se hundiría a toda prisa.

En Chicago, hace cien años, el riesgo de sufrir un castigo lo corría casi exclusivamente la prostituta. Además de la constante amenaza de detención, estaba también el profundo estigma social de la prostitución. Posiblemente, el mayor castigo era que una mujer que trabajara como prostituta nunca podría encontrar un buen marido. Combinemos estos factores y se verá por qué los honorarios de una prostituta *tenían* que ser altos para atraer a suficientes mujeres a satisfacer la fuerte demanda.

Las mayores sumas de dinero, por supuesto, se las llevaban las mujeres que ocupaban la cúspide de la pirámide de la prostitución. Cuando se cerró el Everleigh Club —la Comisión Antivicio de Chicago se salió por fin con la suya—, Ada y Minna Everleigh habían acumulado, al cambio actual, unos 22 millones de dólares.

La mansión que albergaba el Everleigh Club desapareció hace mucho, lo mismo que el distrito entero del Levee. Toda la cuadrícula de calles donde estuvo el Everleigh fue demolida en los años sesenta para construir bloques de pisos de muchas plantas.

Pero todavía existe el South Side de Chicago, y allí todavía trabajan prostitutas —como LaSheena, la del chándal negro y rojo—, aunque puede estar seguro de que no van a recitarle nada de poesía griega.

LaSheena es una de las muchas prostitutas de la calle que Sudhir Venkatesh ha conocido últimamente. Venkatesh, sociólogo de la Universidad de Columbia en Nueva York, pasó sus años de estudiante en Chicago y todavía vuelve allí periódicamente para investigar.

Cuando llegó por primera vez, era un chaval ingenuo y sobreprotegido, fan de Grateful Dead, criado en la relajada California, ansioso por tomarle el pulso a una ciudad en ebullición, donde la raza —en particular, la blanca y la negra— se manifestaba con gran intensidad. El no ser ni blanco ni negro (había nacido en la India) favorecía a Venkatesh, ya que le permitía deslizarse detrás

de las líneas de batalla, tanto en la universidad (que era abrumadoramente blanca) como en los guetos del South Side (que eran
abrumadoramente negros). Al poco tiempo se había integrado en
una pandilla callejera que prácticamente dominaba el barrio y
conseguía la mayor parte de sus ingresos vendiendo crack. (Sí, era
la investigación de Venkatesh la que aparecía de manera prominente en el capítulo de *Freakonomics* que trataba de los vendedores de droga; y sí, allá vamos a por un segundo plato.) Sobre la
marcha, se convirtió en una autoridad en la economía sumergida
del barrio, y cuando terminó con los vendedores de drogas se
pasó a las prostitutas.

Pero una o dos entrevistas con una mujer como LaSheena
solo pueden revelar algunas cosas. Si uno quiere comprender de
verdad el mercado de la prostitución, necesita acumular datos
reales.

Eso es más fácil decirlo que hacerlo. Debido al carácter ilegal
de la actividad, las fuentes de datos típicas (listas del censo o de
Hacienda) no sirven de nada. Incluso en estudios anteriores en los
que se había encuestado directamente a las prostitutas, las entrevistas se habían realizado casi siempre mucho después de los hechos y a través del tipo de fuentes (centros de rehabilitación de
drogadictos o albergues gestionados por la Iglesia, por ejemplo)
que no necesariamente obtienen resultados imparciales.

Además, las investigaciones anteriores habían demostrado que
cuando se interroga a la gente acerca de una conducta estigmati-
zada, suelen minimizar o exagerar su participación, dependiendo
de lo que esté en juego o de quién pregunte.

Consideremos el programa mexicano de asistencia Oportunidades. Para recibir ayuda, los solicitantes tienen que hacer un
inventario de sus posesiones personales y bienes domésticos. Cuando un solicitante es aceptado, un asistente visita su casa y comprueba si el solicitante ha dicho la verdad.

César Martinelli y Susan W. Parker, dos economistas que analizaron los datos de más de 100.000 solicitantes de Oportunidades, descubrieron que estos dejaban de declarar habitualmente ciertos artículos, como automóviles, furgonetas, aparatos de vídeo, televisión por satélite y lavadoras. Esto no sorprende a nadie. La gente que solicita asistencia tiene un incentivo para hacer parecer que es más pobre de lo que realmente es. Pero Martinelli y Parker descubrieron además que los solicitantes declaraban otros artículos *que no tenían*: fontanería interior, agua corriente, una cocina de gas y un suelo de hormigón. ¿Por qué demonios los solicitantes de asistencia decían que tenían aquellas necesidades básicas, si no las tenían?

Martinelli y Parker lo atribuyen a la vergüenza. Al parecer, hasta la gente que es lo bastante pobre para tener que recurrir a la beneficencia se niega a reconocer ante un empleado de esta institución que tiene el suelo de tierra o que vive sin un cuarto de baño.

Como sabía que los métodos de encuesta tradicionales no necesariamente dan resultados fiables cuando se trata de un tema delicado como la prostitución, Venkatesh intentó algo diferente: recoger datos en el momento y en el lugar de los hechos. Contrató seguidoras para que se apostaran en las esquinas o se sentaran en los burdeles con las prostitutas, observando directamente algunas facetas de sus transacciones y recogiendo más detalles íntimos de las prostitutas en cuanto se marchaban los clientes.

La mayoría de las seguidoras eran ex prostitutas, una credencial importante porque aquellas mujeres tenían más posibilidades de obtener respuestas sinceras. Además, Venkatesh pagó a las prostitutas por participar en el estudio. Si estaban dispuestas a practicar el sexo por dinero, razonó, seguro que estarían dispuestas a hablar de su práctica sexual por dinero. Y lo estaban. A lo largo de casi dos años, Venkatesh acumuló datos sobre unas 160 prostitutas en tres barrios distintos del South Side, registrando más de 2.200 transacciones sexuales.

Las hojas de seguimiento registraban una considerable variedad de datos, entre ellos:

- El acto sexual concreto realizado, y la duración del servicio.
- Dónde tuvo lugar el acto (en un coche, al aire libre o en una casa).
- Cantidad recibida en dinero.
- Cantidad recibida en drogas.
- Raza del cliente.
- Edad aproximada del cliente.
- Grado de atractivo del cliente (10 = sexy; 1 = asqueroso).
- Si se usó condón o no.
- Si el cliente era nuevo o repetía.
- Si se podía saber, si el cliente estaba casado; en qué trabajaba; si era miembro de una banda; si era del barrio.
- Si la prostituta le robó al cliente.
- Si el cliente le causó algún problema a la prostituta, violento o de otro tipo.
- Si el acto sexual se pagó o fue gratis.

¿Qué pueden decirnos estos datos?

Empecemos por las tarifas. Resulta que la típica prostituta callejera de Chicago trabaja 13 horas a la semana, realizando 10 actos sexuales durante ese período, y gana alrededor de 27 dólares por hora. Así pues, su ganancia semanal es aproximadamente de 350 dólares. Esto incluye un promedio de 20 dólares que la prostituta les roba a sus clientes, y tiene en cuenta que algunas de ellas aceptan drogas en lugar de dinero: normalmente crack o heroína y normalmente con descuento. De todas las mujeres del estudio de Venkatesh, el 83 por ciento eran drogadictas.

Como LaSheena, muchas de estas mujeres hacían otros trabajos aparte de la prostitución, que Venkatesh también siguió. Con la prostitución se ganaba cuatro veces más que con los otros trabajos. Pero aunque las ganancias sean altas, parecen muy poco cuando se consideran los inconvenientes del oficio. En un año cualquiera, la prostituta representativa del estudio de Venkatesh experimentaba una decena de episodios de violencia. Al menos 3 de las 160 prostitutas que participaron murieron durante el estudio. «La mayoría de los episodios de violencia de los clientes se dan cuando, por alguna razón, no pueden consumar o no consiguen una erección —dice Venkatesh—. Entonces se sienten avergonzados: "Soy demasiado hombre para ti" o "Eres demasiado fea para mí". Entonces el cliente exige que le devuelvan su dinero y, desde luego, no conviene discutir con un hombre que acaba de perder su masculinidad.»

Además, las ganancias de la mujer palidecen en comparación con lo que ganaban hasta las prostitutas más baratas de hace cien años. En comparación con ellas, mujeres como LaSheena están trabajando prácticamente gratis.

¿Por qué han bajado tanto las tarifas de las prostitutas?

Porque la demanda ha bajado espectacularmente. No la demanda de *sexo*, que sigue siendo fuerte. Pero la prostitución, como cualquier otra industria, es vulnerable a la competencia.

¿Quién representa la mayor competencia para una prostituta? Es sencillo: cualquier mujer dispuesta a mantener relaciones sexuales con un hombre sin cobrar.

No es ningún secreto que las costumbres sexuales han evolucionado considerablemente en las últimas décadas. La expresión «sexo sin compromiso» no existía hace un siglo (por no hablar de «amigos con derecho a roce»). El sexo fuera del matrimonio era mucho más difícil de encontrar y acarreaba castigos notablemente mayores que los que acarrea hoy.

Imaginemos un joven que acaba de terminar sus estudios, pero aún no está preparado para casarse, y que quiere algo de sexo. En las décadas anteriores, la prostitución era una opción probable. Aunque fuera ilegal, nunca era difícil de encontrar, y el riesgo de ser detenido era minúsculo. Aunque era relativamente cara a corto plazo, a la larga compensaba porque no incluía los costes potenciales de un embarazo no deseado o de un compromiso matrimonial. Al menos el 20 por ciento de los hombres norteamericanos nacidos entre 1933 y 1942 tuvieron su primera experiencia sexual con una prostituta.

Ahora, imaginen al mismo joven veinte años después. El cambio de las costumbres sexuales le ha proporcionado un suministro mucho mayor de sexo gratuito. En esta generación, solo el 5 por ciento de los hombres pierden su virginidad con una prostituta. Y no es que él y sus amigos se estén reservando para el matrimonio. Más del 70 por ciento de los hombres de su generación han tenido relaciones sexuales antes de casarse, en comparación con el 33 por ciento de la generación anterior.

Así pues, el sexo prematrimonial surgió como un sustituto viable de la prostitución. Y al disminuir la demanda de sexo pagado, también bajaron las tarifas de la gente que lo proporcionaba.

Si la prostitución fuera una industria, habría podido recurrir a grupos de presión para luchar contra la invasión de sexo prematrimonial. Habría presionado para ilegalizar el sexo prematrimonial, o, como mínimo, gravarlo con fuertes impuestos. Cuando los fabricantes de acero y los productores de azúcar norteamericanos empezaron a sentir la presión de la competencia —en forma de mercancías más baratas de México, China o Brasil—, consiguieron que el gobierno federal impusiera aranceles que protegían sus productos nacionales.

Estas tendencias proteccionistas no tienen nada de nuevo. Hace más de ciento cincuenta años, el economista francés Frédéric Bastiat escribió la «Petición de los fabricantes de velas», que decía que representaba los intereses de «los fabricantes de cirios, velas, linternas, palmatorias, farolas de calle, despabiladores y apagavelas», así como «la producción de sebo, aceite, resina, alcohol y en general todo lo relacionado con la iluminación».

Estas industrias, se lamentaba Bastiat, «están sufriendo a causa de la ruinosa competencia de un rival extranjero que al parecer funciona en condiciones tan superiores a las nuestras para la producción de luz que está inundando de luz el mercado nacional a un precio increíblemente bajo».

¿Quién era este miserable rival extranjero?

«No es otro que el sol», escribió Bastiat. Rogaba al gobierno francés que promulgara una ley prohibiendo a todos los ciudadanos que dejaran entrar en sus casas la luz solar. (Sí, su petición era una sátira; en los círculos de economistas, esto es lo que se entiende por payasada radical.)

Por desgracia, la industria de la prostitución carece de un paladín tan apasionado, aunque fuera en broma, como Bastiat. Y a diferencia de las industrias del azúcar y el acero, tiene poca influencia en los pasillos del poder de Washington... a pesar, hay que decirlo, de sus muchas, muchísimas relaciones con hombres que ocupan altos cargos. Esto explica que la suerte de la industria haya sido tan vapuleada por los fríos vientos del mercado libre.

La prostitución está más concentrada geográficamente que ninguna otra actividad delictiva: en Chicago, casi la mitad de las detenciones por prostitución se producen en menos de un tercio del 1 por ciento de los bloques de la ciudad. ¿Qué tienen en común esos bloques? Están cerca de estaciones de tren y de calles principales (las prostitutas tienen que estar donde los clientes puedan encontrarlas) y en ellos viven muchos residentes pobres. Aunque no hay —como es común en la mayoría de los barrios pobres— una superabundancia de hogares con una mujer al frente.

Esta concentración hace posible tomar los datos de Venkatesh y cruzarlos con los datos de detenciones del Departamento de Policía de Chicago, para calcular el alcance de la prostitución callejera en toda la ciudad. Conclusión: en cualquier semana, hay unas 4.400 mujeres trabajando de prostitutas en las calles de Chicago, que realizan aproximadamente 1,6 millones de servicios al año para 175.000 hombres diferentes. Es más o menos el mismo número de prostitutas que trabajaban en Chicago hace cien años. Teniendo en cuenta que la población de la ciudad ha crecido un 30 por ciento desde entonces, la cuota de prostitutas callejeras per cápita ha disminuido significativamente. Una cosa no ha cambiado: para el cliente, al menos, la prostitución es solo un poco ilegal. Los datos demuestran que un hombre que solicita los servicios de una prostituta de la calle corre el riesgo de ser detenido una vez por cada 1.200 visitas.

Las prostitutas del estudio de Venkatesh trabajaban en tres zonas distintas de la ciudad: West Pullman, Roseland y Washington Park. Casi todos los residentes en estas zonas son afroamericanos, lo mismo que las prostitutas. West Pullman y Roseland, que son adyacentes, son barrios de clase obrera en el extremo del South Side, que antes eran casi exclusivamente blancos (West Pullman se organizó alrededor de la fábrica de trenes Pullman). Washington Park lleva décadas siendo un barrio negro y pobre. En estas tres zonas, la raza de los clientes de las prostitutas es variada.

La noche del lunes es con diferencia la más floja de la semana para estas prostitutas. Los viernes son los días de más actividad, pero los sábados por la noche una prostituta suele ganar aproximadamente un 20 por ciento más que el viernes.

¿Por qué la noche de más actividad no es también la más provechosa? Porque el principal determinante del precio de una prostituta es el servicio concreto que se le paga por realizar. Y por alguna razón, los clientes del sábado contratan servicios más caros. Consideremos los cuatro actos sexuales que estas prostitutas realizaban habitualmente, cada uno con su precio:

ACTO SEXUAL	PRECIO MEDIO
Estimulación manual	26,70 dólares
Sexo oral	37,26 dólares
Sexo vaginal	80,05 dólares
Sexo anal	94,13 dólares

Es interesante observar que el precio del sexo oral ha bajado mucho con el tiempo, en comparación con el acto sexual «normal». En los tiempos del Everleigh Club, los hombres pagaban el doble o el triple por el sexo oral. Ahora cuesta menos de la mitad que un coito. ¿Por qué?

Es cierto que el sexo oral plantea menos problemas a la prostituta, porque elimina la posibilidad de embarazo y disminuye el riesgo de enfermedades de transmisión sexual. (También ofrece lo que un experto en salud pública llama «facilidad de salida», porque la prostituta puede escapar rápidamente de la policía o de un cliente peligroso.) Pero el sexo oral *siempre* ha tenido esas ventajas. ¿Cómo se explica la diferencia de precio con los viejos tiempos?

La mejor respuesta es que el sexo oral cargaba con una especie de tabú. En aquel tiempo se consideraba una forma de perversión, sobre todo entre las personas de mentalidad religiosa, porque satisfacía los requisitos lujuriosos del sexo sin cumplir los requisitos reproductivos. Como es natural, el Everleigh Club estaba encantado de sacarle beneficio a este tabú. De hecho, el médico del club recomendaba con entusiasmo el sexo oral porque suponía mayores beneficios para el establecimiento y menos desgaste para las mariposas.

Pero cuando las actitudes sociales cambiaron, el precio cayó, reflejando la nueva realidad. Este cambio de preferencias no se ha limitado a la prostitución. Entre los adolescentes de Estados Unidos, el sexo oral va en ascenso, mientras que el coito y los embarazos han disminuido. Algunos dirían que es una coincidencia (o algo peor), pero nosotros lo llamamos economía en acción.

El bajo precio del sexo oral de las prostitutas ha tenido como respuesta una fuerte demanda. He aquí un desglose de la fracción de mercado de cada servicio sexual realizado por las prostitutas de Chicago:

Acto sexual	Porcentaje del total de servicios
Sexo oral	55 %
Sexo vaginal	17 %
Estimulación manual	15 %
Sexo anal	9 %
Otros	4 %

En la categoría de «otros» se incluye bailar desnuda, «solo hablar» (una situación sumamente rara, observada solo unas cuantas veces en más de dos mil transacciones) y diversos actos que son todo lo contrario de «solo hablar», tan fuera de lo normal que desafiarían la imaginación del lector más creativo. Aparte de todo lo demás, estos actos son una importante razón para que el mercado de la prostitución siga prosperando a pesar de la disponibilidad de sexo gratuito: los hombres contratan a prostitutas para que hagan cosas que una amiga o una esposa nunca estarían dispuestas a hacer. (Aunque también hay que decir que algunos de los actos más extravagantes de nuestra lista *incluyen* miembros de la familia, con todas las combinaciones concebibles de sexo y generación.)

Las prostitutas no cobran el mismo precio a todos los clientes. Los clientes negros, por ejemplo, pagan por término medio 9 dólares menos por servicio que los blancos, y los clientes hispanos están en una posición intermedia. Los economistas tienen un nombre para la práctica de cobrar diferentes precios por el mismo producto: *discriminación en el precio*.

En el mundo comercial no siempre es posible discriminar en el precio. Por lo menos se deben cumplir dos condiciones:

- Algunos clientes deben tener características claramente identificables que permitan incluirlos en la categoría de los dispuestos a pagar más. (Como rasgo identificable, el color blanco o negro de la piel es bastante bueno.)
- El vendedor debe ser capaz de impedir la reventa del producto, eliminando así la posibilidad de especulación. (En el caso de la prostitución, la reventa es bastante imposible.)

Si se dan estas circunstancias, casi todas las empresas se aprovecharán de la discriminación en el precio siempre que puedan. Los que viajan por negocios lo saben muy bien, ya que muchas veces pagan el triple que su compañero de asiento, que va de vacaciones, por un billete de avión adquirido a última hora. Las mujeres que pagan un corte de pelo en la peluquería lo saben también, porque pagan el doble que los hombres por lo que es prácticamente el mismo corte de pelo. O pensemos en el catálogo de utensilios sanitarios ofrecidos en internet por el Dr. Leonard, que vende un cortador de pelo Barber Magic por 12,99 dólares y, en otra parte de la página, el cortador de pelo Barber Magic para mascotas por 7,99 dólares. Los dos aparatos parecen idénticos, pero el Dr. Leonard piensa que las personas pagarán más por cortarse su propio pelo que por el de sus animales de compañía.

¿Cómo discriminan en el precio las prostitutas callejeras de Chicago? Venkatesh descubrió que utilizan diferentes estrategias para fijar el precio a los clientes blancos y negros. Cuando tratan con negros, las prostitutas suelen decir el precio de antemano para evitar regateos. (Venkatesh observó que los clientes negros tenían más tendencia a regatear que los blancos, tal vez, razonó, porque estaban más familiarizados con el barrio y conocían mejor el mercado.) En cambio, cuando trata con clientes blancos, la prostituta hace que *el hombre* proponga un precio, esperando una oferta generosa. Como demuestra la diferencia de precios entre blancos y negros que se recoge en los datos, esta estrategia parece funcionar bastante bien.

Otros factores pueden hacer bajar el precio que los clientes pagan a una prostituta de Chicago. Por ejemplo:

	DESCUENTO MEDIO
Pago en drogas en lugar de dinero	7 dólares
Acto sexual realizado al aire libre	6,50 dólares
El cliente usa condón	2 dólares

El descuento por las drogas no sorprende mucho, teniendo en cuenta que la mayoría de las prostitutas son drogadictas. El descuento por hacerlo al aire libre es en parte un descuento por ahorro de tiempo, ya que los servicios realizados al aire libre tienden a ser más rápidos. Por otra parte, las prostitutas cobran más por un servicio en interior porque suelen tener que pagar el local. Algunas mujeres alquilan una alcoba en la casa de alguien o tienen un colchón en el sótano; otras van a un motel barato o a una tienda de todo a un dólar que cierre durante la noche.

El pequeño descuento por el uso de condón *sí* que es sorprendente. Aún más sorprendente es lo poco que se utilizan los condones: menos del 25 por ciento de las veces, aunque solo contemos el sexo vaginal y el anal. (Los clientes nuevos tenían más tendencia a usar condones que los habituales; los clientes negros lo usaban menos que los otros.) La típica prostituta callejera de Chicago podía esperar realizar unos trescientos actos sexuales sin protección al año. La buena noticia, según una investigación anterior, es que los hombres que recurren a prostitutas de la calle tienen una incidencia sorprendentemente baja de infección por VIH: menos del 3 por ciento. (Esto no ocurre con los clientes varones que contratan a prostitutos; su incidencia supera el 35 por ciento.)

Así pues, son muchos los factores que influyen en el precio de una prostituta: el acto mismo, las características de ciertos clientes, incluso el lugar.

Pero lo asombroso es que los precios en un sitio dado son prácticamente los mismos para todas las prostitutas. Quizá crea que una mujer atractiva cobra más que otra menos deseable. Pero esto casi nunca ocurre. ¿Por qué?

La única explicación lógica es que la mayoría de los clientes ven a las mujeres como lo que los economistas llaman *sustitutos perfectos*, bienes o servicios fácilmente intercambiables. Así como a un comprador en una frutería puede parecerle que un racimo de plátanos es más o menos idéntico a los demás, parece que los hombres que frecuentan este mercado aplican este mismo principio.

Una manera segura para que un cliente consiga un gran descuento es contratar directamente a la prostituta en lugar de tratar con un chulo. Si hace eso, obtendrá el mismo acto sexual por unos 16 dólares menos.

Este cálculo está basado en datos de las prostitutas de Roseland y West Pullman. Los dos barrios están situados uno junto a otro y son similares en muchos aspectos. Pero en West Pullman, las prostitutas tenían chulos, mientras que las de Roseland no los tenían. West Pullman es un poco más residencial, lo que implica que la comunidad presione para quitar a las prostitutas de las calles. Roseland, en cambio, tiene más actividad de pandillas callejeras. Aunque las bandas de Chicago no suelen practicar el proxenetismo, tampoco quieren que nadie se meta en su economía de mercado negro.

Esta diferencia fundamental nos permite medir el impacto del proxeneta (denominado en adelante *chulimpacto*). Pero antes, una pregunta importante: ¿cómo podemos estar seguros de que las dos poblaciones de prostitutas son de verdad comparables? A lo mejor, las prostitutas que trabajan con chulos tienen características diferentes de las otras. A lo mejor son más listas o menos drogadictas. Si esto fuera así, estaríamos simplemente midiendo dos poblaciones diferentes de mujeres, y no el chulimpacto.

Pero se daba el caso de que muchas de las mujeres del estudio de Venkatesh iban y venían de un barrio a otro, a veces trabajando con un chulo y otras veces solas. Esto nos permitió analizar los datos de manera que pudiéramos aislar el chulimpacto.

Como ya hemos dicho, los clientes pagan unos 16 dólares más si contratan a través de un chulo. Pero los clientes que recurren a los chulos tienden también a comprar servicios más caros —nada de estimulación manual para esos caballeros—, que hacen subir las ganancias de la mujer. Así, incluso después de que el proxeneta se quede su consabida comisión del 25 por ciento, las prostitutas ganan más dinero haciendo menos servicios.

PROSTITUTA	SALARIO SEMANAL	SERVICIOS POR SEMANA
sola	325 dólares	7,8
con chulo	410 dólares	6,2

El secreto del éxito de los chulos es que buscan una clientela diferente de la que pueden conseguir por sí solas las prostitutas en la calle. Tal como descubrió Venkatesh, los chulos de West Pullman dedicaban mucho tiempo a reclutar clientes, en su mayoría blancos, en clubes de striptease del centro y en los barcos-casino de la vecina Indiana.

Pero, como demuestran los datos, el chulimpacto va más allá de generar mayores ingresos. Una prostituta que trabaje con un chulo tiene menos probabilidades de ser golpeada por un cliente o forzada a hacer servicios gratis a los miembros de las pandillas.

Así pues, si eres una prostituta callejera de Chicago, utilizar un chulo parece lo mejor. Incluso después de pagar la comisión, tienes ventajas en casi todos los aspectos. Ojalá los agentes de todas las industrias proporcionaran este tipo de beneficios.

Consideremos un tipo distinto de ventas: las viviendas residenciales. Igual que puede vender su cuerpo con o sin la ayuda de un chulo, puede vender su casa con o sin ayuda de un agente inmobiliario. Aunque los agentes inmobiliarios cobran mucha menos comisión que los chulos —aproximadamente, el 5 por ciento, frente al 25—, el porcentaje del agente suele ascender a decenas de miles de dólares por una sola venta.

¿Se ganan los agentes inmobiliarios su paga?

Tres economistas analizaron hace poco los datos de ventas de viviendas en Madison (Wisconsin), que tienen un próspero mercado de venta directa por el propietario (en inglés, FSBO). La actividad gira en torno a la página web FSBOMadison.com, que cobra a los propietarios 150 dólares por incluir una casa en su lista, sin comisión cuando la casa se vende. Comparando las ventas directas en Madison con las casas vendidas en Madison por agencias inmobiliarias, incluyendo varios factores —precio, características de la casa y del vecindario, tiempo que lleva en el mercado, etc.—, los economistas fueron capaces de calibrar el impacto del agente (o, en aras de la simetría, el *agimpacto*).

¿Qué descubrieron?

Las casas vendidas a través de FSBOMadison.com tenían aproximadamente el mismo precio que las vendidas por agencias. Esto no parece dejar en muy buen lugar a las agencias. Recurrir a una agencia para vender una casa de 400.000 dólares significa pagar una comisión de unos 20.000, frente a solo 150 en FSBOMadison.com. (Por otra parte, otro estudio reciente demostró que las agencias inmobiliarias de tarifa plana, que suelen cobrar unos 500 dólares por incluir una casa en su lista, también obtenían aproximadamente los mismos precios que las agencias a comisión completa.)

Pero hay algunos matices importantes. A cambio de la comisión del 5 por ciento, alguien hace todo el trabajo por uno. Para algunos de los que venden su casa, eso bien vale el precio. También es difícil decir si los resultados de Madison se confirmarían en otras ciudades. Además, el estudio se realizó durante una época fuerte del mercado inmobiliario, lo que probablemente facilita vender la casa uno mismo. Por otra parte, la clase de gente que decide vender su casa sin recurrir a una agencia puede tener mejor cabeza para los negocios desde un principio. Por último, aunque las casas de venta directa se vendían por el mismo precio medio que las vendidas a través de agencias, tardaban veinte días más en venderse. Pero la mayoría de la gente probablemente consideraría que por 20.000 dólares vale la pena vivir en la casa vieja veinte días más.

Una agencia inmobiliaria y un chulo realizan el mismo servicio de base: anunciar su producto a posibles clientes. Como revela este estudio, internet está demostrando ser un sustituto muy eficaz de la agencia inmobiliaria. Pero si lo que se quiere vender es prostitución callejera, internet no es muy efectiva —al menos, todavía no— poniendo en contacto a los vendedores con los compradores.

Así pues, cuando se considera lo que uno obtiene de estos dos agentes, parece claro que los servicios de un chulo son considerablemente más valiosos que los de un agente de bienes raíces. O, para los que prefieren que las conclusiones se presenten matemáticamente,

$$\text{Chulimpacto} > \text{Agimpacto}$$

Durante el estudio de Venkatesh, seis proxenetas controlaban la prostitución en West Pullman, y él llegó a conocer a los seis. Todos eran hombres. En los viejos tiempos, los círculos de prostitución solían estar dirigidos por mujeres, incluso en los barrios más pobres de Chicago. Pero los hombres, atraídos por los altos ingresos, acabaron haciéndose con el negocio. Otro ejemplo más en la larga historia de hombres que se meten a ganar lo que antes ganaban las mujeres.

La edad de estos seis chulos variaba entre los treinta y pocos y los cuarenta y muchos, y «les iba bastante bien», según Venkatesh, ya que ganaban unos 50.000 dólares al año. Además, algunos tenían trabajos legales —mecánico de coches o encargado de tienda— y casi todos eran propietarios de sus casas. Ninguno era drogadicto.

Una de sus funciones más importantes consistía en encargarse de la policía. Venkatesh descubrió que los chulos mantenían una buena relación de trabajo con la policía, en especial con un agente llamado Charles. Cuando era nuevo en el oficio, Charles hostigaba y detenía a los chulos. Pero no le salió bien. «Cuando detienes a los chulos, simplemente hay una lucha por ocupar sus puestos —dice Venkatesh— y la violencia es peor que la prostitución.»

Así que, a cambio, Charles les arrancó algunos compromisos. Los chulos accedieron a mantenerse alejados del parque cuando había niños jugando allí, y a mantener oculta la prostitución. A cambio, la policía dejaba a los chulos en paz y, lo más importante, tampoco detenía a las prostitutas. Durante el estudio de Venkatesh, solo hubo una detención oficial de una prostituta en una zona controlada por chulos. De todas las ventajas que una prostituta obtenía de utilizar un chulo, una de las mayores era no ser detenida.

Pero no se necesita por fuerza un chulo para no ir a la cárcel. La prostituta media de Chicago hace unos 450 servicios sin ser detenida, y solo una de cada diez detenciones acaba en una sentencia de cárcel.

No es que la policía no sepa dónde están las prostitutas. Tampoco las autoridades policiales o el alcalde tomaron una decisión consciente de dejar que la prostitución prosperara. Esto es más bien un ejemplo gráfico de lo que los economistas llaman *el problema del principal y el agente*. Es lo que ocurre cuando dos partes de una actividad dada parecen tener los mismos incentivos, pero en realidad puede que no sea así.

En este caso, uno podría pensar que el jefe de policía es el principal. Le gustaría poner freno a la prostitución callejera. El policía de la calle, en cambio, es el agente. A él también le gustaría reducir la prostitución, al menos en teoría, pero no tiene un fuerte incentivo para practicar detenciones. Tal como lo ven algunos policías, las prostitutas ofrecen algo mucho más atractivo que aumentar la cuota de detenciones: sexo.

Esto se manifiesta con rotundidad en el estudio de Venkatesh: de todos los servicios realizados por las prostitutas que él estudió, aproximadamente el 3 por ciento eran servicios gratuitos a agentes de policía.

Los datos no mienten: una prostituta callejera de Chicago tiene más probabilidades de practicar el sexo con un policía que de ser detenida por uno.

No hace falta insistir en lo poco deseable que es ser una prostituta callejera: la degradación, el riesgo de enfermedades, la amenaza casi constante de violencia.

En ninguna parte eran tan malas las condiciones como en Washington Park, el tercer barrio del estudio de Venkatesh, que se encuentra a unos nueve kilómetros al norte de Roseland y West Pullman. Está más deprimido económicamente y es menos accesible a los forasteros, sobre todo si son blancos. La prostitución está centrada en cuatro lugares: dos grandes edificios de apartamentos, un tramo de cinco manzanas de una ajetreada calle comercial y el parque mismo, una extensión de 150 hectáreas diseñada hacia 1870 por Frederick Law Olmsted y Calvert Vaux. Las prostitutas de Washington Park trabajan sin chulos, y tienen los ingresos más bajos de todas las prostitutas del estudio de Venkatesh.

Esto podría hacer pensar que estas mujeres deberían dedicarse a otra cosa, y no a hacer la calle. Pero una de las características de una economía de mercado es que los precios tienden a encontrar un nivel en el que hasta el peor trabajo imaginable vale la pena. Por mal que les vaya a estas mujeres, parece que estarían aún peor sin prostituirse.

¿Suena absurdo?

La prueba más contundente de este argumento viene de una fuente improbable: la entrañable tradición norteamericana conocida como reunión familiar. Cada verano, en torno a la fiesta del 4 de Julio, Washington Park se llena de familias y otros grupos numerosos que se reúnen para comidas y fiestas. Para algunos de estos visitantes, charlar con la tía Ida mientras toman limonada no resulta lo bastante estimulante. Se ha comprobado que la demanda de prostitutas en Washington Park se dispara todos los años durante este período.

Y las prostitutas hacen lo que cualquier buen empresario haría: suben los precios aproximadamente un 30 por ciento y hacen todas las horas extra que pueden.

Lo más interesante es que este incremento de la demanda atrae a un tipo especial de trabajadora: una mujer que no ejerce la prostitución durante el resto del año, pero que durante esta temporada tan activa deja su otro trabajo y empieza a hacer la calle. Casi todas estas prostitutas de temporada tienen hijos y cuidan de sus hogares; no son drogadictas. Pero como los buscadores en la fiebre del oro o los agentes de bienes raíces durante un boom inmobiliario, ven la oportunidad de hacer caja y se lanzan a ella.

En cuanto a la pregunta planteada en el título de este capítulo —¿*En qué se parece una prostituta de la calle a un Santa Claus de unos grandes almacenes?*—, la respuesta debería ser obvia: los dos aprovechan las oportunidades de trabajo de corta duración ofrecidas por la mayor demanda en las fiestas.

Ya hemos establecido que la demanda de prostitutas es mucho menor en la actualidad que hace sesenta años (aunque algo compensada durante las fiestas), debido en gran parte a la revolución feminista.

Si eso les resulta sorprendente, consideren una víctima aún menos probable de la revolución feminista: los niños en edad escolar.

Tradicionalmente, la enseñanza ha estado dominada por mujeres. Hace cien años, era uno de los pocos trabajos para mujeres que no implicaban limpiar, cocinar u otras tareas serviles. (La enfermería era otra de esas profesiones, pero la enseñanza era mucho más prominente, con seis maestras por cada enfermera.) En aquella época, las maestras constituían casi el 6 por ciento de la población laboral femenina, superadas solo por las comadronas (19 por ciento), las criadas (16 por ciento) y las lavanderas (6,5 por ciento). Y era, con gran diferencia, la profesión preferida por las licenciadas universitarias. Todavía en 1940, un sorprendente 55 por ciento de las trabajadoras de treinta y pocos años con estudios universitarios trabajaban como maestras.

Pero poco después, las oportunidades para mujeres inteligentes empezaron a multiplicarse. La Ley de Igualdad de Salarios de 1963 y la Ley de Derechos Civiles de 1964 fueron factores que contribuyeron, lo mismo que el cambio en la percepción de los papeles femeninos. Al aumentar el número de chicas que iban a la universidad, surgieron más mujeres dispuestas a incorporarse al mercado de trabajo, sobre todo en las profesiones deseables que antes les habían estado vedadas: el derecho, la medicina, los negocios y las finanzas, etcétera. (Uno de los héroes olvidados de esta revolución fue la proliferación de guarderías, que permitió a las madres recientes volver al trabajo.)

Estas profesiones exigentes y competitivas ofrecían salarios altos y atraían a las mujeres más inteligentes y preparadas. Sin duda, muchas de estas mujeres habrían sido maestras de haber nacido una generación antes.

Pero no fue así. Y como consecuencia, el colectivo de maestras empezó a sufrir una fuga de cerebros. En 1960, aproximadamente el 44 por ciento de las maestras puntuaban en la zona más alta del coeficiente intelectual y otras pruebas de aptitud, con solo un 8 por ciento en la parte más baja. Veinte años después, las de la parte alta eran menos de la mitad de esa cifra, y en la parte baja había más del doble. Tampoco ayudó mucho que los sueldos de las maestras bajaran considerablemente en comparación con los de otros trabajos. «La calidad del profesorado lleva décadas decayendo —declaró en 2000 el director general de los colegios públicos de Nueva York—, y nadie quiere hablar de ello.»

Esto no quiere decir que ya no existan muchas y excelentes profesoras. Pero en general, la competencia de las maestras declinó durante esos años, y con ella la calidad de la enseñanza en las clases. Entre 1967 y 1980, las calificaciones escolares en Estados Unidos bajaron aproximadamente 1,25 puntos. El investigador educativo John Bishop dijo que este declive «no tenía precedentes históricos», argumentando que ponía serias trabas a la productividad nacional, que continuarían hasta bien entrado el siglo XXI.

Pero al menos las cosas les iban bien a las mujeres que elegían otras profesiones, ¿no?

Bueno, más o menos. Como hemos dicho antes, hasta las mujeres mejor preparadas ganan menos que sus equivalentes masculinos. Esto se aplica en especial a los altos círculos financieros y empresariales, donde, además, las mujeres están muy poco representadas. El número de altas ejecutivas ha aumentado en los últimos años, multiplicándose aproximadamente por ocho, pero aun así las mujeres todavía ocupan menos del 1,5 por ciento de los altos puestos ejecutivos. En las 1.500 mayores empresas de Estados Unidos, solo el 2,5 por ciento de los puestos ejecutivos mejor pagados están ocupados por mujeres. Esto resulta especialmente sorprendente si se considera que en los últimos veinticinco años las mujeres han obtenido más del 30 por ciento de los títulos de dirección de empresas en las mejores universidades del país. En la actualidad, el porcentaje es el más alto de la historia, un 43 por ciento.

Los economistas Marianne Bertrand, Claudia Goldin y Lawrence Katz intentaron resolver este enigma de la diferencia salarial, analizando las salidas profesionales de más de 2.000 titulados en dirección de empresas, hombres y mujeres, en la Universidad de Chicago.

Su conclusión: aunque la discriminación de género puede contribuir en cierta medida a la diferencia salarial entre hombres y mujeres, es el deseo —o la falta de deseo— lo que explica la mayor parte de las diferencias. Los economistas identificaron tres factores principales:

- Las mujeres obtienen notas medias algo más bajas que los hombres y, lo que tal vez sea más importante, siguen menos cursos de finanzas. En igualdad de todos los demás factores, existe una fuerte correlación entre los estudios financieros y las ganancias profesionales.

- En los quince primeros años de sus carreras, las mujeres trabajan menos horas que los hombres: 52 por semana frente a 58. A lo largo de quince años, esa diferencia de seis horas equivale a seis meses menos de experiencia.

- Las mujeres interrumpen su trabajo con más frecuencia que los hombres. Al cabo de diez años trabajando, solo el 10 por ciento de los hombres titulados en dirección de empresas habían pasado seis o más meses sin trabajar, frente a un 40 por ciento de las mujeres tituladas.

Parece que el quid de la cuestión es que a muchas mujeres, incluso a las tituladas en dirección de empresas, les gustan los niños. La ejecutiva media sin hijos trabaja solo un 3 por ciento menos de horas que el ejecutivo medio. Pero las ejecutivas *con* hijos trabajan un 24 por ciento menos. «Las penalizaciones económicas de trabajar menos horas e interrumpir el trabajo son enormes para los ejecutivos —afirman los tres economistas—. Parece que muchas madres ejecutivas, y en especial las que tienen maridos adinerados, deciden poner el freno pocos años después de su primer alumbramiento.»

Se trata de un giro extraño. Muchas de las mujeres más inteligentes y preparadas de Estados Unidos se sacan un título de dirección de empresas para poder ganar salarios altos, pero acaban casándose con los hombres más inteligentes y mejor preparados, que *también* ganan salarios altos, lo que permite a esas mujeres el lujo de no tener que trabajar tanto.

¿Significa esto que se ha malgastado la inversión de tiempo y dinero de las mujeres que estudiaron dirección de empresas? Puede que no. Es posible que nunca hubieran encontrado esos maridos si no hubieran estudiado empresariales.

Hay otro aspecto que debemos considerar al examinar la diferencia de salarios entre hombres y mujeres. En lugar de interpretar el salario inferior de las mujeres como un fracaso, tal vez se debería ver como una señal de que, simplemente, un salario más alto no es un incentivo tan importante para las mujeres como para los hombres. ¿Podría ser que los hombres tengan debilidad por el dinero como las mujeres la tienen por los niños?

Consideremos un par de experimentos recientes en los que se sometió a hombres y mujeres jóvenes a una prueba de matemáticas con veinte preguntas. En una versión, a cada participante se le pagaba una tasa fija: 5 dólares por presentarse y otros 15 por completar el examen. En la segunda versión, a los participantes se les pagaban los 5 dólares por presentarse y otros 2 dólares por cada respuesta correcta.

¿Qué tal lo hicieron?

En la versión de tarifa fija, los hombres solo lo hicieron un poco mejor, dando una respuesta correcta más que las mujeres, del total de veinte. Pero en la versión con incentivo económico, los hombres barrieron a las mujeres. El rendimiento de las mujeres apenas aumentó en comparación con la versión de tarifa fija, mientras que el promedio de los hombres acertó 2 respuestas más de las 20.

Los economistas hacen todo lo que pueden reuniendo datos y aplicando complejas técnicas estadísticas para elucidar las razones por las que las mujeres ganan menos que los hombres. Pero la principal dificultad es que los hombres y las mujeres son diferentes en muchos aspectos. Lo que *de verdad* le gustaría a un economista es llevar a cabo un experimento más o menos como este: coger un grupo de mujeres y clonar versiones masculinas de ellas; hacer lo inverso con un grupo de hombres; y sentarse a observar. Midiendo el rendimiento laboral de cada grupo de género y comparándolo con el de sus clones, es probable que se sacaran algunas buenas conclusiones.

Si la clonación no fuera posible, también se podría tomar un grupo de mujeres, seleccionar al azar a la mitad y cambiar por arte de magia su sexo, dejándolas igual en todo lo demás; y hacer lo inverso con un grupo de hombres.

Por desgracia, a los economistas no se les permite hacer experimentos así (todavía). Pero los individuos sí que pueden, si quieren. Esto recibe el nombre de operación de cambio de sexo.

¿Qué ocurre cuando un hombre decide recurrir a la cirugía y la terapia hormonal para vivir como una mujer (transexualidad de hombre a mujer), o cuando una mujer decide vivir como un hombre (transexualidad de mujer a hombre)?

Ben Barres, un neurobiólogo de Stanford, nació como Barbara Barres y se transformó en hombre en 1997, a los cuarenta y dos años de edad. La neurobiología, como la mayoría de las disciplinas matemáticas y científicas, es un campo predominantemente masculino. Su decisión «sorprendió a mis compañeros y alumnos», dice, pero «todos se portaron maravillosamente». De hecho, su prestigio intelectual parece haber aumentado. Una vez, después de que Barres impartiera un seminario, un colega se dirigió a un amigo de Barres que formaba parte del público e hizo este malicioso comentario: «El trabajo de Ben Barres es mucho mejor que el de su hermana». Pero Barres no tiene hermana; el comentario menospreciaba la anterior personalidad femenina de Barres.

«Es mucho más difícil para los hombres transformarse en mujeres que para las mujeres transformarse en hombres», reconoce Barres. El problema, dice, es que se supone que los varones son competentes en ciertos campos —sobre todo, campos como la ciencia y las finanzas— donde las mujeres no lo son.

Por otra parte, consideremos a Deirdre McCloskey, una destacada economista de la Universidad de Illinois en Chicago. Nació varón, con el nombre de Donald, y decidió transformarse en mujer en 1995, a los cincuenta y tres años. La economía, como la neurociencia, es un campo predominantemente masculino. «Estaba dispuesta a trasladarme a Spokane y hacerme secretaria en un almacén de grano», dice. No fue necesario, pero McCloskey detectó «una extraña predisposición contra mí entre algunos economistas. Supongo que ahora ganaría algo más de dinero si siguiera siendo Donald.»

McCloskey y Barres son solo dos ejemplos individuales. Un par de investigadores llamados Kristen Schilt y Matthew Wiswall se propusieron examinar sistemáticamente lo que les ocurre a los salarios de las personas que cambian de sexo en edad adulta. No es exactamente el experimento que proponíamos antes —al fin y al cabo, el conjunto de personas que cambian de sexo no se puede considerar una muestra al azar, ni tampoco son hombres y mujeres típicos, ni antes ni después—, pero aun así los resultados son interesantes. Schilt y Wiswall descubrieron que las mujeres que se transforman en hombres ganan algo más de dinero después del cambio de sexo, mientras que los hombres que se transforman en mujeres ganan, por término medio, un tercio menos que su salario anterior.

Sus conclusiones van acompañadas de muchas matizaciones. Para empezar, la muestra era muy pequeña: solo 14 transexuales de hombre a mujer y 24 de mujer a hombre. Además, las personas estudiadas se eligieron principalmente en congresos de transexuales. Esto las sitúa en la categoría que Deirdre McCloskey llama «transexuales profesionales», que no son necesariamente representativos.

«Se podría pensar —dice McCloskey— que las personas que no se limitan a transformarse en mujeres y seguir adelante con sus vidas, sino que siguen mirando atrás, no van a ser las que más éxito tengan en su trabajo». (Ella ha cambiado de sexo, pero cuando eres economista, eres economista para siempre.)

Volviendo a Chicago, en un barrio elegante a pocos kilómetros de donde trabajan las prostitutas de la calle, vive alguien que nació mujer, sigue siéndolo, y gana más dinero de lo que jamás creyó posible.

Se crió en el seno de una familia numerosa y poco estructurada en Texas, y se marchó de casa para alistarse en el ejército. Estudió electrónica y trabajó en investigación y desarrollo de sistemas de navegación. Cuando volvió a la vida civil, siete años más tarde, consiguió un trabajo de programadora de ordenadores en una de las mayores empresas del mundo. Ganaba un buen salario, de cinco cifras, y se casó con un hombre que tenía unos ingresos de seis cifras como corredor hipotecario. Su vida era un éxito, pero también era… bueno, era aburrida.

Se divorció (la pareja no tuvo hijos) y se trasladó a Texas, en parte para ayudar a cuidar a un pariente enfermo. Volvió a trabajar como programadora y se casó de nuevo, pero el nuevo matrimonio también fracasó.

Su carrera no iba mucho mejor. Era inteligente, capaz, tenía preparación técnica y, además, también era físicamente atractiva, una rubia con curvas y simpática cuyos atributos siempre fueron apreciados en su entorno profesional. Pero no le gustaba trabajar tanto. Así que se hizo autónoma, creando un negocio unipersonal que le permitía trabajar solo diez o quince horas a la semana y ganar cinco veces su anterior salario. Se llama Allie y es prostituta.

Entró en la profesión por casualidad, o al menos como una travesura. Sus familiares eran devotos baptistas sureños, y Allie creció siendo «muy modosita». De adulta seguía siendo igual. «Ya sabes, la barbacoa de cada mes en la urbanización, no más de dos cervezas por noche y nunca antes de las siete.» Pero cuando era una joven divorciada empezó a visitar páginas de contactos en internet —le gustaban los hombres y le gustaba el sexo— y solo por divertirse puso *escort* (chica de compañía) en su perfil. «Fue una cosa espontánea —recuerda—. Se me ocurrió ponerlo y ver qué pasaba.»

Su ordenador se llenó al instante de respuestas. «Empecé a darle a *minimizar, minimizar, minimizar*, para poder dar abasto.»

Concertó una cita con un hombre a las dos de la tarde de un día entre semana en un hotel, en el rincón sudoeste del aparcamiento. Él iría conduciendo un Mercedes negro. Allie no tenía ni idea de cuánto cobrar. Pensaba pedir unos 50 dólares.

El hombre era dentista, nada intimidante físicamente, casado y muy amable. Una vez en la habitación, Allie se desnudó nerviosa. Ya no recordaba los detalles del acto sexual («Está todo un poco borroso a estas alturas», dice), pero sí que recuerda que «no fue nada extravagante, ni mucho menos».

Cuando terminaron, el hombre dejó el dinero encima de la cómoda.

—Nunca habías hecho esto antes, ¿verdad? —preguntó.

Allie trató de mentir, pero no sirvió de nada.

—Muy bien —dijo él—. Esto es lo que tienes que hacer.

Y empezó a darle una perorata. Tenía que ser más cuidadosa; no debía citarse con un desconocido en un aparcamiento; tenía que saber algo de antemano acerca de sus clientes.

«Fue la primera cita en condiciones —dice Allie—. Todavía le sigo estando agradecida.»

Cuando el hombre salió de la habitación, Allie contó el dinero que había sobre la cómoda: 200 dólares. «Lo había estado dando gratis durante años, así que el hecho de que alguien estuviera dispuesto a darme aunque solo fuera un céntimo... bueno, fue impresionante.»

Se sintió inmediatamente tentada a ejercer la prostitución a jornada completa, pero le preocupaba que su familia y sus amigos se enteraran. Así que puso cuidado, concertando principalmente citas fuera de la ciudad. Redujo su horario de programación, pero aun así le parecía que el trabajo la atontaba. Entonces decidió mudarse a Chicago.

Sí, era una gran ciudad, que a Allie le pareció intimidante, pero, a diferencia de Nueva York o Los Ángeles, era lo bastante acogedora para que una chica del Sur se sintiera como en casa. Diseñó una página web (sus habilidades informáticas le vinieron bien) y a base de intensivos tanteos y errores determinó qué páginas de servicios eróticos la ayudarían a atraer al tipo adecuado de clientes y cuáles servirían solo para malgastar los dólares de su anuncio (los vencedores fueron Eros.com y BigDoggie.net).

Llevar un negocio de una sola persona tenía varias ventajas, la principal de las cuales era que no tenía que repartir sus ingresos con nadie. En los viejos tiempos, Allie probablemente habría trabajado para alguien como las hermanas Everleigh, que pagaban con generosidad a sus chicas, pero se quedaban suficiente tajada para hacerse verdaderamente ricas. Internet permitió a Allie ser su propia madame y acumular las ganancias para ella sola. Se ha hablado mucho de la impresionante capacidad de internet para «desintermediar» —eliminar al agente o intermediario— en industrias como los viajes, la venta de propiedades, los seguros y la venta de acciones y valores. Pero es difícil encontrar un mercado más naturalmente adecuado para la desintermediación que la prostitución de lujo.

El inconveniente era que Allie solo se tenía a sí misma para filtrar a los potenciales clientes y asegurarse de que no le pegarían ni robarían. Encontró una solución tan simple como ingeniosa. Cuando un nuevo cliente contactaba con ella por la red, ella no concertaba una cita hasta haber conseguido su verdadero nombre y su número de teléfono. Después, le llamaba el día de la cita por la mañana, aparentemente solo para decirle lo excitada que estaba por ir a verlo.

Pero la llamada también confirmaba que podía contactar con él cuando quisiera y, si algo iba mal, montar una bronca en su oficina. «A nadie le gusta ver el numerito de la loca», dice con una sonrisa. Hasta ahora, Allie solo ha tenido que recurrir a esta táctica una vez, cuando un cliente le pagó con dinero falso. Cuando Allie fue a visitarlo a su oficina, enseguida encontró dinero auténtico.

Recibía a los clientes en su apartamento, principalmente durante el día. La mayoría eran hombres blancos de mediana edad, el 80 por ciento casados, y les resultaba más fácil escabullirse durante las horas de trabajo que explicar una ausencia por la noche. A Allie le encantaba tener las noches libres para leer, ir al cine o simplemente descansar. Fijó su tarifa en 300 dólares por hora —era lo que parecían cobrar casi todas las otras mujeres de su categoría—, con algunas opciones de descuento: 500 dólares por dos horas, o 2.400 por doce horas, quedándose a dormir. Aproximadamente, el 60 por ciento de sus citas eran para una sola hora.

Su alcoba —«mi despacho», lo llama ella riendo— está dominada por una enorme cama imperial victoriana, con sus postes de caoba tallada envueltos en crespones de seda blanquecina. No es una cama fácil de montar. Cuando se le pregunta si alguno de sus clientes ha tenido dificultades con ella, confiesa que hace poco un caballero muy corpulento rompió la cama.

¿Qué hizo Allie?

«Le dije que el maldito trasto estaba ya roto, y que sentía mucho no haberlo hecho arreglar.»

Allie es la clase de persona que ve algo bueno en todo el mundo, y cree que esto ha contribuido a su éxito empresarial. Le gustan de verdad los hombres que acuden a ella, y en consecuencia a los hombres les gusta Allie, más allá del hecho de que va a mantener relaciones sexuales con ellos. Muchas veces le traen regalos: un vale de 100 dólares para Amazon.com; una buena botella de vino (después mira la etiqueta en Google para determinar su valor); y una vez, un MacBook nuevo. Los hombres le hablan con cariño y elogian su aspecto o la decoración. La tratan en muchos aspectos como se espera que los hombres traten a sus esposas, aunque muchos no lo hagan.

La mayoría de las mujeres con tarifas como las de Allie se definen a sí mismas como *escorts*. Cuando Allie habla de sus amigas del oficio, las llama simplemente «chicas». Pero no es melindrosa. «Me gusta *puta*, me gusta *buscona*, me gustan todas esas palabras —dice—. Vamos, sé lo que hago, no intento edulcorarlo.» Allie habla de una amiga suya que cobra 500 dólares por hora. «Cree que ella no es como las chicas de la calle, que hacen mamadas por 35 dólares, y yo le digo "Sí, cariño, eres exactamente igual".»

En esto, es probable que Allie se equivoque. Aunque ella se considera similar a una prostituta de la calle, tiene menos en común con esa clase de mujeres que con una esposa ideal. Allie es básicamente una esposa ideal que se alquila por horas. En realidad, no vende sexo, o al menos no solo sexo. Vende a los hombres la oportunidad de cambiar sus auténticas esposas por una versión más joven, más atrevida sexualmente... sin los problemas y los gastos a largo plazo de tener que seguir con ella. Durante una o dos horas, representa a la esposa ideal: bella, atenta, lista, que se ríe de sus chistes y satisface su lujuria. Se alegra de verle cada vez que aparece en su puerta. Su música favorita está ya sonando y su bebida favorita se está enfriando. Jamás le pedirá que saque la basura.

Allie dice que ella es «un poco más liberal» que algunas prostitutas a la hora de satisfacer las peticiones poco corrientes de los clientes. Había, por ejemplo, un hombre en Texas que todavía le pagaba con frecuencia el viaje en avión y le pedía que incorporara algunos artefactos que guardaba en un maletín para una sesión que muchas personas ni siquiera reconocerían como sexo *sensu stricto*. Pero insiste categóricamente en que sus clientes usen condón.

¿Y si un cliente le ofreciera un millón de dólares por mantener relaciones sexuales sin condón?

Allie se para a considerar esta pregunta. Entonces, manifestando un claro conocimiento de lo que los economistas llaman *selección adversa*, declara que ni así lo haría... porque un cliente lo bastante loco como para ofrecer un millón por una sola sesión de sexo sin protección tiene que estar tan loco que conviene evitarlo a toda costa.

Cuando empezó a trabajar en Chicago, a 300 dólares la hora, la demanda era casi abrumadora. Aceptaba tantos clientes como podía atender físicamente, trabajando aproximadamente treinta horas a la semana. Siguió así durante un tiempo, pero cuando tuvo pagado el coche y hubo reunido unos ahorros, redujo el horario a quince horas por semana.

Aun así, empezó a preguntarse si una hora de su tiempo tenía más valor para ella que otros 300 dólares. Tal como estaban las cosas, sus quince horas de trabajo a la semana le reportaban más de 200.000 dólares al año en efectivo.

Con el tiempo, subió su tarifa a 350 dólares la hora. Esperaba que la demanda disminuyera, pero no fue así. De modo que a los pocos meses la subió a 400. Tampoco hubo un descenso apreciable de la demanda. Allie estaba un poco enfadada consigo misma. Estaba claro que hasta entonces había estado cobrando muy poco. Pero al menos pudo explotar estratégicamente su cambio de tarifas practicando un poco de discriminación en el precio. A sus clientes favoritos les mantuvo la tarifa antigua, pero a los menos favoritos les dijo que ahora una hora costaba 400 dólares… y si no les parecía bien, tenía una excusa perfecta para cortar con ellos. Siempre habría más en el sitio de donde vinieron.

No tardó mucho en volver a subir la tarifa a 450 dólares la hora, y meses después a 500. En un período de dos años, Allie había subido su precio un 67 por ciento, y todavía no se apreciaba una disminución de la demanda.

Sus subidas de precio revelaron otra sorpresa: cuanto más cobraba, menos sexo real practicaba. A 300 dólares la hora tenía una serie de citas de una hora en las que cada hombre quería obtener toda la acción que fuera posible. Pero cobrando 500 la hora era frecuente que la invitaran a copas y a cenar: «Una cita de cuatro horas con cena que termina con un encuentro sexual de veinte minutos —dice—, aunque yo era la misma chica, vestida igual, y mantenía las mismas conversaciones que cuando cobraba 300».

Supuso que se había estado beneficiando de la buena coyuntura económica. Esto ocurrió en 2006 y 2007, que fueron años de bonanza para muchos de los banqueros, abogados y constructores con los que trataba. Pero Allie había descubierto que la mayoría de los hombres que contrataban sus servicios eran, en el lenguaje de los economistas, *insensibles al precio*. La demanda de sexo parecía relativamente independiente del estado de la economía.

Calculamos que en Chicago hay menos de mil prostitutas como Allie, que trabajan por su cuenta o para una agencia de chicas de compañía. Puede que las prostitutas de la calle como La-Sheena tengan el peor trabajo de Estados Unidos. Pero para las prostitutas de élite como Allie, las circunstancias son completamente diferentes: salarios altos, horario flexible y relativamente poco peligro de violencia o detención. Así que el verdadero quid de la cuestión no es por qué alguien como Allie se hace prostituta, sino más bien por qué no son *más* las mujeres que eligen esta profesión.

Desde luego, la prostitución no es para todas las mujeres. Te tiene que gustar mucho el sexo y tienes que estar dispuesta a hacer algunos sacrificios, como no tener marido (a menos que sea muy comprensivo o muy codicioso). Aun así, estas desventajas pueden no parecer tan importantes cuando ganas 500 dólares la hora. De hecho, cuando Allie le confió a una vieja amiga que se había hecho prostituta y le describió su nueva vida, la amiga solo tardó unas pocas semanas en unirse a Allie en el oficio.

Allie nunca ha tenido ningún problema con la policía, ni espera tenerlo. La verdad es que tendría un disgusto si se legalizara la prostitución, porque sus estratosféricas tarifas se basan en el hecho de que el servicio que ofrece *no se puede* obtener legalmente.

Allie había triunfado en su profesión. Era una empresaria avispada, que tenía pocos gastos generales, mantenía el control de calidad, aprendió a discriminar en el precio y comprendía bien las fuerzas comerciales de la oferta y la demanda. Además, le gustaba su trabajo.

Pero, dicho todo esto, Allie empezó a buscar una estrategia de salida. Tenía ya treinta y pocos años y, aunque seguía siendo atractiva, comprendía que su mercancía era perecedera. Le daban pena las prostitutas mayores que, como los deportistas envejecidos, no sabían cuándo dejarlo. (Uno de esos deportistas, un futbolista que llegaría a figurar en el Salón de la Fama, le había hecho proposiciones a Allie cuando estaba de vacaciones en América del Sur, sin saber que era una profesional. Allie lo rechazó, negándose a trabajar en vacaciones.)

También se había cansado de llevar una vida secreta. Su familia y sus amistades no sabían que era prostituta, y el constante engaño la fatigaba. Las únicas personas con las que podía estar sin disimulos eran otras chicas del oficio, y estas no eran sus mejores amigas.

Había ahorrado dinero, pero no lo bastante para retirarse. Así que empezó a buscarse una nueva profesión. Tenía su licencia de agente de la propiedad. El boom inmobiliario estaba en su apogeo y parecía bastante sencillo hacer la transición del viejo trabajo al nuevo, ya que los dos permitían horarios flexibles. Pero otras muchas personas tuvieron la misma idea. La barrera de entrada para los agentes de la propiedad es tan baja que toda bonanza atrae inevitablemente a un enjambre de nuevos agentes —en los diez años anteriores, el número de miembros de la Asociación Nacional de Agentes de la Propiedad había aumentado un 75 por ciento—, lo que tiene el efecto de reducir sus ingresos medios. Y Allie quedó horrorizada al enterarse de que tendría que darle la mitad de su comisión a la agencia en la que trabajara. Era una tajada que ningún chulo se atrevería a exigir.

Por fin, Allie se dio cuenta de lo que de verdad quería hacer: volver a la universidad. Aprovecharía todo lo que había aprendido llevando su propio negocio y, si todo iba bien, aplicaría estos nuevos conocimientos a alguna profesión que proporcionara ganancias de locura sin tener que recurrir al trabajo físico.

¿Qué decidió estudiar? Economía, por supuesto.

2

¿Por qué los terroristas suicidas deberían contratar un seguro de vida?

Si usted conoce a alguien en el sudeste de Uganda que vaya a tener un hijo el año que viene, debe rogar de todo corazón que el niño no nazca en mayo. Si nace en ese mes, de adulto tendrá un 20 por ciento más de probabilidades de sufrir trastornos visuales, auditivos o de aprendizaje.

Dentro de tres años, en cambio, mayo será un buen mes para tener un hijo. Pero el peligro solo se habrá trasladado, no desaparecido. Entonces el mes más cruel será abril.

¿Qué puede explicar esta extravagante pauta? Antes de responder, piense en esto: se ha identificado la misma pauta a medio mundo de distancia, en Michigan. De hecho, nacer en mayo en Michigan podría ser aún más peligroso que hacerlo en Uganda.

Los economistas Douglas Almond y Bhashkar Mazumder tienen una respuesta simple para este extraño y preocupante fenómeno: el Ramadán.

Algunas partes de Michigan tienen una numerosa población musulmana, lo mismo que el sudeste de Uganda. El islam impone un ayuno de comida y bebida durante las horas diurnas de todo el mes del Ramadán. La mayoría de las mujeres musulmanas participa, aunque estén embarazadas; al fin y al cabo, no hay que ayunar todo el día. Aun así, como descubrieron Almond y Mazumder analizando datos de natalidad de varios años, los niños que estaban en el útero durante el Ramadán tienen más probabilidades de presentar efectos secundarios en su desarrollo. La magnitud de estos efectos depende del mes de gestación en que está el feto cuando llega el Ramadán. Los efectos son más fuertes cuando el ayuno coincide con el primer mes de embarazo, pero pueden darse si la madre ayuna en cualquier período hasta el octavo mes.

El islam sigue un calendario lunar, de modo que el mes del Ramadán empieza once días antes cada año. En 2009, duró desde el 21 de agosto al 19 de septiembre, lo que convertirá mayo de 2010 en el peor mes del año para nacer. Tres años después, cuando el Ramadán comience el 20 de julio, abril será el mes más peligroso para nacer. El riesgo aumenta cuando el Ramadán cae en verano, porque hay más horas de luz y, por lo tanto, los períodos sin comer ni beber son más largos. Por eso los efectos pueden ser más fuertes en Michigan, que tiene quince horas de luz en verano, que en Uganda, que está situada en el ecuador y, por lo tanto, tiene los días aproximadamente de la misma duración todo el año.

No es ninguna exageración decir que la vida de una persona puede estar muy condicionada por los avatares de su nacimiento, ya sean de tiempo, de lugar o de circunstancias. Hasta los animales son susceptibles a esta ruleta natal. Kentucky, la capital de la cría de caballos purasangres, padeció en 2001 una misteriosa enfermedad que dejó 500 potros nacidos muertos y unas 3.000 pérdidas de fetos en las primeras fases. En 2004, cuando esta generación reducida llegó a la mayoría de edad, dos de las tres carreras de la Triple Corona las ganó Smarty Jones, un potro cuya madre fue fecundada en Kentucky pero regresó a su cuadra de Pensilvania antes de resultar afectada.

Estos efectos del nacimiento no son tan raros como se podría pensar. Douglas Almond, examinando datos del censo de Estados Unidos de 1960 a 1980, descubrió un grupo de personas cuya terrible suerte persistió a lo largo de sus vidas. Tenían más dolencias físicas y menos ingresos que las personas que habían nacido pocos meses antes o pocos meses después. Destacaban en el censo como destaca una capa de ceniza volcánica en el registro arqueológico, una fina franja de ominoso sedimento asentada entre dos gruesas franjas de normalidad.

¿Qué había ocurrido?

Estas personas estaban en el útero durante la pandemia de «gripe española» de 1918. Fue una epidemia espantosa, que mató a más de medio millón de estadounidenses en pocos meses; una cifra de mortalidad, hace notar Almond, superior a la de todos los norteamericanos muertos en combate en todas las guerras libradas en el siglo XX.

Mientras tanto, más de *25 millones* de estadounidenses contrajeron la gripe, pero sobrevivieron. Esto incluía a una de cada tres mujeres en edad de tener hijos. Las mujeres infectadas que estaban embarazadas durante la pandemia tuvieron hijos que, como los niños del Ramadán, corrían el riesgo de cargar durante toda su vida con las consecuencias de haber estado en el vientre de su madre en el peor momento.

Otros efectos de nacimiento, aunque no sean tan terribles ni mucho menos, pueden ejercer una importante influencia en el futuro de las personas. Es costumbre, sobre todo entre los economistas, escribir artículos académicos en colaboración y poner a los autores por orden alfabético de apellidos. ¿Qué significa esto para un economista que tuvo la mala suerte de llamarse Albert Zyzmor en lugar de, por ejemplo, Albert Aab? Dos economistas (reales) estudiaron esta cuestión y descubrieron que, en igualdad de todos los demás factores, el doctor Aab tendría muchas más probabilidades de conseguir un puesto fijo en una universidad importante, hacerse miembro de la Sociedad Econométrica (¡bien por él!) e incluso ganar el premio Nobel.

«A decir verdad —concluyeron los dos economistas—, uno de nosotros está ya considerando suprimir la primera letra de su apellido.» El apellido nefasto era Yariv.

O consideremos esto: si visita el vestuario de un equipo de fútbol de categoría mundial a principios de año, tiene más probabilidades de interrumpir una fiesta de cumpleaños que si llega en la última parte del año. Un reciente cómputo de las ligas juveniles británicas, por ejemplo, muestra que la mitad de los jugadores nacieron entre enero y marzo, mientras que la otra mitad se repartían entre los nueve meses restantes. En un estudio similar realizado en Alemania, 52 jugadores de élite habían nacido entre enero y marzo, y solo *cuatro* jugadores nacieron entre octubre y diciembre.

¿A qué se debe este gran desequilibrio de fechas de nacimiento?

La mayoría de los deportistas de élite empiezan a practicar sus deportes cuando son muy jóvenes. Dado que los deportes juveniles se organizan por edades, las ligas imponen naturalmente una fecha de corte. Las ligas de fútbol juvenil europeas, como muchas otras, utilizan como fecha de corte el 31 de diciembre.

Imagínese que es entrenador en una liga para chicos de siete años y que está evaluando a dos jugadores. El primero (lo llamaremos Jan) nació el 1 de enero, mientras que el segundo (llamémosle Tomas) nació 364 días después, el 31 de diciembre. Así pues, aunque técnicamente los dos tienen siete años, Jan es un año mayor que Tomas, lo cual, a esta tierna edad, confiere sustanciales ventajas. Lo más probable es que Jan sea más grande, más rápido y más maduro que Tomas.

Así pues, aunque puede que lo que está viendo sea madurez, más que habilidad pura, carece de importancia si su objetivo es elegir a los mejores jugadores para su equipo. Probablemente, a un entrenador no le interesará poner a jugar al niño más joven y flacucho, que con solo un año más de desarrollo, podría ser una estrella.

Y así comienza el ciclo. Año tras año, los niños mayores como Jan son elegidos, animados, informados y se les da tiempo para jugar, mientras que los niños como Tomas acaban dejándolo. Este «efecto relativo de la edad», que es como se le conoce, es tan acusado en muchos deportes que sus ventajas duran hasta las filas de los profesionales.

K. Anders Ericsson, un sueco entusiasta, barbudo y fornido, es el cabecilla de una alegre pandilla de estudiosos de la edad relativa repartidos por todo el mundo. Ahora es profesor de psicología en la Universidad Estatal de Florida, donde utiliza la investigación empírica para llegar a saber qué parte del talento es «natural» y cómo se adquiere el resto. Su conclusión: la característica que normalmente llamamos «talento bruto» está muy sobrevalorada. «Mucha gente cree que ha nacido con algunas dotes inherentes —dice—, pero hay sorprendentemente pocas pruebas de que alguien pueda alcanzar algún tipo de rendimiento excepcional sin haber pasado muchísimo tiempo perfeccionándolo.» O dicho de otra manera, los expertos en una actividad —ya se trate de jugar al fútbol, tocar el piano o programar ordenadores— casi siempre se hacen, no nacen.*

---

* Hace unos años, escribimos una columna en el *New York Times Magazine* titulada «Se ha hecho una estrella», acerca del desequilibrio de fechas de nacimiento y las investigaciones de Ericsson sobre el talento. Teníamos pensado ampliarla en un capítulo de *Superfreakonomics*, pero acabamos descartando el capítulo, que ya estaba medio escrito, porque en el tiempo transcurrido entre la publicación de la columna y la conclusión de este libro, el mercado se llenó de repente de otros libros que resaltaban los estudios de Ericsson, entre ellos *Fueras de serie* (de Malcolm Gladwell), *El talento está sobrevalorado* (de Geoff Colvin) y *Los claves del talento* (de Dan Coyle).

Y sí, como le decía siempre su abuelita, a la perfección se llega con la práctica. Pero no con una simple práctica inconstante. La maestría llega con lo que Ericsson llama «práctica deliberada». Esto implica más que simplemente tocar una escala de *do* menor cien veces o hacer saques de tenis hasta que se le salga el hombro de su sitio. La práctica deliberada tiene tres componentes clave: fijarse objetivos concretos, obtener reacción inmediata, y concentrarse tanto en la técnica como en el resultado.

Las personas que llegan a ser excelentes en algo no son necesariamente las mismas que parecían «dotadas» a una edad temprana. Esto parece indicar que cuando se trata de elegir un camino en la vida, la gente debería hacer lo que le gusta —sí, también esto se lo decía su abuela—, porque si no le gusta lo que está haciendo, es poco probable que se esfuerce lo suficiente para llegar a ser muy bueno en ello.

En cuanto empieza a mirar, el desequilibrio de las fechas de nacimiento aparece por todas partes. Consideremos el caso de los jugadores de béisbol de primera división. Casi todas las ligas juveniles de Estados Unidos tienen como fecha de corte el 31 de julio. El resultado es que un chico nacido en Estados Unidos tiene un 50 por ciento más de posibilidades de llegar a primera división si ha nacido en agosto en lugar de nacer en julio. A menos que sea muy, muy creyente en la astrología, es difícil argumentar que alguien es un 50 por ciento mejor pegándole a una pelota con efecto solo porque es leo en lugar de cáncer.

Pero por mucho que influyan los efectos del nacimiento, sería un error exagerar su influencia. La fecha de nacimiento puede empujar a un niño marginal al abismo, pero hay otras fuerzas muchísimo más poderosas. Si quiere que su hijo juegue al béisbol en primera división, lo más importante que puede hacer —infinitamente más importante que organizarlo para que nazca en agosto— es asegurarse de que su hijo no nace con dos cromosomas X.

Ahora que tiene un hijo y no una hija, debería saber cuál es el factor que hace que tenga *ochocientas veces* más probabilidades que un chico corriente de jugar en primera división.

¿Qué podría ejercer una influencia tan poderosa?

Tener un padre que también haya jugado al béisbol en primera división. Así que si su hijo no llega a primera, es a usted a quien debe culpar. Tendría que haber practicado más cuando era niño.

Algunas familias producen jugadores de béisbol. Otras producen terroristas.

La sabiduría popular dice que el terrorista tipo nace en una familia pobre y tiene poca educación. Esto parece razonable. Los niños que nacen en familias con pocos ingresos y poca educación tienen más posibilidades que los demás de convertirse en delincuentes, así que ¿no va a ser igual con los terroristas?

Para averiguarlo, el economista Alan Krueger estudió una circular de noticias de Hezbollah titulada *Al-Ahd* («El Juramento») y reunió datos biográficos de 129 *shahids* («mártires») muertos. A continuación, los comparó con hombres de la misma franja de edad de la población general del Líbano. Descubrió que era *menos* probable que los terroristas pertenecieran a una familia pobre (el 28 por ciento frente al 33) y *más* probable que tuvieran al menos educación secundaria (el 47 por ciento frente al 38).

Un análisis similar de Claude Berrebi sobre terroristas suicidas palestinos reveló que solo el 16 por ciento procedían de familias pobres, frente a más del 30 por ciento de los varones palestinos en general. Por otra parte, más del 60 por ciento de los terroristas tenían estudios superiores, frente al 15 por ciento de la población general.

Krueger descubrió que, en general, «los terroristas tienden a salir de familias con buena educación, de clase media o con altos ingresos». A pesar de unas pocas excepciones —el IRA irlandés y tal vez los Tigres Tamiles de Sri Lanka (no hay datos suficientes para saberlo)—, la tendencia se observa en todo el mundo, desde los grupos terroristas latinoamericanos hasta los miembros de al-Qaeda que cometieron los atentados del 11 de septiembre en Estados Unidos.

¿Cómo se puede explicar esto?

Tal vez cuando una persona pasa hambre tenga cosas mejores de que preocuparse que volarse en pedazos. Puede ser que los líderes terroristas den mucha importancia a la preparación de la persona, ya que un atentado terrorista requiere más organización que un delito común.

Además, como señala Krueger, el delito tiene como principal impulso la ganancia personal, mientras que el terrorismo es fundamentalmente un acto político. En su análisis, el tipo de persona con más probabilidades de convertirse en terrorista es similar al tipo de persona con más probabilidades de… votar. Hay que ver el terrorismo como una pasión cívica con esteroides.

Cualquiera que haya leído un poco de historia reconocerá que el perfil del terrorista de Krueger se parece bastante al del revolucionario. Fidel Castro y el Che Guevara, Ho Chi Minh, Mohandas Gandhi, León Trotsky y Vladimir Lenin, Simón Bolívar y Maximilien Robespierre… no encontrará entre ellos ni un solo chico de clase baja y sin educación.

Pero un revolucionario y un terrorista tienen diferentes objetivos. Los revolucionarios quieren derrocar a un gobierno y sustituirlo. Los terroristas quieren… bueno, no siempre está claro. Tal como lo expone un sociólogo, puede que quieran rehacer el mundo según su particular imagen distópica. Los terroristas religiosos puede que quieran dañar a las instituciones laicas que desprecian. Krueger cita más de cien definiciones académicas diferentes de terrorismo. «En una conferencia en 2002 —escribe—, los ministros de Asuntos Exteriores de más de cincuenta estados islámicos acordaron condenar el terrorismo, pero no pudieron ponerse de acuerdo en una definición de lo que estaban condenando.»

Lo que hace que el terrorismo resulte particularmente exasperante es que matar ni siquiera es el objetivo principal. Más bien es un medio para infundir temor a los vivos y romper el ritmo de sus vidas normales. Por eso el terrorismo es diabólicamente eficiente, ya que ejerce más fuerza que una cantidad igual de violencia no terrorista.

En octubre de 2002, en la zona metropolitana de Washington D. C. se cometieron cincuenta homicidios, una cifra bastante normal. Pero diez de esas muertes fueron diferentes. En lugar de las típicas muertes por peleas domésticas o enfrentamientos de bandas, fueron asesinatos al azar sin explicación alguna. Personas corrientes que se ocupaban de sus asuntos fueron tiroteadas mientras echaban gasolina al coche, salían de una tienda o cortaban el césped. Después de los primeros asesinatos, cundió el pánico. Al ver que continuaban, la región quedó prácticamente paralizada. Se cerraron los colegios, se cancelaron los actos al aire libre y muchas personas no se atrevían a salir de sus casas.

¿Qué clase de organización sofisticada y bien financiada había provocado tanto terror?

Resultó que eran solo dos personas: un hombre de cuarenta y un años y su cómplice adolescente, disparando un rifle Bushmaster del calibre 223 desde un viejo Chevrolet sedán con su espacioso portaequipajes transformado en un puesto de francotirador. Qué simple, qué barato y qué efectivo: esa es la fuerza que ejerce el terror. Imaginemos que los diecinueve secuestradores de los aviones del 11 de septiembre, en lugar de tomarse la molestia de secuestrar aviones y estrellarlos contra edificios, se hubieran repartido por todo el país, diecinueve hombres con diecinueve rifles en diecinueve coches, cada uno dirigiéndose a un nuevo lugar cada día y matando a gente al azar en gasolineras, colegios y restaurantes. Si los diecinueve hubieran sincronizado sus acciones, habría sido como hacer estallar una bomba de alcance nacional cada día. Habría sido difícil atraparlos, y aunque se hubiera capturado a uno, los dieciocho restantes habrían seguido. Todo el país habría caído de rodillas.

El terrorismo es efectivo porque impone costes a todos, no solo a sus víctimas directas. El más importante de estos costes indirectos es el miedo a un futuro atentado, aunque este miedo sea sumamente desproporcionado. La probabilidad de que un norteamericano medio muera por un atentado terrorista en un año dado es aproximadamente de uno entre cinco millones. Tiene 575 veces más probabilidades de suicidarse.

Consideremos también los costes menos obvios, como la pérdida de tiempo y de libertad. Piense en la última vez que pasó los controles de seguridad de un aeropuerto y le obligaron a quitarse los zapatos, pasar por el detector de metales en calcetines y después andar tambaleante mientras recogía sus pertenencias.

Lo bueno del terrorismo —si es que usted es terrorista— está en que puede tener éxito aunque fracase. Nos sometemos a esa rutina de los zapatos por culpa de un inglés incompetente llamado Richard Reid, que aunque no pudo hacer estallar la bomba de su zapato, nos hizo pagar un alto precio. Pongamos que, como término medio, se tarda un minuto en ponerse y quitarse los zapatos en el control de seguridad de un aeropuerto. Solo en Estados Unidos, este procedimiento se repite aproximadamente 560 millones de veces al año. Quinientos sesenta millones de minutos equivalen a más de 1.065 años, lo que, dividido por 77,8 años (la esperanza de vida media en Estados Unidos), da un total de casi catorce vidas humanas completas. Así pues, aunque Richard Reid no consiguió matar a ninguna persona, se cobró una tasa equivalente a catorce vidas al año.

Los costes directos de los atentados del 11 de septiembre fueron enormes —casi tres mil vidas y pérdidas por valor de 300.000 millones de dólares—, lo mismo que los costes de las guerras que Estados Unidos emprendió en Afganistán e Irak como respuesta. Pero consideremos también los daños colaterales. En solo tres meses, después de los atentados, hubo en Estados Unidos mil muertos más de lo normal en accidentes de tráfico. ¿Por qué?

Un factor que contribuyó fue que la gente dejó de viajar en avión para hacerlo en automóvil. Kilómetro a kilómetro, conducir es mucho más peligroso que volar. Pero un aspecto interesante que demuestran los datos es que la mayoría de aquellas muertes de más en accidentes de tráfico no ocurrieron en las carreteras interestatales, sino en las carreteras locales, y se concentraron en el nordeste, cerca de donde tuvieron lugar los atentados terroristas. Además, en aquellas muertes intervinieron más conductores borrachos y temerarios de lo normal. Estos datos, junto con numerosos estudios psicológicos de los efectos secundarios del terrorismo, parecen indicar que los atentados del 11 de septiembre provocaron un aumento del abuso de alcohol y del estrés postraumático, que se tradujo, entre otras cosas, en más muertes en las carreteras.

Este goteo de efectos secundarios es casi infinito. Miles de estudiantes y profesores extranjeros no pudieron entrar en Estados Unidos debido a las nuevas restricciones en los visados después de los atentados del 11 de septiembre. Al menos 140 empresas estadounidenses explotaron la consiguiente caída del mercado de valores para adquirir ilegalmente *stock options*. En Nueva York se dedicaron tantos recursos policiales al terrorismo que otros departamentos —la brigada de Casos Abiertos y las unidades Antimafia, por ejemplo— quedaron desatendidos. Una pauta similar se repitió a escala nacional. El dinero y los recursos humanos que en otras circunstancias se habrían empleado en perseguir la corrupción económica, se dedicaron a perseguir terroristas... lo que tal vez contribuyera a la reciente crisis económica, o por lo menos la agudizó.

No todos los efectos secundarios del 11 de septiembre fueron perniciosos. Gracias a la disminución del tráfico aéreo, la gripe —que viaja bien en los aviones— se propagó más despacio y fue menos peligrosa. En Washington D. C., la criminalidad descendía cada vez que se activaba la alarma federal antiterrorista (porque la ciudad se llenaba de policías). Y las mayores medidas de seguridad en las fronteras beneficiaron a algunos agricultores de California, que, al disminuir las importaciones de México y Canadá, cultivaron y vendieron tanta marihuana que esta se convirtió en uno de los cultivos más provechosos del estado.

Cuando uno de los cuatro aviones secuestrados el 11 de septiembre se estrelló contra el Pentágono, todas las víctimas con heridas graves, casi todas ellas con quemaduras, fueron trasladadas al Hospital Central de Washington (WHC), el más grande de la ciudad. Solo había unos pocos heridos —eran más los cadáveres—, pero aun así, la unidad de quemados quedó casi colapsada. Como la mayoría de los hospitales, el WHC funcionaba habitualmente al 95 por ciento de su capacidad, así que un pequeño aumento de los ingresos puso en crisis el sistema. Peor aún fue que las líneas telefónicas del hospital se cortaron, lo mismo que el servicio local de móviles, de modo que todo el que necesitaba hacer una llamada tuvo que meterse en un coche y alejarse unos cuantos kilómetros.

Teniendo en cuenta todo esto, el WHC funcionó bien. Pero a Craig Feied, un médico de urgencias del hospital, el incidente le confirmó sus peores temores. Si el hospital casi se colapsó con solo unos pocos pacientes quemados, ¿qué ocurriría en caso de un gran desastre, cuando la unidad de urgencias fuera más necesaria?

Ya antes del 11 de septiembre, Feied había pasado miles de horas sumido en estos negros pensamientos. Era el principal artífice de un programa piloto con fondos federales llamado ER One, que se proponía adaptar la sala de urgencias a la era moderna.

Hasta los años sesenta, los hospitales simplemente no estaban diseñados para atender las urgencias. «Si llevabas a alguien al hospital por la noche —dice Feied—, las puertas estaban cerradas. Tocabas el timbre y una enfermera bajaba a ver qué querías. A lo mejor te dejaba entrar, y después llamaba al médico, que estaba en su casa y podía venir o no venir.» Las ambulancias solían estar gestionadas por la funeraria local. Es difícil encontrar un ejemplo mejor de incentivos mal orientados: un director de funeraria encargado de ayudar a que los pacientes no se mueran.

En la actualidad, la medicina de urgencias es la séptima especialidad médica más importante (entre treinta y ocho), y sus practicantes se han multiplicado por cinco desde 1980. Es una actividad que lo abarca todo y se realiza a la velocidad del rayo, y la sala de urgencias se ha convertido en la piedra angular de la sanidad pública. En Estados Unidos, cada año acuden a urgencias unos 115 millones de pacientes. Excluyendo los embarazos, el 56 por ciento de las personas ingresadas en hospitales estadounidenses llegan por urgencias; en 1993 era solo el 43 por ciento. Y, sin embargo, dice Feied, «se podría meter un camión por los agujeros de nuestros protocolos».

El 11 de septiembre obligó a tener en cuenta que las salas de urgencias tienen una capacidad terriblemente limitada para atender una gran emergencia. Si hubieran llegado mil víctimas al WHC, ¿habrían podido entrar?

Esta posibilidad hace que Feied tuerza el gesto. La mayoría de las secciones de urgencias tienen un puerto para ambulancias en el que solo caben unos pocos vehículos a la vez. Los andenes están construidos demasiado altos, «porque la gente que los diseñó estaba acostumbrada a construir andenes de carga», dice Feied. Los helipuertos de las azoteas tienen problemas similares, debido a las limitaciones de tiempo y espacio de un ascensor único. La idea de Feied para librarse de estos embotellamientos es diseñar una sección de urgencias más parecida a un aeropuerto, con una gran zona de entrada convexa que pueda recibir una multitud de ambulancias, autobuses e incluso helicópteros.

Pero estas cuestiones de la entrada no son lo que más preocupa a Feied. Un hospital que se enfrente con algo grave y contagioso —síndrome respiratorio agudo severo (SARS), o ántrax, o Ébola, o una nueva cepa de gripe letal— no tardaría en colapsarse. Como la mayoría de los edificios, los hospitales recirculan el aire, lo que significa que un paciente enfermo puede contagiar a cientos. «Uno no quiere ir al hospital con un tobillo roto y coger el SARS», dice Feied.

La solución es construir hospitales, y sobre todo unidades de urgencias, con salas diseñadas para el aislamiento y con recirculación de aire nula. Pero la mayoría de los hospitales, dice Feied, no quieren gastar dinero en estos aspectos tan poco glamurosos que no generan ingresos. «En 2001 se construyeron algunos departamentos de urgencias muy buenos, con todos los adelantos, y ya están completamente obsoletos. Se construyeron con salas abiertas, divididas mediante cortinas, pero si tienes un paciente con SARS en la cama 4, no hay ni un paciente ni un médico en el mundo que quiera ir a la cama 5.»

Y Feied todavía no ha empezado a hablar de los pacientes de hospital que mueren por una causa que *no* fue la que los llevó allí: malos diagnósticos (resultado del descuido, el orgullo o los prejuicios), errores de medicación (basados, con demasiada frecuencia, en la mala caligrafía), complicaciones técnicas (examinar una radiografía al revés, por ejemplo), e infecciones bacterianas (el problema más mortífero y más generalizado).

«El estado de la práctica médica actual es tan malo ahora mismo que no hay mucho que valga la pena conservar de las viejas maneras de hacer las cosas —dice Feied—. Nadie en medicina quiere admitir esto, pero es verdad.»

Feied se crió en Berkeley (California) durante los turbulentos años sesenta, y encajaba con el espíritu de la época perfectamente. Iba a todas partes en monopatín; de vez en cuando tocaba la batería con una banda local llamada los Grateful Dead. Tenía habilidad para la mecánica, desmontaba y volvía a montar todo lo que parecía interesante, y era emprendedor: a los dieciocho años ya había fundado una pequeña empresa tecnológica. Estudió biofísica y matemáticas antes de decidirse por la medicina. Dice que se hizo médico «por el aliciente del conocimiento secreto», el deseo de comprender el cuerpo humano tan bien como comprendía las máquinas.

Aun así, da la sensación de que las máquinas siguen siendo su primer amor. Es de los primeros en adoptar los adelantos —puso un aparato de fax en la unidad de urgencias y empezó a montar en un Segway cuando ambas cosas eran novedades— y recuerda con emoción haber asistido a una conferencia del científico informático Alan Kay hace más de treinta y cinco años, sobre programación orientada a los objetos. La idea de Kay —encapsular cada bloque de código con lógica que le permita interactuar con cualquier otra pieza— fue un milagro de perfilación que facilitó la vida a los programadores y ayudó a convertir los ordenadores en instrumentos más sólidos y flexibles.

Feied llegó al Hospital Central de Washington en 1995, llamado por su antiguo compañero Mark Smith para ayudar a reformar su departamento de urgencias. (También Smith era un ferviente creyente en la tecnología. Hizo un máster en informática en Stanford, donde su director de tesis fue precisamente Alan Kay.)

Aunque algunos de los departamentos especializados del WHC tenían bastante prestigio, la sección de urgencias siempre quedaba la última de la zona del distrito de Columbia. Estaba abarrotada, era lenta y desorganizada; aproximadamente cada año cambiaba de director, y el propio director médico del hospital decía que la sección de urgencias era «un sitio bastante indeseable».

A esas alturas, entre Feied y Smith habían tratado a más de cien mil pacientes en diversas salas de urgencias. Descubrieron que había un elemento que siempre escaseaba: la información. Entraba un paciente —consciente o inconsciente, cooperador o no, sobrio o embriagado, con una gama ilimitada de posibles problemas— y el médico tenía que decidir a toda prisa cómo tratarlo. Pero por lo general había más preguntas que respuestas. ¿Estaba el paciente recibiendo medicación? ¿Cuál era su historial médico? ¿Un bajo nivel de glóbulos rojos significaba una hemorragia interna o solo anemia crónica? ¿Y dónde estaba la tomografía que se supone que se hizo hace dos horas?

«Durante años, estuve tratando a los pacientes sin más información que lo que ellos me decían —dice Feied—. Cualquier otra información tardaba demasiado, así que no podías contar con ella. Muchas veces sabíamos qué información necesitábamos, e incluso sabíamos dónde estaba, pero no iba a llegar a tiempo. Los datos críticos estaban a dos horas o a dos semanas de nosotros. En un departamento de urgencias muy ajetreado, hasta *dos minutos* es demasiado tiempo. No puedes hacer eso cuando tienes cuarenta pacientes y la mitad están al borde de la muerte».

El problema tenía tan inquieto a Feied que se convirtió en el primer informatizador de medicina de urgencias del mundo. (Él mismo inventó la expresión, basándose en la palabra informática.) Creía que la mejor manera de mejorar la atención médica en urgencias era mejorar el flujo de información

Ya antes de hacerse cargo en el WHC, Feied y Smith contrataron a un grupo de estudiantes de medicina para que siguieran a los médicos y las enfermeras por la sección de urgencias y los acribillaran a preguntas. Igual que hizo Sudhir Venkatesh cuando contrató seguidoras para entrevistar a las prostitutas callejeras de Chicago, ellos querían reunir datos fiables recogidos sobre el terreno, que, de otro modo, eran difíciles de obtener. He aquí algunas de las preguntas que hacían los estudiantes:

> Desde la última vez que hablé con usted, ¿qué información ha necesitado?
>
> ¿Cuánto tardó en conseguirla?
>
> ¿Cuál fue la fuente? ¿Llamó por teléfono, utilizó un libro de referencia, habló con un bibliotecario médico?*
>
> ¿Obtuvo una respuesta satisfactoria a sus preguntas?
>
> ¿Tomó una decisión médica basada en esa respuesta?
>
> ¿Cómo influyó esa decisión en la atención al paciente?
>
> ¿Cuál fue el impacto económico de dicha decisión en el hospital?

El diagnóstico estaba claro: el departamento de urgencias del WHC padecía un caso grave de «datapenia», o bajo nivel de datos. (Esta palabra también la inventó Feied, tomando el sufijo de «leucopenia», que es un bajo nivel de glóbulos bancos.) Los médicos dedicaban aproximadamente el 60 por ciento de su tiempo a la «gestión de información», y solo el 15 por ciento a la atención directa al paciente. Era una proporción indignante. «La medicina de urgencias es una especialidad que no está definida por un órgano del cuerpo o por un grupo de edad, sino por la prisa —dice Mark Smith—. Se trata de lo que haces en los primeros sesenta minutos.»

---

* Esto ocurría en los primeros tiempos de internet, antes de la aparición de la red.

Smith y Feied descubrieron en el hospital más de trescientas fuentes de datos que no se comunicaban unas con otras, incluyendo un ordenador central, notas manuscritas, imágenes escaneadas, resultados de laboratorio, vídeos de angiogramas cardíacos y un sistema de seguimiento para el control de infecciones que se encontraba solo en el ordenador de una persona, en un archivo Excel. «Y si ella se marchaba de vacaciones, que Dios te ayudara si querías seguir un brote de tuberculosis», dice Feied.

Para proporcionar a los médicos y enfermeras de urgencias lo que necesitaban, había que construir un sistema informático a partir de cero. Tenía que ser enciclopédico (la falta de un dato clave echaría a perder el intento); tenía que ser potente (una sola resonancia magnética, por ejemplo, ocupa una capacidad enorme); y tenía que ser flexible (un sistema incapaz de incorporar datos de cualquier departamento de cualquier hospital del pasado, presente o futuro, no serviría de nada).

También tenía que ser rápido, muy rápido. No solo porque en urgencias la lentitud mata, sino porque, como había aprendido Feied en la literatura científica, una persona que utiliza un ordenador experimenta una «deriva cognitiva» si pasa más de un segundo entre hacer clic con el ratón y ver nuevos datos en la pantalla. Si pasan diez segundos, la mente de la persona está ya en otro sitio. Así se cometen los errores médicos.

Para construir este sistema rápido, flexible, potente y enciclopédico, Feied y Smith recurrieron a su antigua afición: la programación orientada al objeto. Se pusieron a trabajar utilizando una nueva arquitectura que ellos llamaban «datacéntrica» y «dataatómica». Su sistema deconstruía cada dato de cada departamento y lo almacenaba de manera que pudiera interactuar con cualquier otro dato individual, o con mil millones de datos.

Por desgracia, la idea no entusiasmó a todo el mundo en el WHC. Las instituciones son, por naturaleza, organismos grandes e inflexibles con feudos que hay que defender y reglas que no deben romperse. Algunos departamentos consideraban que sus datos eran propiedad suya y se negaban a facilitarlos. Las estrictas normas de adquisiciones del hospital no permitían a Feied y Smith comprar el equipo informático que necesitaban. Uno de los altos cargos «nos odiaba —recuerda Feied—, y no perdía una oportunidad de ponernos trabas e impedir que la gente colaborara con nosotros. Solía entrar de noche en el sistema de peticiones de servicios y borraba las nuestras».

Posiblemente, no ayudó mucho que Feied fuera un tipo tan raro —el contrarianismo, el Segway, los grabados originales de Miró en la pared de su despacho— ni que, cuando se empeñaba en algo, no descansaba hasta encontrar una manera de abrirse camino hacia la victoria, seduciendo o, si era necesario, amenazando. Hasta el nombre que le puso a su nuevo sistema informático parecía grandilocuente: Azyxxi, que él dijo que era fenicio y significaba «el que puede ver de lejos», pero que en realidad, reconoce riendo, «nos lo inventamos».

Al final, Feied venció, o más bien vencieron los datos. Azyxxi cobró vida en un único ordenador de mesa en la sala de urgencias del WHC. Feied le puso un letrero: «Prueba Beta: No usar» (nadie dijo nunca que no fuera listo). Como otros tantos adanes y evas, los médicos y las enfermeras empezaron a mordisquear la fruta prohibida y la encontraron verdaderamente milagrosa. En pocos segundos podían localizar prácticamente cualquier información que necesitaran. Al cabo de una semana, había cola ante el ordenador Azyxxi. Y no eran solo médicos de urgencias; venían de todo el hospital para hacerse con los datos. A primera vista, parecía el producto de un genio. Pero Feied dice que no, que fue «el triunfo de la tenacidad».

En pocos años, el departamento de urgencias del WHC pasó de ser el peor a ser el mejor de la región de Washington. Aunque

Azyxxi cuadruplicaba la cantidad de información que se podía ver, los médicos pasaban un 25 por ciento menos de tiempo «gestionando información» y más del doble de tiempo atendiendo directamente a los pacientes. El tiempo de espera medio en la vieja sección de urgencias era de ocho horas; ahora, el 60 por ciento de los pacientes entraban y salían en menos de dos horas. El estado de los pacientes mejoró y los médicos estaban más contentos (y menos propensos a cometer errores). El volumen anual de pacientes se duplicó, de 40.000 a 80.000, con solo un 30 por ciento de aumento de plantilla. La eficiencia aumentaba, y esto era bueno para las cuentas del hospital.

Cuando las ventajas del Azyxxi quedaron claras, muchos otros hospitales empezaron a llamar. También lo hizo, con el tiempo, Microsoft, que lo compró todo, incluyendo a Craig Feied. Microsoft llamó al sistema Amalga y, en el primer año, lo instaló en catorce grandes hospitales, entre ellos el Johns Hopkins, el Presbiteriano de Nueva York y la Clínica Mayo. Aunque se inventó en una sección de urgencias, ahora más del 90 por ciento de las veces se utiliza en otros departamentos de los hospitales. Cuando escribimos esto, Amalga abarca aproximadamente 10 millones de pacientes en 350 centros de atención; para los que estén haciendo cuentas en casa, son más de 150 terabytes de datos.

Habría sido suficiente con que Amalga simplemente mejorara los resultados obtenidos con los pacientes e hiciera más eficientes a los médicos. Pero esta ingente acumulación de datos genera otras oportunidades. Permite a los médicos buscar marcadores de las enfermedades en pacientes que no han sido diagnosticados. Hace más eficaz la facturación. Hace realidad el sueño de los registros médicos electrónicos. Y como reúne datos de todo el país en tiempo real, el sistema puede servir como una línea de aviso temprano a distancia para brotes de enfermedad e incluso bioterrorismo.

También permite que otras personas que no son médicos —gente como nosotros, por ejemplo— den otro uso a sus datos, para responder otros tipos de preguntas, tales como ¿quiénes son los mejores y los peores médicos de urgencias?

Por diversas razones, medir la competencia de un médico es un asunto peliagudo.

Primero está el sesgo de selección: los pacientes no se les asignan a los médicos al azar. Dos cardiólogos pueden tener dos grupos de clientes que pueden diferir en muchos aspectos. Los pacientes del mejor de los dos médicos pueden tener una tasa de mortalidad *más alta*. ¿Por qué? Quizá porque los pacientes más enfermos buscan al mejor cardiólogo, de modo que, aunque este haga un buen trabajo, sus pacientes tienen más probabilidades de morir que los del otro médico.

Por lo tanto, puede ser equívoco medir la habilidad del médico mirando solo los resultados de sus pacientes. Esto es, en general, lo que hacen las «tarjetas de informes» de los doctores y, aunque la idea tiene un atractivo obvio, puede producir algunas consecuencias indeseables. Un médico que sabe que se le está evaluando según los resultados de sus pacientes puede «cribar», rechazando a los pacientes de más riesgo, que son los que más necesitan un tratamiento, para no manchar su expediente. De hecho, hay estudios que demuestran que las tarjetas de informes de los hospitales han perjudicado a los pacientes precisamente por este tipo de perverso incentivo para los médicos.

Medir la capacidad de un médico es difícil también porque el efecto de las decisiones del facultativo puede no ser detectable hasta mucho tiempo después de tratar al paciente. Cuando un médico lee una mamografía, por ejemplo, no puede estar seguro de si hay cáncer de mama o no. Puede descubrirlo semanas después, si se encarga una biopsia… o puede que *nunca* llegue a saberlo, porque ha pasado por alto un tumor que mata al paciente más adelante. Incluso cuando un médico hace un diagnóstico correcto y previene un problema potencialmente grave, es difícil asegurarse de si el paciente sigue las instrucciones. ¿Se toma la medicación recetada? ¿Cambió de dieta y de programa de ejercicios, como se le dijo? ¿Dejó de engullir bolsas enteras de cortezas de cerdo?

Los datos extraídos por el equipo de Craig Feied en la sala de urgencias del WHC son precisamente lo que se necesitaba para responder algunas preguntas acerca de la capacidad de los médicos. Para empezar, el conjunto de datos es enorme: registra unas 620.000 visitas, con unos 240.000 pacientes diferentes a lo largo de casi ocho años, así como los más de 300 doctores que los trataron.

Contiene todo lo que se puede querer saber de un paciente dado —todos anónimos, por supuesto, en nuestro análisis—, desde el momento en que entra andando o rodando por la puerta de urgencias hasta que sale del hospital, vivo o no. Los datos incluyen información demográfica, de qué se quejaba el paciente al entrar en urgencias, el tiempo que tardó en verlo un médico, qué se le diagnosticó y cómo se le trató, si el paciente quedó ingresado en el hospital, y la duración de la estancia, y si murió, y cuándo. (Incluso si el paciente murió dos años después, fuera del hospital, la muerte se incluye en nuestro análisis, gracias al cruce de datos del hospital con el índice de fallecimientos de la Seguridad Social.)

Los datos indican asimismo qué doctor trató a qué pacientes, y también sabemos bastantes cosas de cada médico, incluyendo la edad, el sexo, la facultad en la que estudió, el hospital en el que hizo la residencia, y los años de experiencia.

Cuando la mayoría de la gente piensa en una unidad de urgencias, visualiza un flujo constante de heridos de bala y víctimas de accidentes. En realidad, los sucesos dramáticos de ese tipo representan una minúscula fracción del tráfico en las unidades de urgencias; y dado que el WHC dispone de un centro de traumatología aparte, estos casos son especialmente raros en nuestros datos. Dicho esto, la principal sala de urgencias presenta una extraordinaria variedad de dolencias alegadas por los pacientes: desde las mortalmente peligrosas hasta las totalmente imaginarias.

Por término medio, pasan unos 160 pacientes cada día. El día de más trabajo es el lunes, y los más tranquilos son los días de entre semana. (Esto es un buen indicio de que muchas dolencias no son tan graves que no puedan esperar hasta que hayan terminado las actividades del fin de semana.) La hora punta es las once de la mañana, con cinco veces más actividad que en la hora más tranquila, las cinco de la madrugada. Seis de cada diez pacientes son mujeres; la edad media es de cuarenta y siete años.

Lo primero que hace un paciente al llegar es decirle a la enfermera de guardia qué le pasa. Hay algunas quejas comunes: «me falla la respiración», «dolor en el pecho», «deshidratación», «síntomas como de gripe»… Otras son mucho menos corrientes: «una espina de pescado clavada en la garganta», «golpeado en la cabeza con un libro», y diversos tipos de mordeduras, incluyendo un buen número de mordeduras de perros (unas 300) y picaduras de insectos y arañas (200). Un dato interesante es que hay más mordeduras humanas (65) que mordeduras de ratas y gatos juntas (30), incluyendo un caso de «mordido por un cliente en el trabajo». (Por desgracia, el formulario de ingreso no revelaba qué tipo de trabajo tenía este paciente.)

La gran mayoría de los pacientes que entran en urgencias salen vivos. Solo uno de cada 250 pacientes muere en menos de una semana; un 1 por ciento mueren en menos de un mes, y aproximadamente el 5 por ciento mueren antes de un año. Pero no siempre es obvio si una dolencia puede ser mortal o no (sobre todo para los propios pacientes). Imagine que es un médico de urgencias con ocho pacientes en la sala de espera, cada uno con una de las siguientes dolencias comunes. Cuatro de estas dolencias tienen una tasa de mortalidad relativamente alta, y las otras cuatro la tienen baja. ¿Sabría decir cuáles?

QUEJAS DEL PACIENTE

Entumecimiento	Problemas psiquiátricos
Dolor en el pecho	Falta de aliento
Fiebre	Infección
Aturdimiento	Coágulo

Esta es la respuesta, basada en la probabilidad de que el paciente muera en menos de tres meses:*

CONDICIONES DE ALTO RIESGO	CONDICIONES DE BAJO RIESGO
Coágulo	Dolor en el pecho
Fiebre	Aturdimiento
Infección	Entumecimiento
Falta de aliento	Problemas psiquiátricos

La falta de aliento o dificultad para respirar es, con diferencia, el trastorno de alto riesgo más frecuente. (En Estados Unidos se suele abreviar como SOB, shortness of breath, de modo que si un día ve esa abreviatura en su tabla, no piense que el doctor le odia.) A mucha gente, la dificultad para respirar le puede parecer menos

* Estas y otras tasas de mortalidad están *ajustadas según el riesgo*, teniendo en cuenta la edad, otros síntomas, etcétera.

intimidante que algo como el dolor de pecho, pero esto es lo que revelan los datos:

	FALTA DE ALIENTO	DOLOR DE PECHO
Edad media del paciente	54,5	51,4
Porcentaje de pacientes	7,4 %	12,1 %
Ingresos en hospital	51,3 %	41,9 %
Mortalidad en un mes	2,9 %	1,2 %
Mortalidad en un año	12,9 %	5,3 %

Así pues, un paciente con dolores en el pecho no tiene más probabilidades que el paciente medio de urgencias de morir antes de un año, mientras que la dificultad para respirar tiene un peligro de muerte de más del doble. De manera similar, aproximadamente uno de cada diez pacientes que acuden con un coágulo, fiebre o infección morirá antes de un año; pero si un paciente está aturdido, entumecido o tiene un trastorno psiquiátrico, el riesgo de morir es solo una tercera parte.

Teniendo en cuenta todo esto, volvamos a la pregunta que nos ocupaba: dados todos estos datos, ¿cómo medimos la eficiencia de cada médico?

La manera más obvia sería, por supuesto, mirar simplemente los datos en busca de diferencias en los resultados de los pacientes de los distintos médicos. En realidad, este método mostraría diferencias radicales entre los doctores. Si estos resultados fueran fidedignos, habría pocos factores en su vida tan importantes como la identidad del médico al que le toca su caso cuando se presenta en urgencias.

Pero por las mismas razones por las que no debería tener mucha fe en las tarjetas de informes de los doctores, una comparación como esta es sumamente engañosa. Es probable que dos médicos en la misma sala de urgencias se ocupen de grupos muy diferentes de pacientes. El paciente medio que llega a mediodía, por ejemplo, es unos diez años mayor que el que llega en mitad de la noche. Incluso dos médicos que trabajaran en el mismo turno podrían atender a pacientes muy diferentes, según sus habilidades e intereses. La enfermera de guardia es la que se ocupa de emparejar pacientes y médicos lo mejor posible. De este modo, un médico podría llevarse todos los casos psiquiátricos de su turno, o todos los pacientes mayores. Y como un anciano con dificultades respiratorias tiene muchas más probabilidades de morir que una persona de treinta años con la misma dolencia, hay que tener cuidado de no penalizar al médico al que se le dan bien las personas mayores.

Lo que a uno verdaderamente le gustaría hacer es realizar un experimento controlado con muestras al azar, de modo que cuando lleguen los pacientes se les asigne un médico de manera aleatoria, aunque ese médico esté saturado de pacientes o no esté bien preparado para tratar una dolencia particular.

Pero estamos tratando con un grupo de seres humanos reales y vivos, que intentan evitar que se muera otro grupo de seres humanos reales y vivos, de modo que ese tipo de experimento no va a ocurrir, y por buenas razones.

Dado que no podemos hacer un verdadero experimento al azar, y si mirar simplemente los resultados de los pacientes en los datos sería engañoso, ¿cuál es la mejor manera de medir la capacidad de los médicos?

Gracias a la naturaleza de la sala de urgencias, se da otro tipo de distribución al azar, accidental pero real, que puede acercarnos a la verdad. La clave está en que, en general, los pacientes no tienen ni idea de qué doctores estarán trabajando cuando ellos lleguen a urgencias. Por lo tanto, los pacientes que se presentan entre las dos y las tres de la tarde de un jueves de octubre son, por término medio, probablemente similares a los que llegan el jueves siguiente, y el siguiente. Pero lo más probable es que los *médicos* que estén trabajando esos tres jueves sean diferentes. Así pues, si los pacientes que llegaron el primer jueves tienen peores resultados que los llegados el segundo o el tercer jueves, una explicación probable es que los médicos de ese turno no eran tan buenos. (En esta sala de urgencias solía haber dos o tres doctores por turno.)

Por supuesto, podría haber otras explicaciones, como la mala suerte, el mal tiempo o una infección de *E. coli*. Pero si mira el historial particular de un médico en cientos de turnos y ve que los pacientes de esos turnos han tenido resultados peores que la media, tiene un indicio bastante fiable de que el doctor está en la raíz del problema.

Un último comentario sobre la metodología: cuando utilizamos información acerca de los médicos que trabajan en un turno, *no tenemos en cuenta* qué médico trata a cada paciente en particular. ¿Por qué? Porque sabemos que es la enfermera de guardia la que se encarga de asignar pacientes a los médicos, por lo que la selección no se hace al azar. Puede parecer que no tiene sentido —incluso que es contraproducente— ignorar en nuestro análisis el emparejamiento concreto médico-paciente. Pero en situaciones en las que la selección es un problema, la única manera de obtener una respuesta fidedigna es, paradójicamente, *rechazar* lo que a primera vista parece una información valiosa.

Así pues, aplicando este enfoque al enorme conjunto de datos de Craig Feied, ¿qué podemos averiguar sobre la capacidad de los médicos?

O dicho de otra manera: si llega a una unidad de urgencias con un problema grave, ¿hasta qué punto depende su supervivencia del médico concreto que le toque?

La respuesta breve es… no demasiado. La mayor parte de lo que parece habilidad del médico en los datos escuetos es en realidad pura suerte, consecuencia de que a algunos médicos les llegan más pacientes con dolencias menos peligrosas.

Esto no quiere decir que *no* existan diferencias entre el mejor y el peor médico de la sala de urgencias. (Y no, no vamos a decir sus nombres.) En un año cualquiera, los pacientes de un médico de urgencias excelente tendrán una tasa de mortalidad a los doce meses casi un 10 por ciento más baja que la media. Puede que esto no parezca demasiado, pero en una sección de urgencias muy activa, con decenas de miles de pacientes, un médico excelente puede salvar al año seis o siete vidas más que el peor médico.

Un aspecto interesante es que los resultados sanitarios tienen muy poca correlación con el gasto. Esto significa que los mejores médicos no gastan más dinero —en análisis, ingresos en planta, etc.— que los médicos no tan buenos. Vale la pena tener esto en cuenta en una época en que muchos creen que un mayor gasto en atención sanitaria tiene que producir mejores resultados. En Estados Unidos, el sector sanitario representa más del 16 por ciento del PIB, cuando en 1960 era el 5 por ciento, y se prevé que en 2015 llegará al 20 por ciento.

¿Cuáles son, pues, las características de los mejores médicos?

En su mayor parte, nuestros descubrimientos no son muy sorprendentes. Un médico excelente tiene grandes probabilidades de haber asistido a una de las mejores facultades de medicina y haber trabajado como interno residente en un hospital prestigioso. El grado de experiencia también es importante: diez años más en el oficio valen tanto como haber hecho la residencia en uno de los mejores hospitales.

¡Ah, sí! Y también conviene que su médico de urgencias sea mujer. Puede que los escolares norteamericanos salieran perjudicados cuando tantas mujeres inteligentes renunciaron a la enseñanza para asistir a las facultades de medicina, pero es bueno saber que, al menos en nuestro análisis, esas mujeres son un poco mejores que sus colegas masculinos en lo de mantener viva a la gente.

Un factor que *no* parece importar es que un médico esté muy bien considerado por sus colegas. Pedimos a Feied y a los otros directores médicos del WHC que nombraran a los mejores médicos de urgencias. Los que ellos eligieron resultaron no ser mejores que la media en reducir las tasas de mortalidad. Sin embargo, sí que se les daba bien gastar menos dinero por paciente.

Así que el médico concreto que le toca en urgencias importa… pero, en el contexto general, no tanto como otros factores: su dolencia, su sexo (las mujeres tienen muchas menos probabilidades de morir antes de un año después de acudir a urgencias) o su nivel de ingresos (los pacientes pobres tienen muchas más probabilidades de morir que los ricos).

La mejor noticia es que la mayoría de las personas que son llevadas a urgencias y creen que van a morir corren poco peligro de muerte, al menos a corto plazo.

De hecho, habría sido mejor que simplemente se hubieran quedado en casa. Consideremos la evidencia de una serie de huelgas de médicos con mucho seguimiento en Los Ángeles, Israel y Colombia. ¡Resulta que la tasa de mortalidad descendió significativamente en esos lugares, entre el 18 y el 50 por ciento, cuando los médicos no estaban trabajando!

Este efecto se podría explicar en parte porque los pacientes no se sometieron a cirugía electiva durante la huelga. Eso es lo que pensó al principio Craig Feied cuando leyó los informes. Pero tuvo ocasión de observar personalmente un fenómeno similar cuando un elevado número de médicos de Washington dejaron la ciudad al mismo tiempo para asistir a un congreso de medicina. El resultado: un descenso general de la mortalidad.

«Cuando hay demasiadas interacciones médico-paciente, la amplitud se manifiesta en todo —dice—. Más personas con problemas no fatales toman más medicamentos y se someten a más procedimientos, muchos de los cuales no ayudan en realidad, y algunos de ellos son perjudiciales, mientras que la gente con enfermedades verdaderamente fatales casi nunca se cura y acaba muriendo de todas formas.»

De modo que es posible que acudir al hospital aumente ligeramente sus probabilidades de sobrevivir si tiene un problema grave, pero aumenta sus probabilidades de morir si no lo tiene. Así son los caprichos de la vida.

No obstante, *existen* maneras de prolongar su vida que no tienen nada que ver con ir al hospital. Podría, por ejemplo, ganar un premio Nobel. Un estudio que abarca cincuenta años de los Nobel de Química y Física demuestra que los ganadores vivieron más tiempo que los que solo fueron candidatos. (Para que luego digan en Hollywood que «es un honor el simple hecho de ser nominado».) La longevidad de los ganadores no estaba relacionada con el dinero del premio Nobel. «El prestigio parece ejercer una especie de magia que da salud —dice Andrew Oswald, uno de los autores del estudio—. Al parecer, subir a ese estrado de Estocolmo añade unos dos años a la vida de un científico».

También podría ser elegido para el Salón de la Fama del béisbol. Un estudio similar demuestra que los hombres que son elegidos para el Salón viven más que los que se quedaron fuera por poco.

Pero ¿qué pasa con aquellos de nosotros que no somos excepcionales en la ciencia ni en el deporte? Bueno, podría contratar una renta vitalicia, un contrato que le paga una cantidad fija cada año, pero solo mientras viva. Resulta que la gente que contrata rentas vitalicias vive más tiempo que la que no lo hace, y no porque las personas que adquieren rentas vitalicias estén más sanas desde un principio. La evidencia parece indicar que la paga fija de una renta vitalicia proporciona un pequeño incentivo extra para mantenerse en marcha.

Parece que la religión también ayuda. Un estudio sobre más de 2.800 ancianos cristianos y judíos reveló que era más probable que murieran en los treinta días posteriores a sus respectivas grandes festividades que en los treinta días anteriores. (Una evidencia que demuestra una relación causal: los judíos no tenían aversión a morirse en los treinta días anteriores a una fiesta *cristiana*, y tampoco los cristianos se empeñaban especialmente en llegar a las fiestas judías.) De manera similar, los viejos amigos y rivales Thomas Jefferson y John Adams se esforzaron valerosamente por evitar la muerte hasta haber llegado a una fecha importante. Los dos expiraron con quince horas de diferencia el 4 de julio de 1826, el cincuenta aniversario de la Declaración de Independencia.

Retrasar la muerte aunque solo sea un día puede valer a veces millones de dólares. Consideremos el impuesto estatal con el que se gravan las propiedades de una persona cuando esta muere. En Estados Unidos, la tasa en los últimos años era del 45 por ciento, quedando exentos los dos primeros millones de dólares. Pero en 2009, la exención subió hasta alcanzar 3,5 millones de dólares, lo que significaba que los herederos de un padre rico y moribundo tenían 1,5 millones de razones más para consolarse si dicho padre moría el primer día de 2009 y no el último día de 2008. Con este incentivo, no es difícil imaginar a los mencionados herederos dándole a su padre la mejor atención médica que se pudiera comprar con dinero, por lo menos hasta final de año. Efectivamente, dos investigadores australianos descubrieron que cuando su gobierno abolió el impuesto de sucesiones en 1979, en la primera semana después de la abolición murió un número desproporcionadamente alto de personas, en comparación con la semana anterior.

Durante algún tiempo, en Estados Unidos pareció que este impuesto se iba a suprimir temporalmente durante un año, 2010. (Esto fue consecuencia de un enfrentamiento entre los dos partidos en Washington, que a la hora de escribir estas líneas parece haberse resuelto.) Si se *hubiera* suprimido el impuesto, un padre con 100 millones de dólares que muriera en 2010 habría transmitido los cien millones íntegros a sus herederos. Pero con la reimplantación del impuesto en 2011, dichos herederos habrían tenido que pagar más de 40 millones si su padre hubiera cometido la temeridad de morir tan solo con un día de retraso. Puede que los quisquillosos políticos decidieran archivar la suspensión del impuesto cuando se dieron cuenta de la cantidad de suicidios asistidos de los que habrían sido responsables durante las últimas semanas de 2010.

La mayoría de las personas quieren eludir la muerte cueste lo que cueste. En todo el mundo se gastan al año más de 40.000 millones de dólares en medicamentos contra el cáncer. En Estados Unidos constituyen la segunda mayor partida de ventas farmacéuticas, después de los medicamentos para el corazón, y está creciendo el doble de rápido que el resto del mercado. El grueso de este gasto corresponde a la quimioterapia, que se utiliza de diversas maneras y ha resultado efectiva en algunos cánceres, entre ellos la leucemia, el linfoma, la enfermedad de Hodgkin y el cáncer de testículos, sobre todo si estos cánceres se detectan pronto.

Pero en la mayoría de los otros casos, la quimioterapia es notablemente ineficaz. Un estudio exhaustivo de los tratamientos contra el cáncer en Estados Unidos y Australia demostró que la tasa de supervivencia durante cinco años para todos los pacientes era del 63 por ciento, pero que la quimioterapia apenas contribuía al 2 por ciento de este resultado. Hay una larga lista de cánceres para los que la quimioterapia tiene un efecto discernible *nulo*, entre ellos el mieloma múltiple, el sarcoma de los tejidos blandos, el melanoma de la piel y los cánceres de páncreas, útero, próstata, vejiga y riñón.

Consideremos el cáncer de pulmón, que es con diferencia el más letal y mata cada año a más de 150.000 personas en Estados Unidos. Un régimen típico de quimioterapia para un cáncer de pulmón en células no pequeñas cuesta más de 40.000 dólares, pero por término medio ayuda a prolongar la vida del paciente solo dos meses. Thomas J. Smith, prestigioso investigador oncológico y clínico de la Universidad de la Commonwealth de Virginia, examinó un nuevo y prometedor tratamiento de quimioterapia para el cáncer de mama con metástasis y descubrió que cada año adicional de vida con salud que se ganara con él costaría 360.000 dólares... si se hubiera podido conseguir esa prórroga. Por desgracia, no se podía: el nuevo tratamiento solo prolongaba la vida del paciente menos de dos meses.

Los costes de este tipo ejercen una enorme presión sobre todo el sistema de atención sanitaria. Smith señala que los pacientes de cáncer constituyen el 20 por ciento de los casos de Medicare, pero consumen el 40 por ciento del presupuesto de Medicare para medicamentos.

Algunos oncólogos argumentan que los beneficios de la quimioterapia no se reflejan necesariamente en los datos de mortalidad, y que aunque puede que la quimioterapia no ayude a nueve de cada diez pacientes, puede hacer maravillas en el décimo. Aun así, considerando su coste, su frecuente ineficacia y su toxicidad —en un protocolo, casi el 30 por ciento de los pacientes de cáncer de pulmón abandonaron el tratamiento antes que soportar sus brutales efectos secundarios—, ¿por qué se administra de manera tan habitual la quimioterapia?

Desde luego, el beneficio económico es un factor. Al fin y al cabo, los médicos son seres humanos que responden a los incentivos. Los oncólogos son de los médicos mejor pagados y sus salarios suben con más rapidez que los de cualquier otro especialista; y lo normal es que obtengan más de la mitad de sus ingresos vendiendo y administrando medicamentos de quimioterapia. Además, la quimioterapia puede ayudar a los oncólogos a inflar sus estadísticas de supervivencia. Puede que no parezca tan importante proporcionarle a un enfermo terminal de cáncer de pulmón dos meses más de vida, pero a lo mejor al paciente solo le habían dado cuatro meses de vida. Sobre el papel, puede parecer una hazaña impresionante: el médico ha prolongado en un 50 por ciento la vida que le quedaba al paciente.

Tom Smith no descarta ninguno de estos motivos, pero aporta dos más.

Para los oncólogos, dice, es tentador exagerar —e incluso *creer* exageradamente en— la eficacia de la quimioterapia. «Si tu lema es "Estamos ganando la guerra contra el cáncer", eso te proporciona páginas en prensa, donaciones solidarias y dinero del Congreso —dice—. Si tu lema es "El cáncer todavía nos está pateando el culo, pero no tan fuerte como antes", lo que vendes es algo diferente. La realidad es que, para la mayoría de la gente con tumores sólidos —cerebro, mama, próstata, pulmón—, ya no nos patean el culo tan fuerte, pero tampoco hemos progresado tanto.»

También está el hecho de que los oncólogos son, repitamos, seres humanos que tienen que decirles a otros seres humanos que se están muriendo y que, por desgracia, no se puede hacer gran cosa. «A los médicos como yo les resulta increíblemente difícil decirle a la gente las noticias pésimas —dice Smith— y lo ineficaces que son a veces nuestras medicinas.»

Si esta tarea es tan dura para los médicos, seguro que también lo es para los políticos y ejecutivos de seguros que subvencionan el uso generalizado de la quimioterapia. A pesar de las montañas de evidencia negativa, la quimioterapia parece proporcionar a los pacientes de cáncer su última y mejor esperanza de alimentar lo que Smith llama «el profundo y pertinaz deseo de no morirse». Aun así, es fácil imaginar un momento futuro, tal vez dentro de cincuenta años, en el que todos volvamos la mirada hacia los principales tratamientos contra el cáncer de principios del siglo XXI y digamos: «¿*Eso* les dábamos a nuestros pacientes?».

La tasa de mortalidad por cáncer, ajustada por edades, apenas ha variado en el último medio siglo, con unas 200 muertes por cada 100.000 personas. Y eso a pesar de que el presidente Nixon declaró hace más de treinta años la «guerra contra el cáncer», que hizo aumentar espectacularmente la financiación y la conciencia pública.

Lo crean o no, esta tasa de mortalidad invariable oculta en realidad algunas buenas noticias. Durante el mismo período, la mortalidad (ajustada por edades) de las enfermedades cardiovasculares ha caído en picado, de casi 600 personas por cada 100.000 a mucho menos de 300. ¿Qué significa esto?

Muchas personas que en las generaciones anteriores habrían muerto de enfermedades cardíacas están ahora viviendo *el tiempo suficiente para morir de cáncer* y no del corazón. Efectivamente, casi el 90 por ciento de las víctimas de cáncer de pulmón recién diagnosticadas tienen cincuenta y cinco o más años; la edad media es de setenta y uno.

La invariable tasa de mortalidad por cáncer eclipsa otra tendencia esperanzadora. En las personas de veinte años o menos, la mortalidad ha descendido más de un 50 por ciento, mientras que en las de veinte a cuarenta años ha habido un descenso del 20 por ciento. Estos avances son reales y estimulantes... sobre todo porque la *incidencia* del cáncer en estos grupos de edad ha aumentado. (Las razones de este aumento todavía no están claras, pero entre los factores sospechosos están la dieta, las pautas de conducta y los factores ambientales.)

Aunque el cáncer mate a menos personas menores de cuarenta años, estar luchando en dos guerras seguro que está haciendo aumentar la tasa de mortalidad de los jóvenes, ¿no?

Desde 2002 hasta 2008, Estados Unidos ha estado librando sangrientas guerras en Afganistán e Irak. Entre el personal militar activo hubo una media de 1.643 muertes al año. Pero en un período igual de tiempo a principios de la década de 1980, cuando Estados Unidos no estaba luchando en ninguna guerra importante, murieron más de 2.100 militares cada año. ¿Cómo puede ser posible esto?

Para empezar, el ejército era mucho más grande: 2,1 millones en servicio activo en 1988, frente a 1,4 millones en 2008. Pero incluso la *tasa* de mortalidad en 2008 era más baja que en ciertos tiempos de paz. Probablemente, parte de esta mejora se debe a la mejor atención médica. Pero un dato sorprendente es que la tasa de muertes accidentales de soldados a principios de los años ochenta era superior a la tasa de mortalidad por fuego enemigo en todos los años en que Estados Unidos ha estado combatiendo en Afganistán e Irak. Parece que entrenarse para librar una guerra puede ser igual de peligroso que combatir de verdad en una.

Y para poner las cosas más en su contexto, piensen en esto: desde 1982 han muerto unos 42.000 militares estadounidenses en activo… aproximadamente el mismo número de norteamericanos que mueren en accidentes de tráfico en un solo año.

Si alguien fuma dos paquetes de cigarrillos al día durante treinta años y se muere de enfisema, al menos se puede decir que se lo buscó y que pudo disfrutar de toda una vida fumando.

No existe tal consuelo para la víctima de un atentado terrorista. No solo su muerte es súbita y violenta, sino que no hizo nada para buscársela. Es un daño colateral; la gente que le mató no sabía ni le importaba nada de su vida, sus logros, sus seres queridos. Su muerte fue algo accesorio.

El terrorismo resulta aún más frustrante porque es muy difícil impedirlo, ya que los terroristas tienen un menú prácticamente ilimitado de métodos y objetivos. Bombas en un tren. Un avión estrellado contra un rascacielos. Ántrax enviado por correo. Después de un atentado como los del 11 de septiembre en Estados Unidos o el 7 de julio en Londres, es inevitable que se despliegue una enorme cantidad de recursos para proteger los objetivos más valiosos, pero esta tarea es en cierto modo como la de Sísifo. En lugar de amurallar todos los objetivos que un terrorista podría atacar, lo que nos gustaría hacer es averiguar quiénes son los terroristas *antes* de que ataquen y meterlos en la cárcel.

La buena noticia es que no hay muchos terroristas. Es una conclusión natural, si consideramos la relativa facilidad de llevar a cabo un atentado terrorista y la relativa escasez de dichos atentados. En territorio estadounidense ha habido una ausencia casi total de terrorismo desde el 11 de septiembre; en el británico, los terroristas son probablemente más numerosos, pero aun así muy escasos.

La mala noticia es que la escasez de terroristas hace que sean difíciles de localizar antes de que hagan daño. Los esfuerzos antiterroristas se suelen concentrar en tres actividades: reunir información por medios humanos, que es difícil y peligroso; controlar el «parloteo» electrónico, que puede ser como tomar sorbitos de una manguera de bomberos; y seguir la pista del dinero internacional, lo que, considerando los trillones de dólares que se mueven cada día entre los bancos del mundo, es como cribar toda una playa en busca de unos pocos granos concretos de arena. Los diecinueve hombres que cometieron los atentados del 11 de septiembre financiaron toda su operación con 303.671,63 dólares, menos de 16.000 dólares por persona.

¿Podría existir una cuarta táctica que ayudara a encontrar a los terroristas?

Ian Horsley* cree que puede haberla. No trabaja en la policía, ni en el gobierno ni en el ejército, ni hay nada en su historial o en su manera de ser que sugiera que podría ser heroico en modo alguno. Se crió en el corazón de Inglaterra, hijo de un ingeniero eléctrico, y ahora es un hombre de edad madura. Vive felizmente lejos del enloquecedor bullicio de Londres. Aunque es bastante afable, no es nada llamativo ni jovial; Horsley es, según sus propias palabras, «completamente normal y totalmente olvidable».

Cuando era pequeño, pensaba que le gustaría ser contable. Pero dejó los estudios cuando el padre de su novia le ayudó a conseguir un empleo como cajero de un banco. Fue ocupando nuevos puestos que iban quedando libres en el banco, ninguno de ellos particularmente interesante o bien pagado. Uno de sus trabajos, de programación informática, resultó un poco más interesante porque le proporcionó «un conocimiento fundamental de la base de datos sobre la que funciona el banco», según dice.

Horsley demostró ser diligente, un atento observador de la conducta humana y un hombre que distinguía claramente el bien del mal. En cierto momento se le encargó que detectara fraudes entre los empleados del banco, y con el tiempo se especializó en el fraude de los consumidores, que era un peligro mucho mayor para el banco. Los bancos británicos pierden cada año 1.500 millones de dólares con dichos fraudes. En los últimos años se han visto favorecidos por dos fuerzas: el crecimiento de las actividades bancarias en la red y la feroz competencia entre los bancos para encontrar nuevos negocios.

---

* Este nombre, por razones que pronto se harán obvias, es un seudónimo. Todos los demás datos acerca de él son reales.

Durante algún tiempo, el dinero era tan barato y el crédito tan fácil que cualquier persona viva, independientemente de su trabajo, nacionalidad o solvencia, podía entrar en un banco británico y salir con una cuenta. (A decir verdad, ni siquiera era necesario estar vivo: los defraudadores no se privaban de utilizar también las identidades de personas muertas o ficticias.) Horsley aprendió las costumbres de varios subgrupos. Los inmigrantes de África Occidental eran maestros del lavado de cheques, mientras que los europeos del Este eran los mejores ladrones de identidades. Estos defraudadores eran implacables y creativos: localizaban una sucursal bancaria y rondaban por la entrada hasta que salía un empleado, ofreciéndole un soborno a cambio de información.

Horsley formó un equipo de analistas de datos y elaboradores de perfiles que diseñaron programas informáticos capaces de introducirse en la base de datos del banco y detectar actividades fraudulentas. Los programadores eran buenos. Los defraudadores también eran buenos, y además listos, e ideaban nuevas trampas en cuanto las viejas quedaban al descubierto. Estas rápidas mutaciones agudizaron la capacidad de Horsley para pensar como un defraudador. Hasta cuando dormía su mente recorría miles y miles de millones de datos bancarios, buscando patrones que pudieran revelar malas prácticas. Sus algoritmos se hicieron cada vez más estrictos.

Tuvimos la suerte de conocer a Ian Horsley en esta época, y juntos empezamos a preguntarnos: si sus algoritmos podían cribar un flujo interminable de datos de operaciones bancarias y detectar con éxito a los defraudadores, ¿no se podrían utilizar los mismos datos para identificar a otros malhechores, como los potenciales terroristas?

Esta corazonada se apoyaba en el rastreo de los datos sobre los atentados del 11 de septiembre. Los historiales bancarios de los diecinueve terroristas revelaron ciertos rasgos de comportamiento que, en conjunto, los distinguían del cliente habitual de un banco:

- Abrieron sus cuentas en Estados Unidos con dinero en metálico o su equivalente, con una cantidad media de 4.000 dólares, por lo general en una sucursal de un banco grande y muy conocido.
- Solían usar como dirección un apartado de correos, y los apartados cambiaban a menudo.
- Algunos de ellos enviaban y recibían con frecuencia transferencias a y desde otros países, pero estas transacciones estaban siempre por debajo del límite que dispararía las alarmas del banco.
- Tendían a hacer un ingreso grande y después ir retirando dinero en pequeñas cantidades.
- Sus cuentas bancarias no reflejaban gastos de la vida normal, como alquileres, servicios, letras del coche, seguros, etc.
- No se advertía una regularidad mensual en la frecuencia de ingresos y retiradas de dinero.
- No utilizaban cuentas de ahorros ni cajas de seguridad.
- La proporción entre retiradas de efectivo y cheques era anormalmente alta.

Evidentemente, es más fácil crear retroactivamente un perfil bancario de un terrorista confirmado que construir uno que pueda identificar a un terrorista antes de que actúe. Además, el perfil de estos diecinueve hombres —extranjeros que habían venido a Estados Unidos y se estaban entrenando para secuestrar aviones— no coincide necesariamente con el perfil de, por ejemplo, un terrorista suicida de Londres criado en Inglaterra.

Además, cuando en el pasado se han utilizado datos para identificar a malhechores —como los profesores tramposos o los luchadores de sumo confabulados de los que hablábamos en *Frea-konomics*—, había una incidencia de fraude relativamente alta en una población localizada. Pero en este caso, la población era gigantesca (solo el banco de Horsley tenía muchos millones de clientes), mientras que el número de terroristas en potencia era muy pequeño.

Supongamos, no obstante, que *se puede* desarrollar un algoritmo bancario con un 99 por ciento de precisión. Supongamos que en el Reino Unido hay 500 terroristas. El algoritmo identificaría correctamente a 495 de ellos, el 99 por ciento. Pero en el Reino Unido hay aproximadamente 50 millones de adultos que no tienen nada que ver con el terrorismo, y el algoritmo también identificaría erróneamente al 1 por ciento *de todos ellos*, es decir, 500.000 personas. Al final de las cuentas, este maravilloso algoritmo con un 99 por ciento de precisión daría demasiados falsos positivos: medio millón de personas que se indignarían con razón cuando fueran detenidas por las autoridades por sospechosas de terrorismo.

Y por supuesto, tampoco las autoridades podrían manejar tales cantidades.

Es un problema común en la atención sanitaria. Repasando un reciente estudio sobre identificación de cánceres, se ve que el 50 por ciento de los 68.000 participantes tuvo al menos un falso positivo después de pasar 14 pruebas. Así pues, aunque los paladines de la prevención aboguen por el examen universal para todo tipo de enfermedades, la realidad es que el sistema quedaría saturado por los falsos positivos y los enfermos no recibirían atención entre tanta multitud. El jugador de béisbol Mike Lowell (elegido jugador más valioso en una reciente Serie Mundial) señalaba un problema semejante al hablar de someter a control a todos los jugadores de la liga en busca de la hormona del crecimiento humana. «Si el procedimiento tiene un 99 por ciento de precisión, va a haber siete falsos positivos —dijo Lowell—. ¿Y si uno de los falsos positivos es Cal Ripken? ¿No arrojaría eso una mancha negra en su carrera?»

De manera similar, si se quiere encontrar terroristas, un 99 por ciento de precisión no basta, ni de lejos.

El 7 de julio de 2005, cuatro terroristas suicidas islámicos atacaron en Londres, uno en un autobús y tres en el metro. Hubo 52 muertos. «Personalmente, aquello me dejó destrozado —recuerda Horsley—. Estábamos empezando a trabajar en la identificación de terroristas y pensé que tal vez, solo tal vez, si hubiéramos empezado un par de años antes, ¿lo habríamos impedido?»

Los terroristas del 7 de julio dejaron algunos datos bancarios, pero no muchos. En los meses siguientes, sin embargo, una buena cantidad de personajes sospechosos alimentaron nuestro proyecto de detección de terroristas al ser detenidos por la policía británica. De acuerdo, ninguno de aquellos hombres era un terrorista *confirmado*; la mayoría no serían nunca condenados por nada. Pero si se parecían a un terrorista lo bastante como para ser detenidos, tal vez se pudieran escudriñar sus hábitos bancarios para crear un algoritmo útil. La suerte quiso que más de cien de aquellos sospechosos fueran clientes del banco de Horsley.

El procedimiento requería dos pasos: primero, reunir todos los datos disponibles acerca de los más de cien sospechosos y crear un algoritmo basado en las pautas que diferenciaban a aquellos hombres de la población general. Una vez perfeccionado el algoritmo, se podría utilizar para rastrear en la base de datos del banco e identificar a otros malhechores en potencia.

Dado que el Reino Unido estaba luchando contra fundamentalistas islámicos y ya no, por ejemplo, contra independentistas irlandeses, los sospechosos detenidos tenían invariablemente nombres musulmanes. Este iba a ser uno de los marcadores demográficos más importantes para el algoritmo. Una persona sin nombre ni apellido musulmán tenía solo una probabilidad entre 500.000 de ser sospechosa de terrorismo. Para una persona con nombre o apellido musulmán, la probabilidad era una entre 30.000. Pero si tanto el nombre como el apellido eran musulmanes, la probabilidad subía a una entre 2.000.

Los posibles terroristas eran predominantemente hombres, generalmente entre veintiséis y treinta y cinco años de edad. Además, tenían una probabilidad desproporcionada de:

- Poseer un teléfono móvil.
- Ser estudiante.
- Vivir de alquiler y no en una casa propia.

Estas características, por sí solas, no servirían de base para una detención. (Describen a casi todos los ayudantes de investigación que nosotros dos hemos tenido en la vida, y estamos bastante seguros de que ninguno de ellos era terrorista.) Pero si se suman al marcador de los nombres musulmanes, hasta estos rasgos comunes empiezan a añadir poder al algoritmo.

Una vez tenidos en cuenta los factores anteriores, otras varias características resultaron básicamente neutras, ya que no identificaban a los terroristas de ningún modo. Por ejemplo:

- Situación laboral.
- Estado civil.
- Vivir cerca de una mezquita.

Así que, en contra de lo que muchos creen, un hombre de veintiséis años soltero, sin empleo y que viva al lado de una mezquita no tiene más probabilidades de ser un terrorista que otro hombre de veintiséis años que esté casado, tenga trabajo y viva a ocho kilómetros de la mezquita.

También había algunos indicadores negativos destacados. Los datos demostraban que un posible terrorista tenía *poquísimas* probabilidades de:

- Tener una cuenta de ahorros.
- Retirar dinero de un cajero automático un viernes por la tarde.
- Contratar un seguro de vida.

El parámetro de no utilizar un cajero automático en viernes parece evidente para un musulmán que ese día asiste a la oración obligatoria. Lo del seguro de vida es un poco más interesante. Supongamos que es un hombre de veintiséis años casado y con dos hijos pequeños. Probablemente tiene sentido contratar un seguro de vida para que su familia pueda seguir adelante en caso de que muera joven. Pero las compañías de seguros no pagan si el asegurado se suicida. Así pues, no es probable que un padre de familia de veintiséis años que sospeche que algún día puede hacerse estallar malgaste dinero en un seguro de vida.

Todo esto sugiere que si un terrorista en ciernes quisiera borrar sus huellas, debería ir al banco y cambiar el nombre de su cuenta por otro que no sea musulmán (Ian, por ejemplo). Tampoco le vendría mal contratar un seguro de vida. El banco de Horsley ofrece pólizas para primerizos por unas pocas libras al mes.

Todos estos parámetros, una vez combinados, contribuyeron mucho a crear un algoritmo que pudiera destilar toda la base de datos de clientes de un banco hasta dejar un grupo relativamente pequeño de terroristas en potencia.

Era una red apretada, pero todavía no lo suficiente. Lo que por fin logró que resultara efectiva fue un último parámetro que perfeccionó espectacularmente el algoritmo. En interés de la seguridad nacional, se nos ha pedido que no revelemos los detalles. Lo llamaremos Variable X.

¿Qué hace que la Variable X sea tan especial? Para empezar, es un parámetro de conducta, no demográfico. El sueño de las autoridades antiterroristas de todos los países es convertirse de algún modo en una mosca en la pared de una habitación llena de terroristas. De un modo modesto pero importante, la Variable X consigue eso. A diferencia de otros parámetros del algoritmo, que dan como respuesta un sí o un no, la Variable X mide la *intensidad* de una actividad bancaria particular. Aunque a bajos niveles no es nada rara en la población en general, cuando se da con alta intensidad esta conducta es mucho más frecuente entre los que presentan otros marcadores de «terroristas».

Esto dio por fin al algoritmo un gran poder de predicción. Partiendo de una base de datos con millones de clientes del banco, Horsley pudo elaborar una lista de unos 30 individuos altamente sospechosos. Según su bastante moderada estimación, al menos 5 de esos 30 están, casi con seguridad, implicados en actividades terroristas. Cinco de 30 no es perfecto —al algoritmo se le escapan muchos terroristas y todavía identifica erróneamente a algunos inocentes—, pero desde luego es mejor que 495 de 500.495.

Cuando escribimos estas líneas, Horsley ha entregado su lista de 30 a sus superiores, que a su vez se la han pasado a las autoridades competentes. Horsley ha hecho su trabajo; ahora les toca a ellas hacer el suyo. Dada la naturaleza del problema, Horsley nunca sabrá con seguridad si acertó. Y usted, lector, tiene aún menos probabilidades de ver evidencias directas de su éxito, porque serán invisibles, puesto que se manifestarían en atentados terroristas que nunca ocurrirán.

Pero tal vez, un día lejano, se encuentre en un pub inglés a un taburete de distancia de un desconocido discreto y reservado. Se toma una pinta con él, y después otra, y una tercera. Entonces se le suelta la lengua, y le dice, casi avergonzado, que hace poco le han concedido un título honorífico: ahora se le conoce como sir Ian Horsley. No está autorizado a comentar los méritos que le hicieron ganar el título, pero tienen algo que ver con proteger a la sociedad civil de los que podrían causarle graves daños. Usted le da las gracias efusivamente por el gran servicio que ha prestado y le invita a otra pinta, y después a varias más. Cuando el pub cierra por fin, los dos salen tambaleándose. Y entonces, cuando él está a punto de echar a andar por una calle oscura, se le ocurre una humilde manera de pagarle su servicio. Le hace subir a la acera, llama a un taxi y lo mete dentro. Porque, recuerde, los amigos no dejan que sus amigos caminen borrachos.

3

Historias increíbles de apatía y altruismo

En marzo de 1964, a altas horas de una noche fría y húmeda, ocurrió algo terrible en la ciudad de Nueva York, algo que parecía indicar que los seres humanos somos los animales más brutales y egoístas que han pisado el planeta.

Una mujer de veintiocho años llamada Kitty Genovese volvía del trabajo a casa en su coche y aparcó, como de costumbre, en el aparcamiento de la estación ferroviaria de Long Island. Vivía en Kew Gardens, en Queens, a unos veinte minutos en tren desde Manhattan. Era un buen barrio, con casas pulcras en parcelas sombreadas, muchos bloques de pisos y un pequeño distrito comercial.

Genovese vivía encima de una hilera de tiendas en Austin Street. La entrada a su apartamento estaba en la parte de atrás. Salió de su coche y lo cerró; casi inmediatamente, un hombre empezó a perseguirla y la apuñaló en la espalda. Genovese chilló. La agresión tuvo lugar en la acera, delante de las tiendas de Austin Street, enfrente de un bloque de apartamentos de diez plantas llamado Mowbray.

El agresor, que se llamaba Winston Moseley, se retiró a su coche, un Corvair blanco aparcado en la acera a unos sesenta metros de distancia. Pero al poco rato, Moseley regresó. La agredió sexualmente y volvió a apuñalarla, dejando a Genovese moribunda. Después volvió a su coche y se marchó a su casa. Igual que Genovese, era joven (29 años) y también vivía en Queens. Camino de su casa, Moseley vio que otro coche estaba parado en un semáforo y que su conductor se había dormido al volante. Moseley salió y despertó al hombre. No intentó hacerle daño ni robarle. A la mañana siguiente, Moseley fue a trabajar como de costumbre.

El crimen adquirió enseguida gran notoriedad. Pero no porque Moseley fuera un psicópata: era un hombre con familia, aparentemente normal, que, aunque no tenía antecedentes delictivos, resultó que tenía un historial de violencia sexual aberrante. Y tampoco porque Genovese fuera de por sí un personaje pintoresco: era encargada de una taberna, lesbiana y tenía una detención anterior por juego. Ni porque Genovese fuera blanca y Moseley negro.

El asesinato de Kitty Genovese se hizo tristemente célebre por un artículo publicado en la primera página del *New York Times*. Empezaba así:

> Durante más de media hora, 38 ciudadanos de Queens, respetables y cumplidores de la ley, presenciaron cómo un asesino perseguía y apuñalaba a una mujer en tres ataques separados en Kew Gardens. [...] Nadie llamó a la policía durante la agresión; un testigo llamó después de que la mujer muriera.

El crimen duró 35 minutos de principio a fin. «Si nos hubieran llamado cuando la atacó por primera vez —dijo un inspector de policía—, la mujer podría no estar muerta ahora.»

La policía había interrogado a los vecinos de Genovese en la mañana siguiente al crimen, y el periodista del *Times* entrevistó a algunos de ellos. Cuando les preguntó por qué no habían intervenido o, al menos, llamado a la policía, ofrecieron diversas excusas:

«Pensamos que era una pelea de enamorados.»

«Nos asomamos a la ventana a ver qué pasaba, pero la luz de nuestra alcoba hacía difícil ver la calle.»

«Estaba cansado. Me volví a la cama.»

El artículo no era muy largo —menos de 400 palabras—, pero su impacto fue inmediato y explosivo. Parecía existir un acuerdo general en que los 38 testigos de Kew Gardens representaban un nuevo mínimo en la civilización humana. Políticos, teólogos y editorialistas fustigaron sin piedad a los vecinos por su apatía. Algunos llegaron a pedir que se publicaran las direcciones de los vecinos para que se pudiera hacer justicia.

El incidente conmovió tan profundamente a la nación que durante los veinte años siguientes inspiró más estudios académicos sobre la apatía de los testigos presenciales que el Holocausto.

Para conmemorar el trigésimo aniversario, el presidente Bill Clinton visitó Nueva York y habló sobre el crimen: «Transmitió un mensaje estremecedor acerca de lo que sucedió entonces en una sociedad, que daba a entender que todos nosotros no solo estábamos en peligro, sino básicamente solos».

Más de treinta y cinco años después, el horror seguía vivo en *La frontera del éxito*, libro pionero de Malcolm Gladwell sobre la conducta sexual, como ejemplo del «efecto espectador», que hace que la presencia de múltiples testigos de una tragedia pueda en la práctica *inhibir* la intervención.

Ahora, más de cuarenta años después, el caso de Kitty Genovese aparece en los diez libros de texto más vendidos para estudiantes de psicología social. En uno de los textos se describe cómo los vecinos permanecieron «en sus ventanas, fascinados, durante los 30 minutos que tardó el agresor en completar su espantosa fechoría, tiempo en el que volvió para tres ataques separados».

¿Cómo es posible que 38 personas se queden mirando mientras su vecina sufre una brutal agresión? Sí, los economistas hablan de lo mucho que miramos por nuestros propios intereses, pero ¿acaso esta demostración de interés propio no desafía la lógica? ¿Tan profunda es nuestra apatía?

El asesinato de Genovese, que se produjo solo unos meses después del asesinato del presidente John F. Kennedy, pareció señalar una especie de apocalipsis social. El crimen proliferaba en todas las ciudades de Estados Unidos y nadie parecía capaz de detenerlo.

Durante décadas, la tasa de delitos violentos y contra la propiedad en Estados Unidos había sido constante y relativamente baja. Pero los niveles empezaron a aumentar a mediados de los años cincuenta. En 1960, la tasa de criminalidad era un 50 por ciento más alta que en 1950; en 1970, la tasa se había *cuadruplicado*. ¿Por qué?

Era difícil saberlo. Eran tantos los cambios que se extendían simultáneamente a oleadas por la sociedad norteamericana en los años sesenta —la explosión demográfica, el creciente sentimiento antiautoritario, la expansión de los derechos civiles, el cambio generalizado en la cultura popular— que no resultaba fácil aislar los factores que impulsaban al delito.

Imagine, por ejemplo, que quiere saber si es verdad que meter más gente en la cárcel hace bajar la tasa de criminalidad. Esta pregunta no es tan obvia como puede parecer. A lo mejor se habrían podido utilizar más productivamente los recursos dedicados a capturar y encarcelar a los delincuentes. A lo mejor, cada vez que encerramos a uno de los malos se alza otro criminal para ocupar su puesto.

Para responder a esta pregunta con cierto grado de certidumbre científica, lo que a uno le gustaría de verdad es hacer un experimento. Supongamos que puede seleccionar al azar unos cuantos estados y ordenar que cada uno suelte a 10.000 presos. Al mismo tiempo, selecciona al azar un grupo diferente de estados y hace que encierren a 10.000 personas, culpables tal vez de pequeñas faltas, que, de otro modo, no habrían ido a la cárcel. Después se sienta, espera unos cuantos años y mide la tasa de criminalidad en los dos conjuntos de estados. *Voilà!* Acaba de realizar el tipo de experimento controlado y con muestras al azar que le permite determinar la relación entre variables.

Por desgracia, es probable que los gobernadores de esos estados elegidos al azar no acepten de buena gana su experimento. Tampoco lo harían las personas que mandó a la cárcel en algunos estados, ni los vecinos de los presos que liberó en otros. Así que sus posibilidades de llevar a cabo este experimento son nulas.

Por eso los investigadores suelen basarse en lo que se llama *experimento natural*, una serie de condiciones que imita el experimento que querría realizar pero no puede, por la razón que sea. En este caso, lo que quiere es un cambio radical en la población reclusa de varios estados, por razones que no tengan nada que ver con la cantidad de delitos en dichos estados.

Por suerte, la Unión Americana de Libertades Civiles (ACLU) tuvo la gentileza de llevar a cabo uno de estos experimentos. En las últimas décadas, la ACLU ha presentado demandas contra decenas de estados, en protesta por el hacinamiento en las prisiones. De acuerdo, la selección de estados no se hace al azar. La ACLU pleitea allí donde las prisiones están más superpobladas y donde tiene más posibilidades de ganar. Pero las tendencias delictivas en los estados denunciados por la ACLU parecen muy similares a las de otros estados.

La ACLU gana prácticamente todos estos casos, tras lo cual se ordena al estado en cuestión que reduzca el hacinamiento liberando a algunos presos. En los tres años siguientes a estas decisiones de los tribunales, la población reclusa en esos estados disminuye un 15 por ciento en relación con el resto del país.

¿Qué hacen esos presos excarcelados? Delinquir muchísimo. En los tres años siguientes a que la ACLU ganara un caso, los delitos violentos aumentaron un 10 por ciento y los delitos contra la propiedad un 5 por ciento en los estados afectados.

Así pues, hay que trabajar un poco, pero utilizar métodos indirectos como el experimento natural puede ayudarnos a examinar el espectacular aumento de la criminalidad en los años sesenta y encontrar algunas explicaciones.

Un factor importante fue el propio sistema policial-judicial. La proporción detenciones/delitos disminuyó espectacularmente durante los años sesenta, tanto para los delitos violentos como para los delitos contra la propiedad. Pero no solo la policía detenía a menos delincuentes; los tribunales tenían menos tendencia a encarcelar a los que eran atrapados. En 1970, un delincuente podía esperar pasar tras las rejas un 60 por ciento menos del tiempo que habría cumplido por el mismo delito si lo hubiera cometido una década antes. En general, la disminución de los castigos durante los años sesenta parece responsable de aproximadamente el 30 por ciento del aumento de la delincuencia.

El *baby boom* de la posguerra fue otro factor. Entre 1960 y 1980, la fracción de población estadounidense comprendida entre los quince y los veinticuatro años de edad aumentó casi un 40 por ciento, un crecimiento sin precedentes en el grupo de edad con más riesgo de implicación en delitos. Pero incluso este cambio demográfico radical solo podía explicar aproximadamente el 10 por ciento del aumento de la criminalidad.

Así que entre el *baby boom* y el descenso de la tasa de encarcelamientos solo explican menos de la mitad del aumento de la delincuencia. Aunque se han propuesto otras muchas hipótesis —incluidas la gran migración de afroamericanos del Sur rural a las ciudades del Norte y el regreso de los veteranos de Vietnam marcados por la guerra—, todas ellas combinadas siguen sin poder explicar el aumento de delitos. Décadas después, la mayoría de los criminólogos siguen estando perplejos.

La respuesta podría estar delante mismo de nuestras narices, literalmente: la televisión. Es posible que Beaver Cleaver y su perfecta familia televisiva no fueran solo víctimas del cambio de los tiempos (*Leave It to Beaver* se suspendió en 1963, el mismo año en que Kennedy fue asesinado). Puede que en realidad fueran *una causa* del problema.

La gente acepta desde hace mucho tiempo que los programas de televisión violentos inducen conductas violentas, pero esta suposición no se apoya en datos. Nosotros presentamos aquí un argumento totalmente diferente. Lo que decimos es que los niños que crecieron viendo mucha televisión, aunque fueran los programas familiares más inocuos, tenían más probabilidades de implicarse en delitos al hacerse mayores.

No es fácil poner a prueba esta hipótesis. No se puede comparar una muestra al azar de chavales que han visto mucha televisión con otros que no lo han hecho. Seguro que los que estaban pegados al televisor se diferencian de los otros niños de incontables maneras, aparte de sus hábitos como espectadores.

Una estrategia más creíble podría ser comparar ciudades a las que la tele llegó antes con otras que la recibieron mucho después.

Ya hemos dicho antes que la televisión por cable llegó a diferentes partes de la India en diferentes momentos, un efecto escalonado que hizo posible medir el impacto de la televisión en las campesinas indias. El despliegue inicial de la televisión en Estados Unidos fue aún más irregular. Esto se debió principalmente a una interrupción de cuatro años, entre 1948 y 1952, cuando la Comisión Federal de Comunicaciones declaró una moratoria de nuevos canales para poder reconfigurar el espectro de emisiones.

Algunos lugares de Estados Unidos empezaron a recibir señales a mediados de los años cuarenta, mientras que otros no tuvieron televisión hasta una década después. Y resulta que existe una marcada diferencia en las tendencias delictivas entre las ciudades que tuvieron televisión antes y las que la tuvieron después. Antes de la introducción de la tele, estos dos conjuntos de población tenían tasas de criminalidad violenta similares. Pero en 1970, el nivel de delincuencia violenta era el doble en las ciudades que recibieron la televisión antes, en comparación con las que la tuvieron después. En cuanto a los delitos contra la propiedad, las ciudades que antes tuvieron televisión empezaron con tasas mucho más *bajas* que las otras en los años cuarenta, pero acabaron con tasas mucho más altas.

Por supuesto, pueden existir otras diferencias entre las ciudades que recibieron la televisión pronto y tarde. Para superar esto, podemos comparar niños nacidos *en la misma* ciudad, por ejemplo en 1950 y en 1955. Así pues, en una ciudad que tuvo televisión en 1954, comparamos un grupo de edad que no tuvo televisión durante los cuatro primeros años de vida con otro que tuvo televisión todo el tiempo. Debido a la introducción escalonada de la televisión, la fecha de corte entre los grupos de edades que crecieron con y sin televisión en sus primeros años varía según las ciudades. Esto permitiría predecir concretamente qué ciudades experimentan antes el aumento de la delincuencia, y la edad de los delincuentes que cometen actos delictivos.

Pues bien: ¿tuvo la introducción de la tele un efecto discernible en la tasa de criminalidad de una ciudad dada?

La respuesta parece ser «sí, ya lo creo». Por cada año de más que un joven estuvo expuesto a la televisión en sus primeros quince años, vemos años después un 4 por ciento de aumento en el número de detenciones por delitos contra la propiedad y un 2 por ciento de aumento de las detenciones por delitos violentos. Según nuestro análisis, el impacto total de la televisión en la delincuencia de los años sesenta fue un aumento del 50 por ciento en los delitos contra la propiedad y del 25 por ciento en los delitos violentos.

¿Por qué tuvo la televisión este dramático efecto?

Nuestros datos no ofrecen respuestas firmes. El efecto es mayor en los niños que tuvieron más exposición, desde el nacimiento a los cuatro años. Dado que la mayoría de los niños de cuatro años no miraban programas violentos, se hace difícil argumentar que el problema estaba en el contenido.

Es posible que los niños que veían mucha televisión no quedaran adecuadamente socializados, o no aprendieran a divertirse por sí solos. Es posible que la televisión hiciera que los que no tenían cosas desearan las que otros tenían, aunque eso significara robarlas. O puede que no tuviera nada que ver con los propios niños; a lo mejor mamá y papá se volvieron negligentes cuando descubrieron que mirar la tele era mucho más entretenido que cuidar de los niños.

O podría ser que los primeros programas de televisión *fomentaran* de algún modo la conducta delictiva. *The Andy Griffith Show*, un gran éxito que debutó en 1960, presentaba a un sheriff bonachón que no llevaba revólver y a su extravagantemente inepto ayudante, llamado Barney Fife. ¿Podría ser que todos los futuros delincuentes que vieron a esta pareja en la televisión llegaran a la conclusión de que no había por qué tener miedo a la policía?

Como sociedad, hemos llegado a aceptar que algunas manzanas podridas pueden cometer crímenes. Pero eso aún no explica que ninguno de los vecinos de Kitty Genovese —gente normal, buena gente— saliera en su ayuda. Todos presenciamos actos de altruismo, grandes y pequeños, casi a diario. (Incluso es posible que hagamos alguno.) Entonces, ¿por qué ni una sola persona dio muestras de altruismo aquella noche en Queens?

Una pregunta como esta parece quedar fuera del ámbito de la economía. Las crisis de liquidez, sí, claro, y los precios del petróleo e incluso la deuda colateral, pero ¿conductas sociales como el altruismo? ¿De verdad es eso lo que hacen los economistas?

Durante cientos de años, la respuesta ha sido «no». Pero aproximadamente en la época del asesinato de Genovese, unos cuantos economistas excéntricos habían empezado a preocuparse mucho por esas cosas. El principal de todos ellos era Gary Becker, de quien hemos hablado antes en la introducción de este libro. No contento con limitarse a medir las decisiones económicas que la gente tomaba, Becker intentó incorporar los sentimientos asociados con dichas decisiones.

Algunas de las investigaciones más interesantes de Becker se referían al altruismo. Sostenía, por ejemplo, que la misma persona que puede ser puramente egoísta en los negocios puede ser sumamente altruista con sus conocidos, aunque, y esto es importante (al fin y al cabo, Becker *es* economista), predijo que el altruismo, incluso en el seno de la familia, tiene un elemento estratégico. Años después, los economistas Doug Bernheim, Andrei Shleifer y Larry Summers demostraron empíricamente el argumento de Becker. Utilizando datos de un estudio longitudinal del gobierno estadounidense, demostraron que un padre anciano en una residencia tiene más probabilidades de recibir visitas de sus hijos si estos esperan una sustanciosa herencia.

Alto ahí, dirán ustedes: ¿No será simplemente que los hijos de familias ricas se preocupan más de sus ancianos padres?

Una conjetura razonable… en cuyo caso, uno esperaría que un hijo único de padres ricos fuera especialmente cumplidor. Pero los datos no muestran ningún aumento de las visitas a las residencias de ancianos si la familia rica solo tiene un hijo; tienen que ser por lo menos dos. Esto parece indicar que las visitas aumentan debido a la competencia entre hermanos por los bienes del progenitor. Lo que podría parecer buen altruismo familiar de toda la vida puede que sea una especie de impuesto de sucesiones pagado por adelantado.

Algunos gobiernos, sabedores de cómo es el mundo, han llegado a exigir legalmente a los hijos adultos que visiten o ayuden a sus ancianos padres y madres. En Singapur, la ley se llama Ley de Mantenimiento de los Padres.

Aun así, la gente parece extraordinariamente altruista, y no solo dentro de la propia familia. Los norteamericanos en particular tienen fama de generosos, ya que donan cada año unos 300.000 millones de dólares a causas benéficas, más del 2 por ciento del PIB de la nación. Piensen en el último huracán o terremoto que mató a gran número de personas y recordarán cómo los buenos samaritanos acudieron corriendo con su dinero y su tiempo.

Pero ¿por qué?

Tradicionalmente, los economistas han asumido que las personas toman decisiones racionales de acuerdo con sus propios intereses. Así que ¿por qué este ser racional —*Homo oeconomicus*, se le suele llamar— regala parte de su dinero, ganado con tanto esfuerzo, a alguien a quien no conoce, de un sitio que no es capaz de pronunciar, a cambio de nada más que un cálido y borroso resplandor?

Partiendo del trabajo de Gary Becker, una nueva generación de economistas decidió que ya era hora de entender el altruismo en todo el mundo. Pero ¿cómo? ¿Cómo podemos saber si un acto es altruista o en provecho propio? Si ayuda a reconstruir el granero de un vecino, ¿es porque es una persona moral o porque sabe que algún día puede arder su propio granero? Cuando un donante da millones a su vieja universidad, ¿es porque le interesa la búsqueda del conocimiento o porque así pondrán su nombre en el estadio de fútbol?

Distinguir entre estas cosas en el mundo real es sumamente difícil. Aunque es fácil observar acciones —o, en el caso de Kitty Genovese, *inacciones*—, es mucho más difícil comprender las intenciones que hay detrás de una acción.

¿Es posible utilizar experimentos naturales, como el de la ACLU y las prisiones, para medir el altruismo? Se podría intentar, por ejemplo, examinar una serie de calamidades para ver cuánta contribución solidaria provocan. Pero con tantas variables, sería difícil distinguir el altruismo de todo lo demás. Un terremoto destructor en China no es lo mismo que una sequía abrasadora en África, que no es lo mismo que un huracán devastador en Nueva Orleans. Cada desastre tiene su propio «reclamo» y, lo que es igual de importante, en las donaciones influye mucho la cobertura de los medios. Un reciente estudio académico descubrió que un desastre recibe un máximo del 18 por ciento de ayuda solidaria por cada artículo de 700 palabras en los periódicos, y un máximo del 13 por ciento por cada 60 segundos de cobertura en los noticiarios de televisión. (Quien espere recaudar dinero para un desastre en el Tercer Mundo, más vale que ruegue que se produzca en un día de pocas noticias.) Y estos desastres son, por naturaleza, anomalías —anomalías especialmente ruidosas, como los ataques de tiburones— que probablemente no pueden decirnos mucho sobre nuestro altruismo de base.

Con el tiempo, aquellos economistas excéntricos adoptaron un enfoque diferente: dado que resulta tan difícil medir el altruismo en el mundo real, ¿por qué no prescindir de todas las complejidades inherentes al mundo real, llevando la cuestión al laboratorio?

Los experimentos de laboratorio son, por supuesto, un pilar de las ciencias físicas, y lo han sido desde que Galileo Galilei hizo rodar una bola de bronce sobre una moldura de madera para poner a prueba su teoría de la aceleración. Galileo creía —y resultó que tenía razón— que una pequeña creación como aquella podía conducir a un mejor conocimiento de las mayores creaciones conocidas por la humanidad: las fuerzas de la tierra, el orden de los cielos, el funcionamiento de la vida humana misma.

Más de tres siglos después, el físico Richard Feynman reafirmó la importancia fundamental de esta creencia: «La prueba de todo conocimiento es el experimento —dijo—. El experimento es el único juez de la "verdad" científica». La electricidad que utiliza, el medicamento que toma contra el colesterol, la página o pantalla o altavoz donde consume estas palabras… todos son productos de muchísima experimentación.

Los economistas, en cambio, nunca han dependido mucho del laboratorio. Casi todos los problemas que tradicionalmente les preocupan —el efecto de las subidas de impuestos, por ejemplo, o las causas de la inflación— son difíciles de captar allí. Pero si el laboratorio pudo revelar los misterios científicos del universo, seguro que podía ayudar a explicar algo tan benigno como el altruismo.

Lo típico es que estos nuevos experimentos adopten la forma de un juego, dirigido por profesores universitarios y jugado por sus alumnos. Este camino lo allanó la mente maravillosa de John Nash y otros economistas que en los años cincuenta experimentaron mucho con el Dilema del Prisionero, un problema de teoría de juegos que llegó a considerarse una prueba clásica de la cooperación estratégica. (Se inventó para aprender cosas sobre el empate nuclear entre Estados Unidos y la Unión Soviética.)

A principios de los años ochenta, el Dilema del Prisionero había inspirado un juego de laboratorio llamado Ultimátum, que se desarrolla de la forma siguiente: dos jugadores, que se mantienen anónimos el uno para el otro, tienen una oportunidad única de repartirse una suma de dinero. Al jugador 1 (llamémosla Annika) se le dan 20 dólares y se le dice que ofrezca cualquier cantidad, de cero a veinte dólares, al jugador 2 (a quien llamaremos Zelda). Zelda debe decidir si acepta o rechaza la oferta de Annika. Si acepta, se reparten el dinero según la oferta de Annika. Pero si la rechaza, los dos se vuelven a casa con las manos vacías. Ambas jugadoras conocen las reglas del juego.

Para un economista, la estrategia es obvia. Dado que más vale un céntimo que nada, tiene sentido que Zelda acepte una oferta tan baja como un céntimo... y por lo tanto, tiene sentido que Annika *ofrezca* solo un céntimo y se quede con 19,99 para ella sola.

Pero, malditos sean los economistas, así no era como la gente normal jugaba el juego. Las Zeldas solían rechazar las ofertas por debajo de 3 dólares. Al parecer, una oferta tacaña les disgustaba tanto que estaban dispuestas a pagar por expresar su disgusto. Y tampoco eran muy frecuentes las ofertas tacañas. Por término medio, las Annikas ofrecían a las Zeldas más de 6 dólares. Teniendo en cuenta cómo funciona el juego, una oferta tan alta estaba claramente pensada para evitar el rechazo. Pero aun así, una oferta media de 6 dólares —casi un tercio de la cantidad total— parecía bastante generosa.

¿Acaso eso es altruismo?

Podría serlo, pero probablemente no lo es. El jugador de Ultimátum que hace la oferta tiene algo que ganar —evitar el rechazo— cuando es más generoso. Como sucede con frecuencia en el mundo real, las conductas en apariencia generosas en el Ultimátum están estrechamente ligadas a motivaciones potencialmente egoístas.

Veamos, por lo tanto, una nueva e ingeniosa variante del Ultimátum. Esta se llama Dictador. También aquí se divide una pequeña cantidad de dinero entre dos personas. Pero en este caso, solo una persona toma una decisión. (De ahí el nombre: el «dictador» es el único jugador que importa.)

El experimento original del Dictador se hizo así: a Annika le dieron 20 dólares y le dijeron que podía repartirse el dinero con una anónima Zelda, de una de estas dos maneras: 1) mitad y mitad, por lo que cada una se llevaría 10 dólares; o 2) quedándose Annika 18 dólares y dándole solo 2 a Zelda.

El Dictador era brillante en su sencillez. Como juego de una sola jugada entre dos partes anónimas, parecía eliminar todos los factores que complican la situación en el altruismo del mundo real. Ni se podía recompensar la generosidad, ni se podía castigar el egoísmo, porque el segundo jugador (el que no era el dictador) no podía recurrir a castigar al dictador si este actuaba egoístamente. Al mismo tiempo, el anonimato eliminaba cualquier sentimiento personal que el donante pudiera tener por el receptor. El norteamericano medio, por ejemplo, tiende a sentir de manera diferente respecto a las víctimas del huracán Katrina que respecto a las víctimas de un terremoto en China o una sequía en África. También es probable que tenga diferentes sentimientos hacia una víctima de un huracán y una víctima del sida.

Así pues, el juego del Dictador parecía ir directamente al meollo de nuestro impulso altruista. ¿Cómo lo jugaría *usted*? Imagínese que es el dictador y que tiene que decidir si regala la mitad de sus 20 dólares o solo da 2.

Lo más probable es que usted… repartiera el dinero a partes iguales. Eso es lo que hicieron tres de cada cuatro participantes en los primeros experimentos con el Dictador. ¡Asombroso!

El Dictador y el Ultimátum dieron resultados tan interesantes que ambos juegos no tardaron en popularizarse en la comunidad académica. Se practicaron cientos de veces, en multitud de versiones y entornos, por economistas y por psicólogos, sociólogos y antropólogos. En un estudio trascendental publicado en forma de libro con el título de *Foundations of Human Sociality*, un grupo de ilustres investigadores recorrió el mundo para poner a prueba el altruismo en quince pequeñas sociedades, incluyendo cazadores-recolectores de Tanzania, los indios ache de Paraguay y los mongoles y kazajos de Mongolia Occidental.

Y resultó que no importaba si el experimento se llevaba a cabo en Mongolia Occidental o en el South Side de Chicago: la gente daba. A estas alturas, el juego se solía configurar de manera que el dictador podía dar cualquier cantidad de dinero (de 0 a 20 dólares), en lugar de estar limitado a las dos opciones originales (2 o 10). Con esta fórmula, la gente daba por término medio unos 4 dólares, el 20 por ciento del dinero.

El mensaje no podía ser más claro: parecía efectivamente que los seres humanos estaban programados para el altruismo. Esta conclusión no solo era alentadora —como mínimo, parecía indicar que los vecinos de Kitty Genovese no eran más que una desagradable anomalía—, sino que sacudió los fundamentos mismos de la economía tradicional. «Durante la pasada década —se decía en *Foundations of Human Sociality*—, la investigación en economía experimental ha refutado rotundamente la presentación del *Homo oeconomicus* que se hace en los libros de texto.»

Se podría perdonar a los no economistas que sientan ganas de chillar de satisfacción. El *Homo oeconomicus*, esa criatura hiperracional y egoísta que los científicos pesimistas habían aceptado desde el origen de los tiempos, había muerto (si es que alguna vez existió). ¡Aleluya!

Aunque este nuevo paradigma —¿*Homo altruisticus?*— era una mala noticia para los economistas tradicionales, a casi todos los demás les parecía bien. Los sectores filantrópicos y de ayuda a los desastres, en particular, tenían motivos para alegrarse. Pero había implicaciones mucho más amplias. Todo el mundo, desde un alto cargo del gobierno hasta un padre que intenta criar hijos con espíritu cívico, tenía que sentirse inspirado por los descubrimientos del Dictador, porque si la gente es altruista por naturaleza, la sociedad podría apoyarse en este altruismo para resolver hasta los problemas más desagradables.

Consideremos el caso de los trasplantes de órganos. El primer trasplante de riñón con éxito se realizó en 1954. A los profanos les pareció todo un milagro: alguien que con seguridad habría muerto por insuficiencia renal ahora podía vivir haciendo que le implantaran un órgano de repuesto.

¿De dónde venía este nuevo riñón? La fuente más conveniente era un cadáver reciente, víctima tal vez de un accidente de tráfico o de otro tipo de muerte que dejara órganos sanos. El hecho de que la muerte de una persona salvara la vida de otra acentuaba la sensación de lo milagroso.

Pero con el tiempo, el trasplante se convirtió en víctima de su propio éxito. El suministro normal de cadáveres no podía satisfacer la demanda de órganos. En Estados Unidos, la tasa de muertes en accidentes de tráfico estaba descendiendo, lo que era una excelente noticia para los conductores pero mala para los pacientes que esperaban un riñón que les salvara la vida. (Al menos, la tasa de motoristas muertos se mantuvo alta, gracias en parte a que muchas leyes estatales permitían a los motoristas —o «motodonantes», como los llamaban los cirujanos de trasplantes— circular sin casco.) En Europa, algunos países aprobaron leyes de «consentimiento supuesto»; en lugar de pedir que una persona donara sus órganos en caso de accidente, el Estado asumía el derecho de utilizar sus órganos a menos que ella o su familia se negaran expresamente. Pero aun así, nunca había suficientes riñones disponibles.

Por suerte, los cadáveres no son la única fuente de órganos. Nacemos con dos riñones, pero solo necesitamos uno para vivir —el segundo riñón es un afortunado artefacto evolutivo—, lo que significa que un donante vivo puede ceder un riñón para salvar la vida de alguien, y aun así llevar una vida normal. ¡Para que hablen de altruismo!

Abundaban las historias de un cónyuge que cedía un riñón al otro, de un hermano que se lo daba a su hermana, de una mujer adulta a su anciano padre, incluso de donaciones de riñones entre viejos amigos de la infancia. Pero ¿y si se estuviera muriendo y no tuviera un amigo o un familiar dispuesto a cederle un riñón?

Un país como Irán estaba tan preocupado por la escasez de riñones que puso en marcha un programa que muchas otras naciones considerarían bárbaro. Sonaba como la clase de idea que se le habría podido ocurrir a un economista embriagado por su creencia en el *Homo oeconomicus*: el gobierno iraní *pagaría* a la gente por donar un riñón, aproximadamente 1.200 dólares, más una suma adicional pagada por el receptor del riñón.

En Estados Unidos, mientras tanto, durante una sesión del Congreso en 1983, un emprendedor médico llamado Barry Jacobs exponía su propio plan de órganos de pago. Su empresa, International Kidney Exchange, Ltd., traería a Estados Unidos ciudadanos del Tercer Mundo, les extirparía uno de sus riñones, les daría algo de dinero y los enviaría de vuelta a casa. Jacobs fue vituperado por solo plantear la idea. Su crítico más vehemente fue un joven congresista de Tennessee llamado Al Gore, que se preguntaba si esos proveedores de riñones «estarían dispuestos a hacerle un descuento solo por la oportunidad de ver la estatua de la Libertad o el Capitolio o algo así».

El Congreso no tardó en aprobar la Ley Nacional de Trasplante de Órganos, que declaraba ilegal «que cualquier persona, a sabiendas, adquiera, reciba o transfiera de algún otro modo un órgano humano como objeto de valor para usarlo en trasplantes humanos».

Claro, un país como Irán podía dejar que la gente comprara y vendiera órganos humanos como si fueran pollos vivos en un mercado. Pero desde luego Estados Unidos no tenía tanta falta de escrúpulos ni necesidad de una medida tan desesperada. Al fin y al cabo, algunos de los investigadores académicos más ilustres del país habían demostrado científicamente que los seres humanos son altruistas por naturaleza. Puede que este altruismo fuera solo un viejo residuo evolutivo, como ese segundo riñón. Pero ¿a quién le importaba *por qué* existía? Estados Unidos sería el guía, una luz para las naciones, confiando orgullosamente en nuestro altruismo innato para conseguir suficientes riñones donados para salvar decenas de miles de vidas cada año.

Los juegos Ultimátum y Dictador inspiraron una oleada de economía experimental, que a su vez inspiró un nuevo subcampo llamado economía del comportamiento. Era una mezcla de economía tradicional y psicología, que pretendía captar las evasivas y a veces enigmáticas motivaciones humanas. Gary Becker llevaba décadas pensando en ello.

Con sus experimentos, los economistas del comportamiento siguieron empañando la reputación del *Homo oeconomicus*, que estaba empezando a parecer menos egoísta cada día. Y si alguien tenía algún problema con esta conclusión, bueno, bastaba con que mirara los últimos resultados de laboratorio acerca del altruismo, la cooperación y la honradez.

Uno de los economistas del comportamiento más prolíficos de la nueva generación fue un natural de Sun Prairie (Wisconsin) llamado John List. Se hizo economista por casualidad y tenía un pedigrí mucho menos brillante que sus semejantes y sus mayores. Procedía de una familia de camioneros. «Mi abuelo vino aquí desde Alemania, y era agricultor —dice List—. Después vio que los camioneros ganaban más dinero que él solo por llevar su grano al molino, así que decidió venderlo todo y comprar un camión.»

Los List eran una familia inteligente, trabajadora y deportista, pero lo académico no tenía una importancia primordial. El padre de John empezó a conducir camiones a los doce años, y se esperaba que John se uniera a la empresa familiar. Pero él se rebeló yendo a la universidad. Esto ocurrió solo después de haber ganado una beca parcial de estudios y de golf para la Universidad de Wisconsin-Stevens Point. En las vacaciones escolares, ayudaba a su padre a descargar pienso para terneros o transportar un cargamento de artículos de papelería a Chicago, a tres horas y media de viaje.

Durante los entrenamientos de golf en Stevens Point, List se fijó en un grupo de profesores que tenían tiempo para jugar al golf casi cada tarde. Eran profesores de economía. Fue entonces cuando List decidió hacerse profesor de economía. (También ayudó que le gustara la materia.)

Eligió para sus estudios de licenciatura la Universidad de Wyoming. No era precisamente un centro de élite, pero aun así se sintió en desventaja. El primer día, cuando los estudiantes andaban por el aula dando un poco de información personal, a List le pareció que todos se le quedaban mirando cuando dijo que era graduado en Stevens Point. Todos habían ido a sitios como Columbia y la Universidad de Virginia. Decidió que su única posibilidad era esforzarse más que ellos. Durante los años siguientes, redactó más trabajos y se presentó a más exámenes de nota que ningún otro. Y como muchos economistas jóvenes, empezó a juguetear con experimentos de laboratorio.

Cuando llegó el momento de presentarse para un puesto de profesor, List envió 150 solicitudes. La respuesta fue, digamos, muy discreta. Encontró un trabajo en la Universidad de Florida Central (UCF), en Orlando, donde se encargó de muchas clases y, además, entrenó a los equipos masculino y femenino de esquí acuático. Era un economista proletario como no había otro. Seguía escribiendo artículo tras artículo y haciendo montones de experimentos; y hasta sus esquiadores acuáticos se clasificaron para los campeonatos nacionales.

A los pocos años, List fue invitado a unirse a Vernon Smith, el padrino de los experimentos económicos en laboratorio, en la

Universidad de Arizona. Ganaría 63.000 dólares al año, mucho más que su salario en la UCF. Por pura lealtad, le habló de la oferta a su decano, esperando que la UCF por lo menos igualara la oferta. «Por 63.000 dólares —le dijeron—, creemos que podemos sustituirte.»

Su estancia en Arizona fue breve, porque no tardaron en llamarle de la Universidad de Maryland. Mientras daba clase allí, trabajó también en el Consejo de Asesores Económicos de la Presidencia. List fue el único economista de una delegación de cuarenta y dos personas enviada por Estados Unidos a la India para ayudar a negociar el Protocolo de Kioto.

A esas alturas ya estaba firmemente instalado en el centro de la economía experimental, un campo que nunca había estado tan animado. En 2002, el premio Nobel de Economía lo compartieron Vernon Smith y Daniel Kahneman, un psicólogo cuyas investigaciones sobre toma de decisiones establecieron las bases de la economía del comportamiento. Estos hombres, y otros de su generación, habían construido un canon de investigación que básicamente ponía en duda el *statu quo* de la economía clásica, y List seguía decididamente sus pasos, utilizando variantes del Dictador y otros juegos de laboratorio aplicados a la conducta.

Pero desde sus tiempos en Stevens Point había estado realizando también curiosos experimentos de campo —estudios en los que los participantes no sabían que se estaba haciendo un experimento— y había descubierto que los hallazgos del laboratorio no siempre se confirman en el mundo real. (Los economistas tienen fama de admirar las pruebas teóricas; de ahí el viejo dicho: *Sí, funciona en la práctica, pero ¿funcionará en la teoría?*)

Algunos de sus experimentos más interesantes tuvieron lugar en una feria de cromos de béisbol en Virginia. List llevaba años asistiendo a estas ferias. Cuando era estudiante, vendía cromos de deportes para ganar dinero y viajaba hasta lugares tan lejanos como Des Moines, Chicago o Minneapolis, donde había buen mercado.

En Virginia, List recorrió la zona de ventas y reclutó al azar a clientes y vendedores, pidiéndoles que entraran en un cuarto trasero para un experimento de economía. La cosa se desarrollaba así: un comprador decía cuánto estaba dispuesto a pagar por un cromo de béisbol, eligiendo uno de los cinco precios que List establecía. Estas ofertas oscilaban desde lo más barato (4 dólares) a lo más caro (50 dólares). Después, el vendedor le daba al cliente un cromo que se suponía que correspondía al precio ofrecido. Cada comprador y cada vendedor hacía cinco de estas transacciones, aunque con un interlocutor distinto cada vez.

Cuando el cliente tiene que decir primero su precio —como los hombres blancos que acudían a las prostitutas callejeras de Chicago—, el vendedor está claramente en posición de hacer trampa, dándole un cromo que vale menos de lo ofrecido. Además, el vendedor está en mejor posición para saber el verdadero valor de cada cromo. Pero también los compradores tenían alguna ventaja: si creían que el vendedor *iba* a engañarlos, podían simplemente hacer una oferta muy baja.

¿Y qué ocurría? Por término medio, los compradores hacían ofertas bastante altas y los vendedores ofrecían cromos de valor comparable. Esto parece indicar que los compradores confiaban en los vendedores y que la confianza del comprador era adecuadamente recompensada.

Esto no sorprendió a List. Simplemente, había demostrado que los resultados que se obtienen en un laboratorio con estudiantes universitarios se pueden reproducir fuera del laboratorio con coleccionistas de cromos deportivos, al menos cuando los participantes saben que un investigador está tomando cuidadosa nota de sus actos.

Después hizo un experimento diferente, en la misma zona de ventas. Una vez más, reclutó clientes al azar. Pero esta vez hizo que se acercaran a los vendedores en sus puestos, sin que los vendedores supieran que estaban siendo observados.

El protocolo era sencillo. Un comprador le hacía a un vendedor una de estas dos ofertas: «Dame el mejor cromo de Frank Thomas que puedas darme por 20 dólares» o «Dame el mejor cromo de Frank Thomas que puedas darme por 65 dólares».

¿Qué ocurrió?

A diferencia de su escrupulosa conducta en el cuarto de atrás, los vendedores engañaron consistentemente a los compradores, dándoles cromos de calidad inferior a la que la oferta requería. Esto ocurrió tanto con la oferta de 20 dólares como con la de 65. En los datos, List encontró una interesante diferenciación: los vendedores de fuera de la ciudad estafaban más a menudo que los locales. Esto tenía sentido. A un vendedor del lugar probablemente le interesaba más proteger su reputación. Incluso puede que le preocuparan las represalias: tal vez un bate de béisbol en su cabeza cuando un cliente llegara a su casa, se metiera en internet y descubriera que le habían estafado.

Las trampas en la zona de ventas hicieron que List se preguntara si toda la «confianza» y la «honradez» que había presenciado en el cuarto de atrás habían sido verdaderas. ¿Y si solo eran un producto de la observación del experimentador? ¿Y si con el altruismo ocurría lo mismo?

A pesar de todas las evidencias de laboratorio a favor del altruismo reunidas por sus iguales y mayores, List era escéptico. Sus propios experimentos de campo apuntaban en una dirección diferente, lo mismo que su experiencia personal. Cuando tenía diecinueve años transportó una carga de artículos de papelería a Chicago. Su novia, Jennifer, hizo el viaje con él. (Más adelante se casaron y tienen cinco hijos.) Cuando llegaron al almacén, había cuatro hombres en el muelle de carga, sentados en un sofá. Era pleno verano y hacía un calor sofocante. Uno de los hombres dijo que estaban de descanso.

List preguntó cuánto iba a durar el descanso.

—No lo sabemos —dijo el hombre—. Así que ¿por qué no empiezas a descargar tú?

Era costumbre que los empleados del almacén descargaran los camiones, o al menos ayudaran. Evidentemente, aquello no iba a ocurrir.

—Bueno, si no queréis ayudarme, está bien —dijo List—. Dadme las llaves de la carretilla elevadora.

Ellos se echaron a reír y le dijeron que las llaves se habían perdido.

Así que List, con ayuda de Jennifer, empezó a descargar el camión, caja por caja. Bañados en sudor y sintiéndose fatal, trabajaron ante los ojos burlones de los cuatro empleados. Por fin, cuando solo quedaban unas cajas, uno de los hombres encontró de pronto las llaves de la carretilla elevadora y la condujo hasta el camión de List.

Encuentros como aquel hacían que John List se preguntara muy en serio si el altruismo corre de verdad por las venas de la humanidad, como sugerían el Dictador y otros experimentos de laboratorio.

Sí, aquellas investigaciones habían ganado muchos aplausos, e incluso un premio Nobel. Pero cuanto más pensaba List en ello, más se preguntaba si aquellos descubrimientos no serían simplemente... falsos.

En 2005, gracias sobre todo a sus experimentos de campo, a List le ofrecieron una plaza fija de profesor en la Universidad de Chicago, que tiene posiblemente el departamento de economía más prestigioso del mundo. Esto no tendría que haber ocurrido. Es casi una ley inexorable del mundo académico que cuando uno consigue un puesto de profesor titular, lo hace en una institución menos prestigiosa que aquella en la que empezó a dar clase, y también menos prestigiosa que aquella en la que se doctoró. En cambio, John List era como un salmón que nada corriente abajo para desovar en mar abierto. Allá en Wisconsin, su familia no quedó muy impresionada. «Se preguntan por qué he fracasado tan miserablemente —dice—, por qué no sigo en Orlando, donde el tiempo es maravilloso, en lugar de estar en Chicago, donde hay tantos crímenes.»

A esas alturas, se sabía la literatura sobre el altruismo tan bien como cualquiera. Y conocía el mundo real un poco mejor. «Lo desconcertante —escribió— es que ni yo ni ninguno de mis familiares y amigos (ni sus amigos y familiares) hayamos recibido nunca un sobre anónimo lleno de dinero. ¿Cómo puede ser, si decenas de estudiantes en todo el mundo han exhibido abiertamente su preferencia por dar en experimentos de laboratorio, enviando dinero anónimamente a prójimos anónimos?»

De modo que List se propuso determinar concluyentemente si la gente es altruista por naturaleza. Eligió como arma el Dictador, el mismo instrumento que había creado la doctrina convencional. Pero List guardaba en la manga unas cuantas modificaciones. Esto significaba reclutar un grupo de estudiantes voluntarios y poner en práctica varias versiones diferentes del experimento.

Empezó con el Dictador clásico. Al primer jugador (a quien volveremos a llamar Annika) se le daba algo de dinero, y ella tenía que decidir si darle algo, nada o incluso todo a una anónima Zelda. List comprobó que el 70 por ciento de las Annikas daban algo de dinero a Zelda, y que la «donación» media era aproximadamente el 25 por ciento del total. Este resultado concordaba perfectamente con los resultados del Dictador, y era consecuente con el altruismo.

En la segunda versión, List le daba a Annika otra opción: podía darle a Zelda cualquier cantidad de su dinero, pero si lo prefería podía *quitarle* un dólar a Zelda. Si los dictadores eran altruistas, este giro del juego no debería importar nada; solo afectaría a las personas que, de cualquier modo, no habrían dado nada. Lo único que hacía List era ampliar la «gama de elecciones» del Dictador, de una manera que era irrelevante para todos excepto para los jugadores más tacaños.

Pero en esta versión modificada, de «roba un dólar si quieres», solo el 35 por ciento de las Annikas le dieron algo de dinero a Zelda. Eran solo la mitad de las que daban dinero en el Dictador original. Mientras tanto, casi el 45 por ciento no dieron ni un céntimo, y el 20 por ciento restante *le quitaron* un dólar a Zelda.

¿Qué había pasado con todo aquel altruismo?

Pero List no se detuvo ahí. En la tercera versión, se le dijo a Annika que a Zelda le habían dado la misma cantidad de dinero que a ella. Y Annika podía robar toda la paga de Zelda... o, si lo prefería, podía darle a Zelda cualquier fracción de su propio dinero.

¿Qué ocurrió? Ahora solo el 10 por ciento de las Annikas daban a Zelda algo de dinero, mientras que más del 60 por ciento le quitaban dinero a Zelda. Más del 40 por ciento le quitaron a Zelda *todo* el dinero. Bajo la dirección de List, un grupo de altruistas se había convertido de repente —y con bastante facilidad— en una banda de ladrones.

La cuarta y última versión del experimento de List era idéntica a la tercera —el dictador podía robarle todo su dinero al otro jugador— pero con una sencilla variación. En lugar de darles dinero para jugar al juego, como es habitual en estos experimentos de laboratorio, Annika y Zelda tenían que trabajar para ganarlo. (List necesitaba que le llenaran unos sobres para otro experimento y, con la escasez de fondos para investigaciones, así mataba dos pájaros de un tiro.)

Después de haber trabajado, llegó el momento de jugar. Annika todavía tenía la opción de quitarle a Zelda todo el dinero, como habían hecho más del 60 por ciento de las Annikas en la anterior versión. Pero ahora que los dos jugadores se habían ganado su dinero, solo el 28 por ciento de las Annikas le quitaron dinero a Zelda. Dos tercios de las Annikas ni dieron ni quitaron un céntimo.

¿Qué había hecho John List, y qué significaba?

Había corregido la doctrina convencional sobre el altruismo introduciendo nuevos elementos en un ingenioso experimento de laboratorio para que se pareciera más a la vida real. Si la única opción en el laboratorio es regalar algo de dinero, probablemente el jugador lo hará. Pero en la vida real, esta casi nunca es la única opción de una persona. La versión final de su experimento, con el rellenado de sobres, es tal vez la más interesante. Da a entender que cuando una persona se gana un dinero honradamente y cree que otra ha hecho lo mismo, ni regala lo que ha ganado ni coge lo que no le pertenece.

Pero ¿qué hay de todos esos economistas del comportamiento, tan galardonados, que habían identificado el altruismo en la naturaleza?

«Creo que está bastante claro que la mayoría de ellos están malinterpretando sus datos —dice List—. Para mí, esos experimentos ponen el dedo en la llaga. Desde luego, no es altruismo lo que estamos viendo.»

List se había abierto camino a base de trabajo, pasando de hijo de un camionero al centro de un grupo de académicos de élite que estaban reescribiendo las reglas del comportamiento económico. Ahora, para poder seguir siendo fiel a sus principios científicos, tenía que traicionarlos. Cuando empezaron a filtrarse las noticias de sus descubrimientos, se convirtió de pronto, según sus palabras, en «el tipo más odiado del oficio, sin duda alguna».

Al menos, List puede consolarse sabiendo que casi con seguridad tiene razón. Consideremos algunas de las fuerzas que hacen increíbles esas historias de laboratorio.

La primera es el sesgo de selección. Recordemos lo equívocas que eran las tarjetas de informes de los médicos. Lo más probable es que el mejor cardiólogo de la ciudad atraiga a los pacientes más enfermos y más desesperados. Así que si solo se tiene en cuenta la tasa de mortalidad, ese doctor puede obtener una mala nota aunque sea excelente.

De manera similar, ¿es posible que las personas que se presentan voluntarias para jugar al Dictador sean más cooperativas que la media? Muy probablemente, sí. Mucho antes de John List, los investigadores habían señalado que los experimentos de conducta en un laboratorio universitario son «únicamente la ciencia de esos estudiantes de segundo curso que se presentan voluntarios para participar en una investigación y que, además, acuden a la cita con el investigador». Es más, estos voluntarios tienden a ser «benefactores científicos» que «típicamente tienen [...] mayor necesidad de aprobación y menos autoritarismo que los no voluntarios».

Es decir, si *no* eres un benefactor, simplemente no participas en este tipo de experimentos. Esto es lo que List observó en su estudio de los cromos de béisbol. Cuando estaba reclutando voluntarios para la primera parte, que presentó claramente como un experimento de economía, tomó nota de los vendedores que se negaban a participar. En la segunda parte, cuando List envió compradores para ver si los inadvertidos vendedores los estafaban, descubrió que los vendedores que se habían negado a participar en la primera parte eran, por término medio, los más tramposos.

Otro factor que contamina los experimentos de laboratorio es la observación. Cuando un científico mete en un laboratorio un trozo de uranio, o un gusano de la harina, o una colonia de bacterias, no es probable que ese objeto cambie de manera de comportarse solo porque un tipo con bata blanca lo está mirando.

En los seres humanos, en cambio, la observación tiene un efecto poderoso. ¿Se salta usted un semáforo en rojo cuando hay un coche de policía o, como cada vez va siendo más frecuente, una cámara en el cruce? Seguro que no. ¿Es más probable que se lave las manos en el servicio de la oficina si su jefe se las está lavando? Seguro que sí.

Nuestra conducta se puede alterar incluso ante niveles más sutiles de observación. En la Universidad de Newcastle upon Tyne (Inglaterra), una profesora de psicología llamada Melissa Bateson realizó subrepticiamente un experimento en la sala de descanso de su propio departamento. La costumbre era que los miembros del profesorado pagaran sus cafés y otras bebidas echando dinero en una «caja de confianza». Cada semana, Bateson colocaba una nueva lista de precios. Los precios nunca cambiaban, pero sí que cambiaba la pequeña fotografía en lo alto de la lista. Las semanas impares, había una fotografía de flores; las semanas pares, un par de ojos humanos. Cuando los ojos estaban vigilando, los compañeros de Bateson dejaban *casi el triple de dinero* en la caja de confianza. Así que la próxima vez que se ría cuando un pájaro se asusta al ver un simple espantapájaros, recuerde que los espantapájaros también funcionan con los seres humanos.

¿Cómo afecta la observación al juego del Dictador? Imagine que es un estudiante —de segundo curso, probablemente— que se ha presentado voluntario para jugar. El profesor que dirige el experimento puede quedarse en segundo plano, pero es evidente que está ahí para anotar las decisiones que toman los participantes. Tenga en cuenta que el dinero en juego es relativamente poco, solo 20 dólares. Tenga en cuenta también que le han dado los 20 dólares solo por presentarse, o sea, que no trabajó para ganar el dinero.

Ahora le preguntan si le gustaría dar algo de su dinero a un estudiante anónimo que *no* recibió 20 dólares a cambio de nada. En realidad, usted no quería quedarse con todo ese dinero, ¿a que no? Puede que no le guste este profesor particular; incluso puede que le desagrade profundamente... pero a nadie le gusta parecer un tacaño delante de los demás. *Qué demonios*, decide, *voy a regalar unos pocos de mis dólares*. Pero ni un optimista incorregible llamaría altruismo a eso.

Además de la observación y del sesgo de selección, hay otro factor más que considerar. En la conducta humana influye un conjunto asombrosamente complejo de incentivos, normas sociales, marcos de referencia y lecciones aprendidas de la experiencia pasada. En una palabra, el contexto. Actuamos como actuamos porque, dadas las opciones y los incentivos en juego en unas circunstancias concretas, parece más provechoso actuar de ese modo. Esto se conoce también como conducta racional, que es de lo que trata la economía.

No es que los participantes en el Dictador actuaran fuera de contexto. Tenían un contexto, pero el contexto del laboratorio es inevitablemente artificial. Tal como escribió un investigador académico hace más de un siglo, los experimentos de laboratorio tienen el poder de transformar a una persona en «un autómata estúpido» que puede manifestar una «entusiasta disposición a ayudar al investigador de todas las maneras posibles, diciéndole precisamente lo que más quiere saber». El psiquiatra Martin Orne advertía de que el laboratorio fomentaba lo que se podría llamar cooperación forzada. «Cualquier petición imaginable que pudiera hacerle al sujeto un investigador prestigioso —decía— queda legitimada por la casi mágica frase "Esto es un experimento".»

El argumento de Orne se vio confirmado de manera espectacular por al menos dos infames experimentos de laboratorio. En 1961-1962, en un estudio que tenía por objeto comprender por qué los oficiales nazis obedecían las brutales órdenes de sus superiores, el psicólogo de Yale Stanley Milgram hizo que sus voluntarios siguieran sus instrucciones y administraran una serie de descargas eléctricas cada vez más dolorosas —al menos ellos *creían* que las descargas eran dolorosas; todo era un montaje— a compañeros de laboratorio a los que no veían. En 1971, el psicólogo de Stanford Philip Zimbardo realizó un experimento «de prisión» con algunos voluntarios haciendo el papel de guardianes y otros representando a los presos. Los guardias empezaron a comportarse tan sádicamente que Zimbardo tuvo que poner fin al experimento.

Cuando uno piensa en lo que Zimbardo y Milgram consiguieron que hicieran sus voluntarios en el laboratorio, no le sorprende que los apreciados investigadores que dirigían el juego del Dictador, con su inocuo objetivo de transferir unos pocos dólares de un estudiante a otro, pudieran, como dice List, «inducir casi cualquier nivel de donación que desearan».

Cuando uno mira el mundo a través de los ojos de un economista como John List, se da cuenta de que muchos actos aparentemente altruistas ya no lo parecen tanto.

Puede parecer altruista que done 100 dólares a su emisora local de radio pública, pero a cambio obtiene un año de escuchas sin sentirse culpable (y si tiene suerte, una bolsa de viaje de lona). Los ciudadanos estadounidenses son seguramente los líderes mundiales en contribuciones caritativas per cápita, si bien el sistema fiscal de Estados Unidos es uno de los más generosos en cuestión de deducciones por esas contribuciones.

La mayoría de las donaciones son, como dicen los economistas, *altruismo impuro* o *altruismo de aura*. Si uno da, no es solo porque quiere ayudar, sino porque le hace parecer bueno, o sentirse bien, o tal vez sentirse menos malo.

Pensemos en los mendigos. Gary Becker escribió en una ocasión que la mayoría de la gente que da limosna a los mendigos lo hace solo porque «el aspecto desagradable o las súplicas de los mendigos hacen que se sientan incómodos o culpables». Por eso mucha gente cruza la calle para evitar a un mendigo, pero muy pocos la cruzan para acercarse a uno.

¿Y qué ha pasado con la política estadounidense de donación de órganos, basada en su inquebrantable creencia en que el altruismo satisfaría la demanda de órganos? ¿Cómo ha funcionado?

Pues no muy bien. En la actualidad hay en Estados Unidos 80.000 personas en una lista de espera para un nuevo riñón, pero este año solo se llevarán a cabo unos 16.000 trasplantes. La brecha se hace más grande cada año. Más de 50.000 personas de la lista han fallecido en los últimos veinte años, y por lo menos otras 13.000 han quedado fuera de la misma porque se pusieron demasiado enfermas para resistir la operación.

Si el altruismo fuera la respuesta, esta demanda de riñones habría tenido como respuesta afluencia inmediata de donaciones. Pero no ha sido así. Esto ha llevado a algunas personas —incluyendo, cosa nada sorprendente, a Gary Becker— a pedir un mercado bien regulado de órganos humanos, en el que una persona que ceda un órgano reciba una compensación en forma de dinero, una beca universitaria, una exención de impuestos, o alguna otra forma. En general, esta propuesta ha sido acogida con repugnancia y por ahora parece políticamente indefendible.

Recuerden, entretanto, que Irán estableció un mercado similar hace casi treinta años. Aunque dicho mercado tiene sus fallos, quien necesite un trasplante de riñón en Irán no tiene que entrar en una lista de espera. La demanda de riñones trasplantables se satisface plenamente. Puede que el norteamericano medio no considere a Irán la nación más progresista del mundo, pero algún mérito hay que concederle al único país que ha reconocido el altruismo como lo que es... y como lo que no es, que es igual de importante.

Si las investigaciones de John List demuestran algo, es que no tiene sentido plantear preguntas como «¿Son los humanos altruistas por naturaleza?». La gente no es «buena» ni «mala». Las personas son personas y responden a incentivos. Casi siempre pueden ser manipuladas —para bien o para mal— si se encuentran las palancas adecuadas.

Así pues, ¿son lo seres humanos capaces de actos generosos, desinteresados, incluso heroicos? Desde luego. ¿Son asimismo capaces de actos despiadados de apatía? Desde luego.

Es inevitable que vengan a la mente los 38 testigos que presenciaron el brutal asesinato de Kitty Genovese. Lo más desconcertante de este caso es que se necesitaba muy poco altruismo para que alguien llamara a la policía desde la seguridad de su hogar. Por eso se ha seguido formulando durante todos estos años la misma pregunta: ¿cómo pudo aquella gente portarse de manera tan horrible?

Pero tal vez exista una pregunta mejor: ¿de verdad se portaron de manera tan horrible?

La base de casi todo lo que se ha escrito o dicho acerca del asesinato de Genovese fue aquel provocador artículo en el *New York Times*, que no se publicó hasta dos semanas después del crimen. Se pergeñó durante una comida entre dos hombres: A.M. Rosenthal, el redactor jefe de noticias locales, y Michael Joseph Murphy, comisario de policía de la ciudad.

El asesino de Genovese, Winston Moseley, estaba ya detenido y había confesado su crimen. La historia no era una gran noticia, sobre todo para el *Times*. No era más que otro asesinato, allá en Queens, ni mucho menos el tipo de noticia al que un periódico de sus características concedía mucho espacio.

Curiosamente, Moseley había confesado también un segundo homicidio, aunque la policía ya había detenido a un hombre diferente por aquel crimen.

—¿Qué hay de esa doble confesión en Queens? —le preguntó Rosenthal a Murphy durante la comida—. ¿De qué va esa historia?

En lugar de responder, Murphy cambió de tema.

—Esa historia de Queens tiene más cosas —dijo, y a continuación le explicó a Rosenthal que treinta y ocho personas habían visto asesinar a Kitty Genovese sin llamar a la policía.

—¿Treinta y ocho? —preguntó Rosenthal.

—Sí, treinta y ocho —dijo Murphy—. Llevo en este oficio mucho tiempo, pero esto lo supera todo.

Tal como escribió después, Rosenthal «estaba seguro de que el comisario estaba exagerando». De ser así, es posible que Murphy tuviera incentivos suficientes. Un reportaje acerca de dos hombres detenidos por el mismo crimen podía, evidentemente, poner en entredicho a la policía. Además, dado el carácter prolongado y brutal del asesinato de Genovese, la policía podía estar susceptible en lo referente a quién cargaba con las culpas. ¿Por qué no habían sido capaces de impedirlo?

A pesar de su escepticismo, Rosenthal envió a Kew Gardens a Martin Gansberg, un veterano corrector de textos recién convertido en reportero. Cuatro días después, una de las más memorables frases de la historia del periodismo aparecía en la primera página del *Times*:

> Durante más de media hora, 38 ciudadanos de Queens, respetables y cumplidores de la ley, presenciaron cómo un asesino perseguía y apuñalaba a una mujer en tres ataques separados en Kew Gardens.

Para un reportero recién estrenado como Gansberg y un redactor jefe ambicioso como Rosenthal —que más adelante escribió un libro, *Thirty-Eight Witnesses* acerca del caso y llegó a ser director del *Times*—, fue un éxito incuestionable. No ocurre con frecuencia que dos periodistas modestos puedan contar una historia que decida la agenda pública durante décadas en un tema como el de la apatía cívica. Así pues, está claro que *ellos* tenían fuertes incentivos para contar esa historia.

Pero ¿era verdad?

Tal vez la persona más adecuada para responder a esta pregunta sea Joseph De May Jr., un abogado de derecho naval de sesenta años que vive en Kew Gardens. Tiene una expresión sincera, pelo negro y escaso, ojos avellanados y carácter jovial. No hace mucho, en una fresca mañana de domingo, nos guió en un recorrido por el barrio.

—El primer ataque ocurrió más o menos aquí —dijo, parándose en la acera de Austin Street delante de una pequeña tienda—. Y Kitty aparcó su coche allí, en el aparcamiento de la estación —dijo señalando una zona situada a unos 35 metros.

El barrio ha cambiado poco desde el crimen. Los edificios, calles, aceras y zonas de aparcamiento siguen siendo como eran. El Mowbray, un bloque de pisos de ladrillo bien mantenido, sigue alzándose en la acera de enfrente del lugar del primer ataque.

De May se mudó al barrio en 1974, una década después de la muerte de Genovese. El crimen no era algo en lo que pensara mucho. Hace varios años, De May, miembro de la sociedad histórica local, creó una página web dedicada a la historia de Kew Gardens. Al cabo de algún tiempo, le pareció que debía añadir una sección acerca del asesinato de Genovese, ya que era la única razón por la que Kew Gardens era conocido en el mundo exterior, si es que alguien lo conocía.

Mientras reunía viejas fotografías y recortes de prensa, empezó a encontrar discrepancias con la historia oficial del caso Genovese. Cuanto más concienzudamente reconstruía el crimen, buscando documentos legales y entrevistando a ancianos, más se convencía de que la legendaria historia de los 38 testigos apáticos era... bueno, demasiado legendaria. Como abogado que es, De May diseccionó el artículo del *Times* e identificó seis datos erróneos solo en el primer párrafo.

La leyenda sostenía que 38 personas «permanecieron fascinadas en sus ventanas» y «presenciaron cómo un asesino perseguía y apuñalaba a una mujer en tres ataques separados», pero que «nadie llamó a la policía durante la agresión».

La verdadera historia, según De May, era más parecida a esto:

El primer ataque ocurrió aproximadamente a las 3.20 de la madrugada, cuando la mayoría de la gente estaba dormida. Genovese gritó pidiendo ayuda cuando Moseley la apuñaló en la espalda. Esto despertó a algunos inquilinos del Mowbray, que corrieron a sus ventanas.

La acera no estaba bien iluminada, así que pudo ser difícil distinguir qué estaba ocurriendo. Tal como declaró Moseley más adelante: «Era muy tarde y yo estaba bastante seguro de que nadie podía ver bien desde la ventana». Probablemente, lo único que alguien habría podido ver era un hombre de pie y una mujer en el suelo.

Por lo menos un inquilino del Mowbray, un hombre, gritó por la ventana «¡Deja en paz a esa chica!». Esto hizo que Moseley corriera hacia su coche, que estaba aparcado a menos de una manzana de distancia. «Vi que ella se había levantado y que no estaba muerta», declaró Moseley. Condujo su coche marcha atrás, dijo, para que no se viera la matrícula.

Genovese se puso en pie con dificultad y caminó despacio hacia la parte de atrás del edificio, donde estaba la entrada a su piso. Pero no llegó al final: se derrumbó dentro del vestíbulo de un piso vecino.

Aproximadamente diez minutos después del primer ataque, Moseley regresó. No está claro cómo la localizó en la oscuridad; puede que siguiera su rastro de sangre. La atacó de nuevo en el interior del vestíbulo y después huyó definitivamente.

El artículo del *Times*, como la mayoría de los reportajes sobre crímenes, en especial en aquella época, se basaba sobre todo en información proporcionada por la policía. Al principio, la policía dijo que Moseley había atacado a Genovese tres veces separadas, y eso fue lo que publicó el periódico. Pero solo hubo dos ataques. (Con el tiempo, la policía corrigió esto, pero, como en el juego del teléfono, el error cobró vida propia.)

Así pues, el primer ataque, que fue breve, ocurrió en mitad de la noche en una acera oscura. Y el segundo ataque ocurrió un rato después, en el recinto de un vestíbulo, fuera de la vista de quien pudiera haber visto el primer ataque.

¿Quiénes eran, entonces, los «38 testigos»?

Parece que ese número, también proporcionado por la policía, era una exageración. «Solo encontramos media decena que vieron lo que pasaba y que nos sirvieron de algo», recordaba después uno de los fiscales. Esto incluía un vecino que, según De May, pudo haber visto parte del segundo ataque, pero que al parecer estaba tan borracho que no se decidió a telefonear a la policía.

Pero aun así: aunque el crimen no fuera un sangriento y prolongado espectáculo que tuvo lugar a plena vista de decenas de vecinos, ¿por qué nadie llamó a la policía pidiendo ayuda?

Incluso esta parte de la leyenda puede ser falsa. Cuando la página web de De May empezó a funcionar, uno de los lectores que la encontró se llamaba Mike Hoffman. Apenas tenía dieciséis años cuando Genovese fue asesinada, y vivía en el segundo piso del Mowbray.

Hoffman recuerda que le despertó un gran alboroto en la calle. Abrió la ventana de su habitación, pero no pudo entender lo que se decía. Pensó que sería una pelea de enamorados y, más irritado que preocupado, gritó «¡Callaos, coño!».

Hoffman dice que oyó gritar a otras personas y que cuando miró por la ventana vio huir a un hombre. Para no perder de vista al hombre, Hoffman pasó a la otra ventana de su habitación, pero la figura se perdió en la oscuridad. Hoffman regresó a la primera ventana y vio en la acera una mujer que se ponía en pie tambaleándose. «Entonces, mi padre entró en mi habitación y me chilló a mí por haber chillado y haberle despertado.»

Hoffman le contó a su padre lo que había ocurrido. «Un tío ha pegado a una mujer y ha huido.» Hoffman y su padre miraron y vieron que la mujer, caminando con gran dificultad, doblaba la esquina. Después, todo quedó en silencio. «Papá llamó a la policía por si estaba malherida y necesitaba atención médica —dice Hoffman—. En aquellos tiempos no había 911 [el número de emergencias]. Tuvimos que llamar a una operadora y esperar hasta que nos conectara con la centralita de la policía. Tardamos varios minutos en conectar con la policía, y mi padre les contó lo que habíamos visto y oído, y que ella se había marchado por su propio pie pero parecía aturdida. Para entonces ya no podíamos ver ni oír nada más y nos volvimos a la cama.»

Los Hoffman no supieron lo que había ocurrido hasta la mañana siguiente. «Los inspectores nos interrogaron, y nos enteramos de que ella había ido a la parte de atrás del edificio de enfrente y el tipo había vuelto para acabar con ella —dice Hoffman—. Recuerdo que mi padre les dijo que si hubieran venido cuando los llamamos, la mujer probablemente aún estaría viva.»

Hoffman cree que la respuesta de la policía fue lenta porque la situación que describió su padre no era un asesinato en progresión, sino más bien un altercado doméstico que, al parecer, había concluido. El agresor había huido y la víctima se había marchado, aunque temblorosa, por sus propios medios. Con una llamada de baja prioridad como aquella, dice Hoffman, «los polis no dejan los donuts tan deprisa como si fuera una llamada de homicidio».

La policía reconoció que alguien había llamado después del segundo ataque, en el vestíbulo, y que ellos llegaron poco después. Pero Hoffman cree que acudieron en respuesta a la llamada original de su padre. O tal vez hubo más de una llamada: Joseph De May ha oído que otros inquilinos del Mowbray decían que habían llamado a la policía después del primer ataque.

Es difícil saber si los recuerdos de Hoffman son muy de fiar (escribió y firmó una declaración jurada de sus recuerdos). También es difícil saber si la versión revisionista de De May es del todo exacta. (Hay que decir en su favor que declara que «un número indeterminado de testigos auditivos reaccionaron mal» aquella noche, y que tal vez habrían podido hacer más por ayudar; también es reacio a presentarse a sí mismo como la fuente infalible en todo lo referente al caso Genovese.)

Tanto De May como Hoffman tienen un incentivo para exonerar a su vecindario de la mala fama que le dio el asunto Genovese. Dicho esto, De May se esfuerza mucho por no parecer apologista, y Hoffman parece un testigo bastante bueno: un hombre que ahora tiene cincuenta y muchos años y vive en Florida, pero que sirvió veinte años como policía en Nueva York y se retiró con el grado de teniente.

Ahora, considerando los diversos incentivos en juego, ¿qué es más increíble: la versión de los hechos de De May y Hoffman, o la versión convencional, de que todo un vecindario se quedó parado mirando, negándose a ayudar, mientras un hombre asesinaba a una mujer?

Antes de responder, consideremos también las circunstancias en que Winston Moseley fue detenido por fin. Sucedió pocos días después del asesinato de Genovese. Hacia las tres de la tarde, en Corona, otra zona de Queens, Moseley fue visto cargando con un televisor que había sacado de una casa perteneciente a una familia llamada Bannister y metiéndolo en su coche.

Un vecino se le acercó y le preguntó qué estaba haciendo. Moseley dijo que estaba ayudando a los Bannister a mudarse. El vecino volvió a entrar en su casa y telefoneó a otro vecino para preguntarle si los Bannister se estaban mudando.

«De eso, nada», dijo el segundo vecino, que llamó a la policía mientras el primer vecino salía de nuevo a la calle y aflojaba la tapa del distribuidor del coche de Moseley.

Cuando Moseley volvió a su coche y vio que no arrancaba, huyó a pie, pero fue perseguido por un policía. Al ser interrogado, confesó espontáneamente haber matado a Kitty Genovese unas noches antes.

Lo que significa que un hombre que se hizo tristemente célebre porque asesinó a una mujer cuyos vecinos no se decidieron a intervenir fue finalmente capturado gracias a… la intervención de un vecino.

4

La cosa tiene arreglo… y es fácil y barato

Es un hecho de la vida que a la gente le gusta quejarse, sobre todo acerca de lo terrible que es el mundo moderno en comparación con el pasado.

Casi siempre están equivocados. En casi todos los terrenos que se nos ocurran —guerras, delincuencia, ingresos, educación, transportes, seguridad en el trabajo, sanidad—, el siglo XXI es mucho más acogedor para el ser humano que ninguna época anterior.

Consideremos el parto. En las naciones industrializadas, la tasa actual de muerte materna durante el parto es de 9 mujeres por cada 100.000 partos. Hace solo cien años, la tasa era *más de cincuenta veces* más alta.

Uno de los mayores peligros del parto era una enfermedad conocida como fiebre puerperal, que solía ser fatal para la madre y el bebé. Hacia 1840, algunos de los mejores hospitales de Europa —el Hospital General de Maternidad de Londres, la Maternidad de París, el Hospital de Maternidad de Dresde— estaban abrumados por ella. Las mujeres llegaban sanas al hospital para dar a luz un niño y, poco después, contraían una fiebre galopante y morían.

Posiblemente, el mejor hospital de la época era el Allgemeine Krankenhaus, u Hospital General, de Viena. Entre 1841 y 1846, los médicos de este hospital atendieron más de 20.000 partos. Murieron casi 2.000 de las madres, una de cada diez. En 1847, la situación se agravó: *Una de cada seis madres* murió de fiebre puerperal. Aquel fue el año en que Ignatz Semmelweis, un joven médico nacido en Hungría, entró a trabajar como ayudante del director de la Maternidad General de Viena. Semmelweis era un hombre sensible, muy compasivo con el sufrimiento de los demás, y estaba tan angustiado por la desenfrenada pérdida de vidas que detenerla se convirtió en una obsesión.

A diferencia de otras muchas personas sensibles, Semmelweis era capaz de dejar a un lado la emoción y centrarse en los hechos, conocidos y desconocidos.

La primera cosa inteligente que hizo fue reconocer que los médicos no tenían ni idea de qué causaba la fiebre puerperal. Podían *decir* que lo sabían, pero la exorbitante tasa de mortalidad indicaba lo contrario. Una mirada a las supuestas causas de la fiebre revela una variedad de conjeturas extravagantes:

- «Conducta inadecuada en la primera parte del embarazo, como corsés apretados y enaguas ajustadas, que, junto con el peso del útero, retienen las heces en el intestino, permitiendo que partes pútridas finas pasen a la sangre.»
- «La atmósfera, un miasma o [...] por metástasis de la leche, supresión loquial, influencias cosmo-telúricas, predisposición personal...»
- Aire malsano en las salas de parto.
- Presencia de médicos hombres, que tal vez «hiera la modestia de las madres parturientas, induciendo el cambio patológico».
- «Resfriados, errores en la dieta, levantarse en el paritorio demasiado pronto después del parto para volver andando a la cama.»

Es interesante observar que por lo general se echaba la culpa a las mujeres. Puede que esto tuviera algo que ver con el hecho de que todos los médicos de la época fueran hombres. Aunque la medicina del siglo XIX pueda parecernos primitiva ahora, a los médicos se les atribuía una sabiduría y una autoridad casi divinas. Y, sin embargo, la fiebre puerperal planteaba una molesta contradicción: cuando las mujeres daban a luz en sus casas con una comadrona, como seguía siendo común, tenían la *sexagésima* parte de probabilidades de morir de fiebre puerperal que si dieran a luz en un hospital.

¿Cómo podía ser más peligroso dar a luz en un hospital moderno, con los médicos mejor preparados, que en casa sobre un colchón de borra, con una partera de pueblo?

Para resolver este enigma, Semmelweis se convirtió en un detective de datos. Reuniendo estadísticas sobre la tasa de mortalidad en su hospital, descubrió un extraño patrón. El hospital tenía dos salas separadas, una con doctores y estudiantes varones, la otra con comadronas y mujeres ayudantes. Había una enorme diferencia entre las tasas de mortalidad en las dos salas:

	SALA DE MÉDICOS			SALA DE COMADRONAS		
Año	*Partos*	*Muertes*	*Tasa*	*Partos*	*Muertes*	*Tasa*
1841	3.036	237	7,8 %	2.442	86	3,5 %
1842	3.287	518	15,08 %	2.659	202	7,6 %
1843	3.060	274	9,0 %	2.739	164	6,0 %
1844	3.157	260	8,2 %	2.956	68	2,3 %
1845	3.492	241	6,9 %	3.241	66	2,0 %
1846	4.010	459	11,4 %	3.754	105	2,8 %
TOTAL	20.042	1.989		17.791	691	
TASA MEDIA			9,9 %			3,9 %

¿Por qué demonios la tasa de mortalidad en la sala de los doctores era más del doble de alta?

Semmelweis se preguntó si las pacientes que ingresaban en la sala de los médicos estaban más enfermas, más débiles o tenían algún otro tipo de problema.

No, eso no podía ser. A las pacientes se las asignaba a una u otra sala en ciclos alternos de veinticuatro horas, dependiendo del día de la semana en el que llegaran. Dada la naturaleza del embarazo, una madre en estado acudía al hospital cuando llegaba el momento de dar a luz, no el día que más le conviniera. Esta metodología de asignación no era tan rigurosa como un ensayo controlado y al azar, pero para los propósitos de Semmelweis sugería que las tasas de mortalidad divergentes no eran resultado de una diferencia en la población de pacientes.

A lo mejor, una de las conjeturas de la lista mencionada antes era correcta: ¿acaso la presencia de hombres en una actividad femenina tan delicada podía matar de algún modo a las madres?

Semmelweis llegó a la conclusión de que también esto era improbable. Después de examinar las tasas de mortalidad de los *recién nacidos* en las dos salas, descubrió de nuevo que la sala de los médicos era mucho más letal que la de las comadronas: un 7,6 por ciento frente a un 3,7 por ciento. No existían diferencias en las tasas de mortalidad de niños y niñas. Tal como comentó Semmelweis, era improbable que los recién nacidos «se ofendieran por haber sido traídos al mundo en presencia de hombres». Así pues, no era razonable suponer que la presencia masculina fuera responsable de las muertes de las madres.

También existía la teoría de que las pacientes ingresadas en la sala de los médicos, al haber oído hablar de su elevada tasa de mortalidad, estuvieran «tan asustadas que contraían la enfermedad». Semmelweis tampoco se creyó esta explicación. «Podemos suponer que muchos soldados que participan en mortíferas batallas también temen a la muerte. Sin embargo, estos soldados no contraen la fiebre puerperal.»

No, algún otro factor exclusivo de la sala de médicos tenía que influir en la fiebre.

A esas alturas, Semmelweis había establecido unos cuantos hechos:

- Las mujeres más pobres, que daban a luz en la calle y *después* iban al hospital, no contraían la fiebre.
- Las mujeres que estaban dilatadas durante más de veinticuatro horas «casi invariablemente se ponían enfermas».
- Los médicos no contraían la enfermedad por contacto con las mujeres o los recién nacidos, de modo que casi con seguridad no era contagiosa.

Aun así, seguía intrigado. «Todo estaba en tela de juicio; todo parecía inexplicable; todo era dudoso —escribió—. Solo el gran número de muertes era una realidad incuestionable.»

La respuesta le llegó por fin después de una tragedia. Un viejo profesor a quien Semmelweis admiraba murió de repente tras un accidente. Estaba dirigiendo a un estudiante en una autopsia, cuando al estudiante se le resbaló el bisturí y cortó al profesor en un dedo. Las enfermedades que sufrió antes de morir —pleuresía bilateral, pericarditis, peritonitis y meningitis— eran, según observó Semmelweis, «idénticas a las que habían causado la muerte de muchos cientos de pacientes de la maternidad».

El caso del profesor tenía poco misterio. Murió a causa de «partículas cadavéricas que se introdujeron en su sistema vascular», escribió Semmelweis. ¿Acaso las mujeres que morían incorporaban también ese tipo de partículas en su torrente sanguíneo? ¡Pues claro que sí!

En los años anteriores, el General de Viena y otros hospitales se habían dedicado cada vez más a estudiar anatomía. El instrumento de enseñanza definitivo era la autopsia. ¿Qué mejor manera de que un estudiante de medicina distinguiera los rasgos de la enfermedad que tener en sus manos los órganos que habían fallado, buscar pistas en la sangre, la orina y la bilis? En el Hospital General de Viena, todos los pacientes fallecidos —incluidas las mujeres que morían de fiebre puerperal— eran llevados directamente a la sala de autopsias.

Pero muchas veces, los médicos y estudiantes iban a la sala de maternidad directamente desde la mesa de autopsias, en el mejor de los casos tras un apresurado lavado de manos. Aunque todavía faltaba una década o dos para que el colectivo médico aceptara la teoría de los gérmenes —que establecía que muchas enfermedades están causadas por microorganismos vivos, y no por espíritus animales, aire enrarecido o corsés muy apretados—, Semmelweis comprendió lo que estaba ocurriendo. Eran los *médicos* los responsables de la fiebre puerperal, al transferir «partículas cadavéricas» de los cuerpos muertos a las mujeres que daban a luz.

Esto explicaba que la tasa de mortalidad en la sala de los médicos fuera mucho más alta que en la de las comadronas. También explicaba por qué las mujeres de la sala de los médicos morían con más frecuencia que las que daban a luz en casa o incluso en las calles, y por qué las mujeres con una dilatación más larga eran más susceptibles a la fiebre: cuanto más tiempo pasara una mujer en ese estado, más veces era su útero hurgado y punzado por un montón de médicos y estudiantes, con las manos aún impregnadas con restos de su última autopsia.

«Ninguno de nosotros sabía —se lamentaba más adelante Semmelweis— que *éramos nosotros* los causantes de tantas muertes.»

Gracias a él, se pudo poner fin a la plaga. Ordenó que todos los médicos y estudiantes se desinfectaran las manos con una solución clorada después de realizar autopsias. La tasa de mortalidad en la maternidad de los médicos cayó a menos de un 1 por ciento. En los doce meses siguientes, la intervención de Semmelweis salvó las vidas de 300 madres y 250 bebés... y eso en una sola sala de maternidad de un solo hospital.

Como se ha dicho, la ley de consecuencias no intencionadas es una de las leyes más poderosas que existen. Los gobiernos, por ejemplo, promulgan muchas leyes con la intención de proteger a los elementos más vulnerables, pero que al final acaban perjudicándolos.

Consideremos la Ley de Norteamericanos con Discapacidades, que se proponía salvaguardar de la discriminación a los trabajadores discapacitados. Una noble intención, ¿no? Claro que sí... pero los datos demuestran convincentemente que el resultado fue *menos* empleos para los norteamericanos con discapacidades. ¿Por qué? Cuando se aprobó la ley, los empresarios estaban tan preocupados por no poder sancionar o despedir a los malos trabajadores que tuvieran una discapacidad que evitaban desde un principio contratar a tales trabajadores.

La Ley de Especies en Peligro generó un incentivo similarmente perverso. Cuando los terratenientes temen que su propiedad sea un hábitat atractivo para un animal en peligro de extinción, o incluso un animal que sea candidato a dicha condición, se apresuran a talar árboles para hacerla menos atractiva. Entre las víctimas recientes de estas estratagemas figuran el búho pigmeo de los cactos ferruginosos y el pájaro carpintero de cresta roja. Algunos economistas ambientales han argumentado que «la Ley de Especies en Peligro está poniendo en peligro a las especies, en lugar de protegerlas».

A veces, a los políticos les gusta pensar como economistas y utilizan incentivos económicos para fomentar la buena conducta.

En los últimos años, muchos gobiernos han empezado a basar sus impuestos de recogida de basura en el volumen. Si la gente tiene que pagar por cada bolsa de basura de más, razonan, tendrán un fuerte incentivo para producir menos.

Pero esta nueva manera de gravar también da a la gente un incentivo para llenar aún más sus bolsas (una táctica que los responsables de la basura de todo el mundo llaman ahora «Seattle Stomp») o para tirar su basura en los bosques (que es lo que ocurrió en Charlottesville, Virginia). En Alemania, los evasores del impuesto de basuras tiraban tantos restos de comida por el retrete que las alcantarillas se infestaron de ratas. En Irlanda, un nuevo impuesto de recogida de basuras generó un aumento de la quema de basuras en los patios traseros, que no solo era mala para el medio ambiente, sino también para la salud pública: en el Hospital de St. James de Dublín casi se triplicaron los casos de pacientes que se habían prendido fuego mientras quemaban la basura.

Las leyes bienintencionadas han salido mal desde hace milenios. Una ley judía que aparece en la Biblia imponía que los acreedores perdonaran todas las deudas cada año sabático (cada séptimo año). Para los deudores, el atractivo de una cancelación unilateral de la deuda no podía ser mayor: si no, el acreedor podía incluso llevarse a los hijos del deudor como esclavos.

Pero si usted fuera un acreedor, vería este programa de perdón de las deudas de manera muy diferente. ¿Por qué prestar dinero a un fabricante de sandalias si este podía romper la factura cada séptimo año?

Así pues, los acreedores burlaban el sistema concediendo préstamos solo en los años siguientes al sabático y apretando los cordones de la bolsa en los años quinto y sexto. El resultado fue una contracción cíclica de los créditos que castigaba a las mismas personas que la ley pretendía ayudar.

Pero en la historia de las consecuencias no intencionadas, pocas pueden compararse con la descubierta por Ignatz Semmelweis: los médicos, en su busca de conocimiento para salvar vidas, realizaban miles y miles de autopsias que, a su vez, provocaban la pérdida de miles y miles de vidas.

Por supuesto, resulta alentador que las brillantes deducciones de Semmelweis indicaran cómo poner fin a aquel azote. Pero nuestro argumento principal, el argumento de este capítulo, es que la solución de Semmelweis —echar un poco de cloruro de calcio en el agua con que se lavaban las manos los médicos— era notablemente simple y notablemente barata. En un mundo próspero, los arreglos fáciles y baratos a veces tienen mala prensa; pero nosotros estamos aquí para defenderlos.

Hay otro ejemplo muy potente, aunque agridulce, del mundo de los partos: los fórceps. Solía ocurrir que cuando un niño nacía con los pies o el trasero por delante, corriera el riesgo de quedarse atascado en el útero, poniendo en peligro su propia vida y la de su madre. Los fórceps, unas simples pinzas metálicas, permitían al médico o la comadrona dar la vuelta al niño dentro del útero y sacarlo como es debido, la cabeza primero, como se saca del horno un cochinillo asado.

A pesar de su eficacia, los fórceps no salvaron tantas vidas como habrían debido salvar. Se cree que los inventó a principios del siglo XVII un obstetra llamado Peter Chamberlen. Los fórceps funcionaban tan bien que Chamberlen los mantuvo en secreto, comunicándoselo solo a sus hijos y nietos que seguían en el negocio familiar. No se empezaron a utilizar de manera generalizada hasta mediados del siglo XVIII.

¿Cuánto costó este acaparamiento tecnológico? Según el médico y escritor Atul Gawande, «tuvieron que ser millones de vidas perdidas».

Lo más asombroso de las soluciones fáciles y baratas es que muchas veces resuelven problemas que parece que no tienen *ninguna* solución. Y, sin embargo, casi invariablemente, un Semmelweis o un equipo de Semmelweis acuden al rescate y salvan la situación. La historia está repleta de ejemplos.

Al principio de la era cristiana, hace más de dos mil años, había aproximadamente 200 millones de personas en el mundo. En el año 1000, el número solo había aumentado a 300 millones. Incluso en 1750, solo había 800 millones de personas. El hambre era una preocupación constante, y los entendidos decían que el planeta no podía sostener mucho más crecimiento. La población de Inglaterra había *disminuido*, principalmente porque, como escribió un historiador, «la agricultura no podía responder a la presión de alimentar a más gente».

Llegó la revolución agrícola. Una serie de innovaciones, ninguna de ellas particularmente complicada —cultivos de más rendimiento, mejores instrumentos y un uso más eficaz del capital—, cambiaron la agricultura y, como consecuencia, la faz de la tierra. En Estados Unidos, a finales del siglo XVIII, «se necesitaban 19 de cada 20 trabajadores para alimentar a los habitantes del país y producir un excedente para la exportación», según el economista Milton Friedman. Doscientos años después, solo se necesitaba uno de cada 20 trabajadores para alimentar a una población mucho más grande y, además, convertir a Estados Unidos en «el mayor exportador mundial de alimentos».

La revolución agrícola dejó libres millones de manos que se dedicaron a impulsar la revolución industrial. En 1850, la población mundial había aumentado a 1.300 millones; en 1950 eran ya 2.600 millones. Y entonces, la cosa se disparó *de verdad*. En los cincuenta años siguientes, la población se duplicó con creces, hasta sobrepasar los 6.000 millones. Si tuviéramos que señalar un solo factor milagroso que permitió este crecimiento, sería el nitrato de amonio, un fertilizante asombrosamente barato y eficaz para los cultivos. No sería ninguna exageración decir que el nitrato de amonio alimenta al mundo. Si desapareciera de la noche a la mañana, dice el economista agrícola Will Masters, «la dieta de la mayoría de la gente se reduciría a montones de granos cereales y tubérculos, y los productos animales y las frutas quedarían solo para ocasiones especiales y para los ricos».

Consideremos también las ballenas. Cazadas desde la antigüedad, en el siglo XIX se habían convertido en un motor económico que contribuyó a convertir Estados Unidos en una central energética. Cada centímetro cuadrado de una ballena se podía transformar en *algo*, así que la ballena equivalía a una de esas tiendas que lo tienen todo para una nación en rápido crecimiento: velas y jabón, ropas y, por supuesto, alimentos (la lengua era una exquisitez). La ballena era especialmente apreciada por el bello sexo, ya que ofrecía partes de su cuerpo para hacer corsés, cuellos de vestidos, sombrillas, perfumes, cepillos de pelo y tinte rojo para telas (este último producto se obtenía, mire usted por dónde, de los excrementos de la ballena). Lo más valioso era el aceite de ballena, que servía como lubricante para todo tipo de maquinaria, pero que se utilizaba sobre todo como combustible para lámparas. Tal como declara el escritor Eric Jay Dolin en *Leviathan*: «El aceite de ballena norteamericano iluminó el mundo».

En una flota mundial de 900 barcos balleneros, 735 eran norteamericanos, y cazaban en todos los océanos. Entre 1835 y 1872, estos barcos capturaron casi 300.000 ballenas, un promedio de más de 7.700 al año. En un buen año, los ingresos totales del aceite y las «ballenas» (los «dientes» filtradores del animal) superaban los 10 millones de dólares, que ahora equivaldrían aproximadamente a 200 millones. Cazar ballenas era un trabajo peligroso y difícil, pero era la quinta mayor industria de Estados Unidos, que daba empleo a 70.000 personas.

Y entonces, lo que parecía un recurso inagotable empezó —muy de repente y, visto en retrospectiva, muy previsiblemente— a agotarse. Había demasiados barcos persiguiendo a muy pocas ballenas. Un barco que antes se pasaba un año en el mar para llenar su bodega de aceite de ballena necesitaba ahora cuatro años. Como consecuencia, el precio del aceite se disparó haciendo que la economía nacional se tambaleara. En la actualidad, una industria semejante se consideraría «demasiado grande para fracasar», pero lo cierto es que la industria ballenera estaba fracasando, con graves repercusiones para toda América.

Fue entonces cuando un ferroviario retirado llamado Edwin L. Drake, utilizando un motor de vapor para impulsar un taladro a través de veinte metros de pizarra y roca, encontró petróleo en Titusville (Pensilvania). El futuro salió burbujeando a la superficie. ¿Por qué arriesgar la vida y la integridad física cazando monstruos marinos por todo el mundo, teniendo que capturarlos y trocearlos, cuando había tanta energía en los sótanos de la nación esperando que la bombearan al piso de arriba?

El petróleo no solo era una solución simple y barata; además, como la ballena, era extraordinariamente versátil. Se podía utilizar como aceite para lámparas, como lubricante y como combustible para automóviles y calefacción; se podía transformar en plásticos y hasta en medias de nailon. Además, la nueva industria del petróleo ofrecía multitud de empleos para los balleneros sin trabajo y, por añadidura, funcionó como precedente de la Ley de Especies en Peligro, salvando a las ballenas de una extinción casi segura.

A principios del siglo xx, la mayoría de las enfermedades infecciosas —la viruela, la tuberculosis y la difteria, entre otras— estaban en declive. Pero la polio se negaba a rendirse.

Sería difícil inventar una enfermedad más aterradora. «Era una enfermedad infantil; no se podía prevenir; no había curación; todos los niños del mundo estaban en peligro —dice David M. Oshinsky, autor del libro ganador del premio Pulitzer *Polio: An American Story*—. Y la consecuencia real era que los padres estaban absolutamente aterrados».

La polio era además un gran misterio, que aumentaba en verano por causas desconocidas. (En un caso clásico de confusión entre correlación y causalidad, algunos investigadores sospecharon que los helados —que en verano se consumían en cantidades mucho mayores— causaban la polio.) Al principio se pensó que afectaba más a los hijos de los inmigrantes de los suburbios, en especial a los niños, pero también atacaba a las niñas, y a los jóvenes de las urbanizaciones más lujosas. Hasta Franklin Delano Roosevelt, que distaba mucho de los barrios humildes de los inmigrantes y, a los treinta y nueve años de edad, también estaba lejos de la infancia, contrajo la enfermedad.

Cada brote provocaba una nueva ronda de cuarentenas y pánico. Los padres mantenían a sus hijos apartados de sus amigos, de las piscinas, los parques y las bibliotecas. En 1916, la peor epidemia de polio hasta la fecha atacó Nueva York. En 8.900 casos registrados, hubo 2.400 muertes, la mayoría de niños menores de cinco años. La enfermedad siguió arrasando. El peor año de la historia fue 1952, con 57.000 casos registrados en Estados Unidos, 3.000 de ellos fatales y 21.000 que dieron como resultado una parálisis permanente.

Sobrevivir a un caso grave de polio era solo ligeramente mejor que morir. Algunas víctimas perdían la movilidad de las piernas y vivían con constantes dolores. Los que sufrían parálisis respiratoria vivían prácticamente dentro de un «pulmón de acero», un enorme tanque que hacía el trabajo de sus paralizados músculos pectorales. A medida que aumentaban las víctimas de la polio, el coste de su atención médica se hacía estremecedor. «En una época en que menos del 10 por ciento de las familias del país tenía algún tipo de seguro médico —escribe Oshinsky—, el coste de mantener a un paciente de la polio (unos 900 dólares al año) superaba el salario anual medio (875 dólares).»

Estados Unidos era entonces el país más poderoso de la tierra, vencedor en dos guerras mundiales, dueño de un futuro cegadoramente brillante. Pero había un temor justificado a que esta enfermedad, por sí sola, consumiera en el futuro tal cantidad de dólares en atención médica que incapacitaría a la nación.

Y entonces se encontró una vacuna —en realidad, una serie de vacunas—, y la polio quedó prácticamente erradicada.

Podría parecer que decir que una vacuna es un remedio «fácil» equivale a desestimar los incansables esfuerzos de todos los que contribuyeron a detener la polio: los investigadores médicos (entre los que destacaron Jonas Salk y Albert Sabin), los voluntarios que recaudaron fondos (la Marcha de los Diez Centavos, según Oshinsky, fue «el mayor ejército solidario que el país ha conocido»), y hasta los mártires no humanos (miles de monos fueron importados para administrarles vacunas experimentales).

Por otra parte, no existe remedio médico más simple que una vacuna. Consideremos dos de las principales maneras con las que intentamos combatir la enfermedad. La primera consiste en encontrar un procedimiento o tecnología que ayude a remediar un problema cuando este ya ha surgido (cirugía a corazón abierto, por ejemplo); estos métodos tienden a ser muy costosos. La segunda es inventar una medicina que evite el problema antes de que ocurra; a largo plazo, estos métodos tienden a ser extraordinariamente baratos. Los investigadores sanitarios han calculado que si no se hubiera inventado una vacuna para la polio, Estados Unidos estaría ahora atendiendo al menos a 250.000 pacientes de larga duración, con un coste anual de más de 30.000 millones de dólares. Y eso ni siquiera incluye «los costes intangibles del sufrimiento, la muerte y el miedo evitados».

La polio es un ejemplo muy claro, pero hay incontables remedios médicos baratos y simples. Los nuevos fármacos contra la úlcera redujeron el número de operaciones aproximadamente un 60 por ciento; una generación posterior de medicamentos aún más baratos ahorró a los pacientes de úlcera unos 800 millones de dólares al año. En los primeros veinticinco años siguientes a la introducción del litio para tratar la psicosis maníaco-depresiva, se ahorraron casi 150.000 millones de dólares en gastos de hospitalización. Hasta la simple adición de fluoruro a los sistemas de agua ha ahorrado unos 10.000 millones de dólares al año en facturas del dentista.

Como hemos comentado antes, las muertes por enfermedades cardíacas han disminuido considerablemente en las pasadas décadas. Seguro que esto se puede atribuir a tratamientos caros como implantes, angioplastias y endoprótesis vasculares, ¿no?

Pues no: estos procedimientos son responsables de una parte notablemente pequeña de las mejoras. Alrededor de la mitad de los pacientes se han salvado gracias a la reducción de factores de riesgo, como el alto nivel de colesterol y la tensión arterial alta, que se tratan con medicinas relativamente baratas. Y gran parte del resto se ha logrado gracias a tratamientos ridículamente baratos, como la aspirina, la heparina, los inhibidores ACE y los betabloqueadores.

A principios de los años cincuenta, el viaje en automóvil se había hecho inmensamente popular en Estados Unidos, y había unos 40 millones de automóviles en las carreteras. Pero en la XXXV convención anual de la Asociación Nacional de Vendedores de Automóviles, que se celebró en enero de 1952, un vicepresidente de la empresa de neumáticos BFGoodrich advirtió de que la buena racha se podía terminar: «Si la tasa de mortalidad continúa subiendo, dañará gravemente la industria del automóvil, ya que mucha gente dejará de conducir».

En 1950 murieron en Estados Unidos casi 40.000 personas en accidentes de tráfico. Es aproximadamente la misma cantidad que muere ahora, pero una comparación directa sería engañosa, porque entonces se recorrían muchos menos kilómetros. La tasa de mortalidad por kilómetro era cinco veces mayor en 1950 que ahora.

¿Por qué moría tanta gente entonces? Había multitud de factores sospechosos: coches defectuosos, carreteras mal diseñadas, conductores temerarios... pero no se sabía mucho sobre la mecánica de los choques de automóviles. Tampoco la industria del automóvil estaba precisamente ansiosa por averiguarlo.

En este punto entra en escena Robert Strange McNamara. Ahora se le recuerda sobre todo como el muy vituperado secretario de Defensa durante la guerra de Vietnam. Una razón de que vilipendiaran tanto a McNamara era que tendía a tomar decisiones basándose en análisis estadísticos y no en emociones o en consideraciones políticas. En otras palabras, se comportaba como un economista.

Esto no era una casualidad. Había estudiado economía en Berkeley y asistió a la Facultad de Empresariales de Harvard, donde se quedó como joven profesor de contabilidad. Se presentó voluntario cuando estalló la Segunda Guerra Mundial, y sus habilidades analíticas lo llevaron a la Oficina de Control Estadístico de las Fuerzas Aéreas del Ejército.

Su equipo utilizaba datos a manera de armas para librar la guerra. Por ejemplo, se descubrió que la proporción de misiones fallidas de los bombarderos norteamericanos que partían de Inglaterra en incursiones diurnas contra Alemania era anormalmente alta, aproximadamente del 20 por ciento. Los pilotos daban toda clase de explicaciones para justificar no haber llegado al objetivo: mal funcionamiento del sistema eléctrico, fallos en la radio, o enfermedades. Pero un análisis más atento de los datos llevó a McNamara a la conclusión de que aquellas explicaciones eran «chorradas». La verdadera explicación, dijo, era el miedo. «Un montón de ellos iban a morir, ellos lo sabían, y encontraron razones para no llegar al objetivo».

McNamara informó de esto al comandante en jefe, el notorio cabezota Curtis LeMay, que respondió pilotando el avión de mando en misiones de bombardeo y jurando someter a consejo de guerra a cualquier piloto que diera la vuelta. La tasa de operaciones fallidas, según McNamara, «descendió de la noche a la mañana».

Después de la guerra, la Compañía Automovilística Ford pidió a McNamara y otros miembros de su unidad que aplicaran su magia estadística a la industria del automóvil. McNamara quería regresar a Harvard, pero él y su mujer habían contraído enormes deudas médicas... precisamente por la polio. Así que aceptó el empleo en la Ford. Ascendió rápidamente en la empresa, a pesar de que no era un «hombre del automóvil» en ninguno de los sentidos tradicionales. «En cambio —escribió más adelante un historiador— estaba absorbido por conceptos tan novedosos como la seguridad, el ahorro de combustible y la utilidad básica.»

A McNamara le preocupaban en especial los muertos y heridos en accidentes de automóvil. Preguntó a los entendidos cuál era la causa del problema. Había pocas estadísticas disponibles, le dijeron.

Varios investigadores aeronáuticos de Cornell estaban intentando evitar muertes en accidentes aéreos, de modo que McNamara les encargó que investigaran los choques de automóvil. Ellos experimentaron envolviendo cráneos humanos en diferentes materiales y dejándolos caer por el hueco de la escalera de los dormitorios de Cornell. Resultó que los seres humanos no podían competir con los materiales empleados en el interior de los coches. «En un choque, el conductor quedaba muchas veces empalado en el volante —dijo McNamara—. El pasajero solía resultar herido porque chocaba contra el parabrisas, el marco o el salpicadero. McNamara ordenó que los nuevos modelos de Ford tuvieran un volante más seguro y un salpicadero acolchado.

Pero se dio cuenta de que la mejor solución era también la más simple. En lugar de preocuparse por dónde chocaría la cabeza de un pasajero cuando saliera lanzado en un accidente, ¿no sería mejor impedir que saliera lanzado? McNamara sabía que los aviones tenían cinturones de seguridad. ¿Por qué no los coches?

«Calculé el número de muertes que evitaríamos cada año, y era muy alto —dijo—. Esto no costaba prácticamente nada, y no era nada difícil ponerlos.»

McNamara hizo que todos los coches de la empresa Ford se equiparan con cinturones de seguridad. «Volé a visitar una planta de montaje en Texas —recuerda—. El gerente vino a recibirme al avión. Me abroché el cinturón de seguridad y él dijo: "¿Qué pasa, le da miedo cómo conduzco?".»

Aquel gerente, según se comprobó, reflejaba una actitud muy extendida acerca de los cinturones de seguridad. Los jefes de McNamara los veían como algo «incómodo, costoso y una absoluta tontería», dice. Aun así, siguieron su consejo y pusieron cinturones de seguridad en los nuevos modelos de Ford.

Por supuesto, McNamara tenía razón: con el tiempo, el cinturón de seguridad salvaría muchas vidas. Pero las palabras clave son «con el tiempo».

El brillante racionalista se había topado con un aspecto fundamental y frustrante de la naturaleza humana: *es difícil cambiar de conducta*. El ingeniero más listo —o el economista, o el político o el padre— puede encontrar una solución fácil y barata a un problema, pero si ello exige que la gente cambie de manera de comportarse, puede que no dé resultado. Todos los días, miles de millones de personas en todo el mundo incurren en conductas que saben que son malas para ellas: fumar cigarrillos, jugar en exceso, montar en motocicleta sin casco.

¿Por qué? ¡Porque quieren! Encuentran placer en ello, o emoción, o simplemente un escape de la monotonía cotidiana. Y hacer que cambien de conducta, aunque se use un argumento aplastantemente racional, no es fácil.

Lo mismo ocurrió con el cinturón de seguridad. El Congreso empezó a imponer criterios federales de seguridad a mediados de los años sesenta, pero quince años después la utilización del cinturón de seguridad seguía siendo ridículamente baja: solo el 11 por ciento. Con el tiempo, la cifra fue subiendo poco a poco, gracias a una serie de empujones: la amenaza de multa, intensas campañas de concienciación pública, molestos pitidos y luces intermitentes en el salpicadero si el cinturón no estaba abrochado, y por último, la aceptación social de que ponerse el cinturón no era un insulto a la capacidad de conducción de ningún conductor. El uso del cinturón subió al 20 por ciento a mediados de la década de 1980, al 49 por ciento en 1990, al 61 por ciento a mediados de la década de 1990, y en la actualidad supera el 80 por ciento.

Hay una razón para que la mortalidad por kilómetro recorrido en automóvil haya descendido tanto en Estados Unidos. Los cinturones de seguridad reducen el peligro de muerte hasta en un 70 por ciento; desde 1975 han salvado aproximadamente 250.000 vidas. Los accidentes de tráfico todavía se llevan más de 40.000 vidas al año, pero en términos relativos conducir ya no es tan peligroso. Lo que hace que la cifra de muertos sea tan alta es que muchísimos norteamericanos se pasan una enorme cantidad de tiempo en sus coches, recorriendo hasta 5 billones de kilómetros al año. Esto se traduce en una muerte por cada 120 millones de kilómetros conducidos... o, dicho de otro modo, si una persona conduce 24 horas al día a 50 kilómetros por hora, puede esperar morir en un accidente de tráfico después de conducir durante 285 años seguidos. En comparación con las tasas de mortalidad en muchos países de África, Asia y Oriente Próximo, donde el uso del cinturón de seguridad está mucho menos extendido, conducir en Estados Unidos no es mucho más peligroso que quedarse sentado en el sofá.

Y los cinturones de seguridad, a unos 25 dólares por unidad, son uno de los artefactos salvavidas más efectivos, en relación con su coste, que jamás se han inventado. En un año cualquiera, cuesta unos 500 millones de dólares instalarlos en todos los vehículos estadounidenses, lo que da un coste aproximado de 30.000 dólares por cada vida salvada. ¿Cómo se compara esto con un artefacto de seguridad mucho más complejo, como el *air bag*? Con un precio anual total de más de 4.000 millones de dólares, los *air bags* cuestan aproximadamente 1,8 *millones de dólares* por cada vida salvada.

Robert McNamara, que falleció hace poco a los noventa y tres años de edad, nos dijo poco antes de su muerte que todavía quería conseguir un ciento por ciento de utilización de los cinturones de seguridad. «Muchas mujeres no usan el cinturón de bandolera porque es incómodo, ya que no está diseñado teniendo en cuenta los pechos —decía—. Creo que si se piensa un poquito se podrían diseñar cinturones que sean más cómodos y hagan aumentar el porcentaje de utilización.»

Puede que tuviera razón, o no, acerca de las mujeres y los cinturones de seguridad. Pero, sin duda, *existe* un grupo de personas para las que los cinturones están mal diseñados: los niños.

A veces compensa tener baja categoría. Cuando una familia de cuatro miembros sale en coche, los niños se suelen despachar al asiento de atrás, mientras el padre o la madre va de copiloto. Los niños tienen más suerte de lo que suponen: en caso de choque, el asiento de atrás es mucho más seguro que los delanteros. Esto se aplica incluso a los adultos, que son más grandes y por lo tanto tienen más probabilidades de golpearse contra algo duro si van en los asientos de delante. Por desgracia, aunque está bien consignar a los niños, de baja categoría, al asiento trasero, si los padres salen en coche solos, queda un poco raro que uno de ellos vaya atrás, dejando al otro delante, en el asiento de los mártires.

Los cinturones de seguridad son ya habituales en los asientos traseros de todos los coches. Pero fueron diseñados para adultos, no para niños. Si trata de sujetar a su tesorito de tres años, la correa de la cintura quedará demasiado floja y la del hombro le pasará por el cuello, la nariz o los ojos en lugar de por el hombro.

Por suerte, vivimos en un mundo que mima y protege a los niños, y se encontró una solución: el asiento de seguridad para niños, conocido comúnmente como sillita para el coche. Introducido en los años sesenta, al principio solo lo adoptaron los padres más prudentes. Gracias a las recomendaciones de los médicos, expertos en seguridad de tráfico y —¡sorpresa!— fabricantes de automóviles, su uso se fue generalizando, y al final el gobierno se unió a la campaña. Entre 1978 y 1985, todos los estados de la Unión declararon ilegal que los niños viajaran en automóvil si no iban sujetos en un asiento de seguridad que cumpliera los criterios federales de las pruebas de choques.

Los accidentes en vehículos a motor eran por entonces la principal causa de muertes de niños estadounidenses, y todavía siguen siéndolo, aunque la tasa de mortalidad ha descendido espectacularmente. La mayor parte del mérito hay que atribuírsela a la sillita para niños.

La seguridad, por supuesto, no es gratis. Los norteamericanos gastan más de 300 millones de dólares al año en comprar 4 millones de asientos de seguridad. Un niño suele utilizar tres asientos diferentes en su vida: una sillita orientada hacia atrás para bebés; una silla más grande, mirando hacia delante, para niños pequeños; y un asiento elevado para niños algo mayores. Además, si el niño tiene uno o dos hermanos, los padres tal vez tengan que comprar un monovolumen o minifurgoneta para acomodar a los niños en la anchura de los asientos de atrás.

La solución de la sillita de niños no es tan simple como mucha gente cree. Cualquiera de estos asientos es una maraña de correas, ataduras y arneses, manufacturados por decenas de fabricantes, y debe estar sujeto en su sitio por el cinturón de seguridad del coche, cuya configuración varía según *su* fabricante, lo mismo que la forma y el contorno del asiento mismo del coche. Además, estos cinturones se diseñaron para sujetar a un ser humano grande, no un pequeño e inanimado cacharro de plástico. Según la Administración Nacional de Seguridad de Tráfico en Carreteras (NHTSA), más del 80 por ciento de los asientos para niños están mal instalados. Por eso muchos padres acuden a la comisaría local de policía o al cuartel de bomberos para pedir ayuda con los asientos. Y por eso la NHTSA ofrece un programa de Formación para la Seguridad de Pasajeros Infantiles, dirigido al personal de seguridad pública, con un manual de 345 páginas donde se enseña la instalación adecuada.

Pero ¿a quién le importa si los asientos infantiles no son tan simples o baratos? No todas las soluciones pueden ser tan elegantes como nos gustaría que fueran. ¿No vale la pena que un agente de policía sacrifique cuatro días de trabajo para dominar un artefacto de seguridad tan valioso? Lo que importa es que los asientos infantiles sean *eficaces*, que salven vidas de niños. Y según la NHTSA, lo hacen, reduciendo el riesgo de mortalidad en un jubiloso 54 por ciento para los niños de uno a cuatro años.

Quizá los padres curiosos hagan una pregunta: un 54 por ciento de reducción, ¿comparado con qué?

La respuesta se puede encontrar fácilmente en la página web de la NHTSA. La agencia mantiene una base de datos del gobierno, llamado Sistema de Información de Análisis de Fatalidad (FARS), una recopilación de los informes policiales de todos los accidentes mortales en Estados Unidos desde 1975. Sus registros incluyen todas las variables imaginables —tipo y número de vehículos implicados, velocidad, hora del día, dónde iban sentados los pasajeros del coche—, incluyendo el tipo de sujeciones de seguridad que se llevaba, si es que se llevaba.

Resulta que un niño en un asiento de seguridad tiene un 54 por ciento menos de probabilidades de morir que un niño sin ningún tipo de sujeción, es decir, sin sillita de niño, ni cinturón de seguridad, ni nada de nada. Eso tiene sentido. Un choque de automóvil es un asunto violento, y pueden sucederle muchas cosas terribles a una masa de carne y hueso que se desplace a gran velocidad dentro de un objeto metálico y pesado que se para de repente.

Pero ¿cuánto mejor es la complicada y costosa solución nueva (el asiento de seguridad) que la vieja solución sencilla y barata (el cinturón de seguridad), a pesar de que la solución simple no estaba pensada para niños?

Es evidente que los cinturones de seguridad no sirven para niños menores de dos años. Simplemente, estos son demasiado pequeños, y una sillita es la manera mejor y más práctica de sujetarlos. Pero ¿y los niños mayores? Las leyes varían de un estado a otro, si bien en muchos casos los asientos son obligatorios hasta que los niños tienen seis o siete años. ¿Cuánto se benefician esos niños de los asientos de seguridad?

Una rápida ojeada a los datos del FARS, que incluyen casi treinta años de accidentes, revela un resultado sorprendente. Para los niños mayores de dos años, la tasa de mortalidad en accidentes con al menos una muerte es casi idéntica para los que iban en sillitas y para los que llevaban cinturones de seguridad.

Modo de sujeción	Incidentes	Muertes	Mortalidad infantil
Asiento de seguridad	6.835	1.241	18,2 %
Cinturón de adultos	9.664	1.750	18,1 %

Es posible que estos datos sean engañosos. Puede que los niños que van en asientos infantiles hayan sufrido choques más violentos. ¿O podría ser que sus padres conduzcan más de noche, o por carreteras más peligrosas, o en vehículos menos seguros?

Pero hasta los análisis econométricos más rigurosos de los datos del FARS dan los mismos resultados. En accidentes recientes y en accidentes más antiguos, en vehículos grandes y pequeños, en choques individuales y múltiples, no hay evidencias de que los asientos infantiles sean mejores que los cinturones de seguridad para salvar las vidas de niños mayores de dos años. En ciertos tipos de accidentes —choques por detrás, por ejemplo— lo cierto es que los asientos para niños dan resultados ligeramente peores.

Así que es posible que el problema sea, como reconoce la NHTSA, que demasiados asientos infantiles están mal instalados. (Se podría argumentar que, para empezar, un dispositivo de seguridad que tiene ya cuarenta años y que solo el 20 por ciento de sus usuarios saben instalar correctamente puede no ser un gran dispositivo de seguridad; comparados con los asientos infantiles, los condones utilizados por los hombres indios parecen prácticamente infalibles.) ¿No podría ser que el asiento infantil *sea* un artefacto milagroso, pero que no hemos aprendido a usarlo como es debido?

Para responder a esto, hemos buscado datos de las pruebas de choque para comparar los cinturones de seguridad y los asientos infantiles. Uno pensaría que esto no es difícil de encontrar. Al fin y al cabo, todo coche que sale al mercado tiene que someterse a pruebas de choque para obtener la aprobación federal. Pero parece que los investigadores casi nunca, o nunca, realizan pruebas paralelas con muñecos del tamaño de niños. Así que decidimos hacerlo nosotros.

La idea era sencilla: encargaríamos dos pruebas de choque, una con un muñeco del tamaño de un niño de tres años en un asiento de niño y un muñeco del mismo tamaño con un cinturón de cintura y hombro; y la otra con muñecos del tamaño de un niño de seis años, uno en un asiento elevado y otro con cinturón. En los dos casos, la prueba simularía una colisión frontal a 50 kilómetros por hora.

Tuvimos bastantes dificultades para encontrar un laboratorio de pruebas de choque que realizara nuestras pruebas, aunque estábamos dispuestos a pagar la tarifa de 3.000 dólares. (Oigan, que la ciencia no es barata.) Después de ser rechazados por todos los laboratorios de Estados Unidos, o eso nos pareció, encontramos uno dispuesto a aceptar nuestro dinero. Su director, no obstante, nos dijo que no podíamos dar el nombre del laboratorio, porque corría el riesgo de perder trabajo por parte de los fabricantes de asientos de seguridad, que eran la base de su negocio. Pero dijo que era «un apasionado de la ciencia» y que también él quería saber cómo funcionaban las cosas.

Después de volar hasta su inmencionable sede, compramos unos asientos de niño nuevos en un Toys «R» Us y nos dirigimos al laboratorio. Pero cuando el ingeniero de servicio oyó las particularidades de nuestra prueba, se negó a participar. Dijo que era un experimento idiota: *pues claro* que los asientos de seguridad darían mejores resultados; y además, si poníamos uno de sus carísimos muñecos en un cinturón de seguridad normal, lo más probable era que el impacto lo hiciera pedazos.

Parecía raro preocuparse por la integridad de un muñeco de pruebas —¿acaso no los hacen para estrellarlos?—, pero cuando aceptamos pagar los daños si el muñeco con el cinturón se rompía, el ingeniero se puso a trabajar, refunfuñando para sus adentros.

Las condiciones del laboratorio garantizaban que los asientos para niños funcionaran óptimamente. Estaban atados a asientos traseros del tipo tradicional, perfectamente ajustados por un experimentado ingeniero de pruebas de choque, que seguramente sabía instalar un asiento de niño mucho mejor que el padre medio.

Todo el asunto fue horripilante, de principio a fin. Cada muñeco infantil, vestido con pantalones cortos, camiseta y zapatillas, llevaba una maraña de cables que salían de su cuerpo para medir los daños en la cabeza y el pecho.

Primero vino la pareja de niños de tres años, uno en un asiento infantil y el otro con un cinturón convencional. El trineo neumático salió disparado con un estallido terrorífico. En tiempo real no se veía gran cosa (excepto que, para nuestro alivio, el muñeco con el cinturón quedó de una pieza). Pero al mirar el vídeo a cámara superlenta, veías la cabeza, las piernas y los brazos del muñeco saltar hacia delante, con los dedos temblando en el aire, antes de que la cabeza rebotara hacia atrás. A continuación venían los muñecos de seis años.

A los pocos minutos, teníamos nuestros resultados: los cinturones de seguridad para adultos pasaron la prueba de choque brillantemente. Basándose en los datos de impacto en la cabeza y el pecho, lo más probable era que ni los niños en las sillitas ni los que iban con cinturón hubieran resultado heridos en este choque.

¿Y cómo quedaron los anticuados cinturones de seguridad?

Superaron todos los requisitos de funcionamiento de un asiento de seguridad para niños. Véanlo de este modo: si presentáramos al gobierno federal nuestros datos sobre los muñecos con cinturón de seguridad y dijéramos que corresponden al último y mejor modelo de asiento para niños, nuestro «nuevo» producto —que es prácticamente la misma correa de nailon que Robert McNamara propuso allá en los años cincuenta— sería aprobado con facilidad. Y puesto que un viejo y vulgar cinturón de seguridad puede cumplir los criterios de seguridad del gobierno para asientos infantiles, tal vez no resulte muy sorprendente que los fabricantes de asientos infantiles ofrezcan un producto que no pueda superar al cinturón de seguridad. Triste, tal vez, pero no sorprendente.

Como se puede imaginar, nuestra falta de apreciación por los asientos infantiles nos sitúa en una pequeña minoría. (Si no tuviéramos seis hijos entre los dos, es posible que nos acusaran de odiar a los niños.) Un argumento muy convincente en contra de nuestra tesis es lo que se llama «síndrome del cinturón de seguridad». Un grupo de destacados investigadores sobre la seguridad infantil, conscientes de que los muñecos de las pruebas de choque no suelen llevar sensores que midan las lesiones en el cuello y el abdomen, cuentan siniestras historias de sala de urgencias sobre los daños que los cinturones de seguridad infligen a los niños. Estos investigadores reunieron datos entrevistando a padres cuyos hijos habían sufrido accidentes de automóvil, y llegaron a la conclusión de que los asientos elevados reducen las heridas importantes aproximadamente un 60 por ciento en relación con los cinturones.

Seguro que estos investigadores, muchos de los cuales participan en programas de ayuda a niños heridos, tienen buena intención. Pero ¿tienen razón?

Por diversas razones, entrevistar a los padres no es lo más idóneo para reunir datos de confianza. Los padres pueden estar traumatizados por el accidente y tal vez no recuerden bien los detalles. También está la cuestión de si los padres —cuyos nombres obtuvieron los investigadores de la base de datos de una compañía de seguros— decían la verdad. Si su hijo viajaba sin ninguna sujeción y tuvo un accidente, puede que sienta una fuerte presión social (o, si cree que la compañía de seguros subirá la indemnización, presión económica) para decir que su hijo iba sujeto. El informe de la policía dirá si el vehículo llevaba o no un asiento infantil, así que no puede mentir en eso. Pero todo asiento trasero lleva un cinturón de seguridad, de modo que aunque su hijo no lo llevara puesto, podría decir que lo llevaba, y será difícil que alguien demuestre lo contrario.

¿Existen fuentes de datos, aparte de las entrevistas con los padres, que puedan ayudarnos a responder esta importante pregunta acerca de los niños heridos?

Los datos del FARS no sirven porque solo se refieren a accidentes mortales. Aun así, localizamos otros tres conjuntos de datos que contienen información sobre todos los accidentes. Uno era una base de datos de nivel nacional, y los otros dos correspondían a los estados de Nueva Jersey y Wisconsin. En total, abarcan más de nueve millones de accidentes. El conjunto de datos de Wisconsin resultó particularmente útil porque relacionaba cada accidente con los datos de las altas en los hospitales, lo que nos permitió medir mejor la gravedad de las heridas.

¿Qué revela el análisis de estos datos?

Para evitar heridas *graves*, los cinturones de seguridad funcionaron, una vez más, igual de bien que los asientos para niños de dos a seis años. Pero para heridas más leves, los asientos funcionaron mejor, reduciendo la probabilidad de heridas aproximadamente un 25 por ciento en comparación con los cinturones.

Así que no tiren todavía sus sillitas para niños (eso sería ilegal en los cincuenta estados). Los niños son un cargamento tan valioso que hasta el relativamente pequeño beneficio que las sillitas parecen aportar para evitar heridas leves puede convertirlas en una inversión que valga la pena. Hay otro beneficio al que es difícil poner precio: la paz mental de los padres.

Aunque, mirándolo de otro modo, tal vez sea ese el principal *coste* de las sillitas para niños. Les dan a los padres una equivocada sensación de seguridad, haciéndoles creer que han hecho todo lo posible por proteger a sus hijos. Esta complacencia impide que busquemos una solución mejor, que podría ser más simple y barata y que salvaría aún más vidas.

Imagine que se le encargara, partiendo de cero, garantizar la seguridad de todos los niños que viajan en automóvil. ¿Cree de verdad que la mejor solución sería empezar con un aparato diseñado para personas adultas y utilizarlo para atar un segundo artefacto del tamaño de un niño? ¿Estipularía que este aparato sea fabricado por decenas de fabricantes diferentes y que aun así tenga que funcionar en todos los vehículos, aunque cada coche tiene asientos de diferente diseño?

Así que presentamos una idea radical: considerando que la mitad de los pasajeros que viajan en los asientos traseros de los coches son niños, ¿y si los cinturones de seguridad se diseñaran *para niños* desde el principio? ¿No tendría más sentido coger una solución comprobada —que además es fácil y barata— y adaptarla, ya se trate de cinturones adaptables o de piezas plegables en los asientos (que existen, aunque no son muy habituales), en lugar de fiarse de una solución costosa e incómoda que no da muy buenos resultados?

Pero las cosas parecen ir en la dirección contraria. En lugar de buscar una solución mejor para la seguridad de los niños en los automóviles, las autoridades estatales en todo Estados Unidos han estado aumentando la edad en que los niños pueden prescindir de los asientos infantiles. La Unión Europea ha ido aún más lejos, imponiendo a la mayoría de los niños el uso de asientos elevados hasta los doce años de edad.

Por desgracia, los gobiernos no se caracterizan precisamente por sus soluciones fáciles o baratas. Tienden a preferir la ruta cara e incómoda. Nótese que ninguno de los ejemplos anteriores fue idea de un funcionario del gobierno. Hasta la vacuna contra la polio fue obra principalmente de un grupo privado, la Fundación Nacional para la Parálisis Infantil. El presidente Roosevelt en persona aportó el dinero para empezar —es interesante que hasta un presidente en ejercicio eligiera el sector privado para esa tarea— y después la fundación recaudó dinero y realizó las pruebas necesarias.

Tampoco fue el gobierno el que puso cinturones de seguridad en los coches. Robert McNamara pensó que darían a la Ford una ventaja competitiva. Estaba muy equivocado. Ford tuvo dificultades para comercializar el cinturón de seguridad, ya que parecía recordar a los usuarios que conducir era inherentemente inseguro. Esto hizo que Henry Ford II se quejara a un periodista: «McNamara está vendiendo seguridad, pero Chevrolet está vendiendo coches».

Mientras tanto, algunos problemas parecen estar fuera del alcance de cualquier solución, simple o no. Pensemos en la devastación que la madre naturaleza ejerce periódicamente. En comparación, las muertes en accidentes de tráfico parecen sumamente manejables.

Desde 1900, más de 1,3 millones de personas han muerto en todo el mundo a causa de los huracanes (o, como los llaman en otras partes, tifones o ciclones tropicales). En Estados Unidos, la mortandad ha sido menor —aproximadamente 20.000 muertes—, pero las pérdidas económicas han sido muy elevadas, con una media de más de 10.000 millones de dólares al año. En el plazo de solo dos años, 2004 y 2005, seis huracanes, entre ellos el mortífero Katrina, causaron daños por un total de 153.000 millones de dólares en el sudeste de Estados Unidos.

¿Por qué tantos daños últimamente? En las zonas expuestas a los huracanes se han instalado muchas más personas (al fin y al cabo, es agradable vivir al lado del mar) y muchas de ellas compran casas de vacaciones caras (lo que eleva el total de daños en las propiedades). Lo irónico es que muchos de estos propietarios se sintieron atraídos a la costa por la *escasez* de huracanes en las últimas décadas... y tal vez por las pólizas de seguros, correspondientemente bajas.

Desde mediados de los años sesenta hasta mediados de los noventa, la actividad ciclónica estuvo moderada por la oscilación atlántica multidecenial, un ciclo climático recurrente, de sesenta a ochenta años de duración, durante los cuales el océano Atlántico se enfría poco a poco y después se vuelve a calentar. El cambio de temperatura no es drástico, son solo un par de grados. Pero es suficiente para que no se produzcan huracanes durante los años frescos y, como hemos visto recientemente, fomentarlos durante los años cálidos.

En algunos aspectos, los huracanes no parecen un problema tan difícil de resolver. A diferencia de otros problemas —el cáncer, por ejemplo—, su causa está bien establecida, su situación es predecible e incluso se sabe cuándo se producirán. Los huracanes del Atlántico suelen golpear entre el 15 de agosto y el 15 de noviembre. Se desplazan en dirección oeste por el «callejón de los huracanes», una franja horizontal de océano que va desde la costa oeste de África, pasando por el Caribe, hasta el sudeste de Estados Unidos. Son básicamente máquinas térmicas, gigantescas tormentas creadas cuando la capa superior de agua marina supera una temperatura determinada (26,7 °C). Por eso no empiezan a formarse hasta el final del verano, cuando el sol ha tenido varios meses para calentar el océano.

Y, sin embargo, a pesar de ser tan predecibles, los huracanes representan una batalla que los humanos parecen haber perdido. Cuando se ha formado un huracán, la verdad es que no hay manera de combatirlo. Lo único que se puede hacer es huir.

Pero en las afueras de Seattle vive un tipo con intelecto aventurero llamado Nathan, que cree, junto con algunos amigos, que tienen una buena solución para los huracanes. Nathan estudió física, y esto es muy importante, ya que significa que comprende las propiedades térmicas que definen un huracán. Un huracán no es solo una dinamo; es una dinamo que viene sin un interruptor de apagado. Una vez que empieza a acumular energía, ya no se puede desactivar, y es demasiado poderoso para rechazarlo hacia el mar con un ventilador gigante.

Por eso Nathan y sus amigos —la mayoría de los cuales son, como él, científicos frikis de un tipo u otro— quieren disipar la energía térmica *antes* de que pueda acumularse. En otras palabras: impedir que el agua del callejón de los huracanes se caliente lo suficiente para formar huracanes destructores. Los ejércitos practican a veces una política de «tierra quemada», destruyendo todo lo que pueda ser de valor para el enemigo. Nathan y sus amigos quieren practicar una política de «mar enfriado» para impedir que el enemigo pueda destruir cosas de valor.

Pero esto, podría uno sentir la tentación de preguntar, ¿no equivale a jugar con la madre naturaleza?

«¡Pues claro que es jugar con la madre naturaleza! —responde Nathan riendo—. Lo dices como si fuera una cosa mala.»

De hecho, si no hubiéramos jugado con la madre naturaleza utilizando nitrato de amonio para elevar el rendimiento de nuestros cultivos, muchos lectores de este libro probablemente no existirían ahora (o estarían demasiado ocupados para leer, ya que se pasarían todo el día buscando raíces y bayas). Detener la polio fue también una manera de jugar con la madre naturaleza; como lo son las barreras que utilizamos para contener las inundaciones provocadas por los huracanes... aunque a veces, como en el caso del Katrina, puedan fallar.

La solución antihuracanes que Nathan propone es tan simple que se le podría haber ocurrido a un boy scout (por lo menos a uno muy listo). Se puede construir con materiales comprados en una tienda de artículos para el hogar, o incluso recogidos en un vertedero.

«El truco está en modificar la temperatura superficial del agua —dice Nathan—. Ahora bien, lo interesante es que la capa superficial de agua cálida es muy fina, generalmente de menos de 30 metros. Y justo debajo hay una gran masa de agua muy fría. Si vas a bucear en algunas de estas zonas, puedes sentir la enorme diferencia.»

La capa superficial cálida es más ligera que el agua fría que hay debajo, y por eso permanece en la superficie. «Así que lo que tenemos que hacer es arreglar eso», dice.

Es un problema fascinante: toda esa agua fría, billones y billones de litros, justo debajo de la superficie cálida y, sin embargo, impotente para desactivar el potencial desastre.

Pero Nathan tiene una solución. Es básicamente «un tubo interior con un faldón», dice riendo. Es decir, un gran anillo flotante, de 9 a 90 metros de diámetro, con un largo cilindro flexible fijado al interior. El anillo puede estar hecho de viejos neumáticos de camión, rellenos de espuma sólida y atados con cable de acero. El cilindro, que puede llegar a 150 metros de profundidad, se puede hacer de polietileno, es decir, el plástico del que se hacen las bolsas de las tiendas.

«¡Eso es!», grazna Nathan.

¿Cómo funciona? Imaginen uno de esos tubos con faldón —una gigantesca y temblorosa medusa de factura humana— flotando en el océano. Cuando una ola cálida salta sobre el borde, el nivel del agua dentro del anillo sube hasta quedar más alto que el mar que lo rodea. «Cuando tienes agua elevada sobre la superficie en un tubo así —explica Nathan—, a eso se le llama "cabeza hidráulica".»

La cabeza hidráulica es una fuerza creada por la energía que el viento aplica a las olas. Esta fuerza empuja el agua superficial cálida hacia abajo, por el largo cilindro de plástico, hasta que sale por el extremo inferior, muy por debajo de la superficie. Mientras sigan llegando olas —y siempre llegan—, la fuerza de la cabeza hidráulica seguirá empujando agua de la superficie hacia las profundidades frías, lo que inevitablemente hace bajar la temperatura de la superficie del mar. El proceso tiene poco impacto, no es contaminante y es lento: una molécula de agua cálida de la superficie tarda unas tres horas en salir por el fondo del cilindro de plástico.

Ahora imaginemos que desplegamos una multitud de estos tubos por las zonas del océano donde se forman los huracanes. Nathan visualiza «una empalizada» de ellos entre Cuba y el Yucatán, y otra extendida frente a la costa sudeste de Estados Unidos. También serían muy útiles en el sur del mar de China y en el mar de Coral, frente a la costa de Australia. ¿Cuántos se necesitarían? Dependiendo de su tamaño, unos pocos miles de estos cilindros podrían detener los huracanes en el Caribe y el golfo de México.

Se podría construir una versión sencilla, de usar y tirar, de este artefacto por unos 100 dólares la unidad, aunque el mayor coste sería el de remolcar e instalar los cilindros. También se podrían hacer versiones más duraderas y sofisticadas, unidades a control remoto que se podrían desplazar hasta donde fueran más necesarias. Una versión «inteligente» podría incluso ajustar la velocidad de enfriamiento del agua de la superficie, variando el volumen de agua cálida que engulle.

El artefacto más caro que Nathan concibe costaría unos 100.000 dólares. Incluso a ese precio, instalar 10.000 unidades por todo el mundo costaría solo 1.000 millones de dólares... una décima parte de los daños en las propiedades provocados por los huracanes en un solo año en Estados Unidos. Como aprendió Ignatz Semmelweis acerca de la higiene manual y como han aprendido millones de pacientes respecto a medicamentos sencillos como la aspirina y las estatinas, un gramo de prevención vale por toneladas de curación.

Nathan todavía no está seguro de si los tubos funcionarán. Durante meses ha estado muy ocupado haciendo modelos de ordenador; pronto se pondrán a prueba en agua real. Pero todo indica que él y sus amigos han inventado un antídoto contra los huracanes.

Aunque fuéramos capaces de eliminar por completo las tormentas tropicales, eso no sería prudente, ya que forman parte del ciclo climático natural y envían a tierra mucha lluvia muy necesaria. Lo verdaderamente interesante sería aplacar una tormenta de categoría 5, rebajándola a un nivel menos destructivo. «En las zonas tropicales se podría manipular el ciclo monzónico de lluvias —dice Nathan con entusiasmo— y suavizar el carácter de "todo o nada" de las lluvias en el Sahel africano, con la intención de evitar el hambre.»

Los tubos podrían incluso mejorar la ecología marina. Cuando el agua de la superficie se calienta cada verano, pierde oxígeno y nutrientes, creando una zona muerta. Empujando el agua cálida hacia abajo se sacaría a la superficie agua fría, rica y oxigenada, que mejoraría sustancialmente la vida marina. (El mismo efecto se puede observar ahora alrededor de las plataformas petrolíferas marinas.) Además, los tubos servirían también para hundir parte del exceso de dióxido de carbono absorbido por la superficie del océano en las décadas recientes.

Queda en pie, por supuesto, la cuestión de cómo se desplegarían estos tubos y quién lo haría. Hace poco, el Departamento de Seguridad Interior solicitó ideas para mitigar los huracanes a varios científicos, entre ellos Nathan y sus amigos. Aunque estas agencias rara vez optan por soluciones simples y baratas —simplemente, no está en su ADN—, tal vez se haga una excepción en este caso, ya que la potencial ganancia es grande y los perjuicios de intentarlo parecen mínimos.

A pesar de lo peligrosos que son los huracanes, en el reino de la naturaleza acecha un peligro mucho peor, que amenaza con acabar con nuestra civilización tal como la conocemos: el calentamiento global. Si Nathan y sus amigos, pensadores tan listos y creativos que no tienen miedo a las soluciones simples, pudieran hacer algo al respecto...

5

¿Qué tienen en común Al Gore
y el monte Pinatubo?

Los titulares han sido horripilantes, por decirlo suavemente.

«Algunos expertos creen que la humanidad se encuentra a las puertas de un nuevo patrón de clima global adverso, para el que no está preparada», declaraba un artículo del *New York Times*. En él se citaba a investigadores del clima que afirmaban que «este cambio climático representa un peligro para la población mundial».

Un artículo de *Newsweek* citaba un informe de la Academia Nacional de Ciencias que advertía de que el cambio climático «obligaría a hacer ajustes económicos y sociales a escala mundial». Peor aún: «Los climatólogos son pesimistas acerca de que los líderes políticos emprendan alguna acción positiva para compensar el cambio climático o al menos aliviar sus efectos».

¿Quién en su sano juicio no tendría miedo al calentamiento global?

Pero no es de esto de lo que hablaban los científicos. Estos artículos, publicados a mediados de los años setenta, estaban prediciendo los efectos del *enfriamiento* global.

Los timbres de alarma habían sonado porque la temperatura media en el suelo del Hemisferio Norte había descendido 0,28 °C entre 1945 y 1968. Además, había aumentado considerablemente la cobertura de nieve y, entre 1964 y 1972, había descendido un

1,3 por ciento la cantidad de luz solar que llegaba a Estados Unidos. *Newsweek* informaba de que el descenso de la temperatura, aunque relativamente pequeño en términos absolutos, «ha llevado al planeta una sexta parte del camino hacia la media de la época glacial».

Lo que más miedo daba era un colapso del sistema agrícola. En Gran Bretaña, el enfriamiento ya había acortado la estación de crecimiento dos semanas. «Las hambrunas resultantes podrían ser catastróficas», advertía el artículo del *Newsweek*. Algunos científicos proponían soluciones radicales de calentamiento, como «fundir el casquete de hielo ártico cubriéndolo con hollín negro».

Ahora mismo, por supuesto, el peligro es el contrario. Ya no se cree que la Tierra esté demasiado fría, sino demasiado caliente. Y el hollín negro, en lugar de salvarnos, se ve como uno de los principales villanos. Hemos enviado hacia el cielo infinitos chorros de emisiones de carbono, residuos de todos los combustibles fósiles que quemamos para calentarnos, refrescarnos, alimentarnos, transportarnos y divertirnos.

Al hacerlo, parece que hemos transformado nuestro planeta nodriza en un invernadero, formando en el cielo una malla química que atrapa demasiado calor del Sol e impide que escape al espacio. A pesar de la fase de «enfriamiento global», la temperatura media global en el suelo ha subido 0,7 °C en los últimos cien años, y últimamente este calentamiento se ha acelerado.

«Estamos abusando tanto de la Tierra —escribe James Lovelock, el célebre científico ambiental— que puede retroceder al estado caliente en el que estaba hace 55 millones de años, y si eso sucede, casi todos nosotros y nuestros descendientes moriremos.»

Básicamente, los climatólogos están de acuerdo en que la temperatura de la Tierra ha estado subiendo y cada vez son más los que coinciden en que la actividad humana ha desempeñado un papel importante. Pero las maneras en que los humanos inciden sobre el clima no son siempre tan obvias como parecen.

En general se cree que los automóviles, los camiones y los aviones aportan una proporción nefasta de gases de efecto invernadero. En los últimos tiempos, esto ha inducido a muchas personas de mentalidad recta a comprar un Prius u otro coche híbrido. Pero cada vez que el dueño de un Prius va en coche al supermercado, puede estar cancelando su reducción de emisiones, al menos si va a comprar en la sección de carnes.

¿Cómo es eso? Pues porque las vacas —y también las ovejas y otros animales rumiantes— son terribles contaminadoras. Sus exhalaciones, flatulencias, eructos y estiércol emiten metano, que como gas de efecto invernadero es unas *veinticinco veces más potente* que el dióxido de carbono emitido por los automóviles (y dicho sea de paso, por los humanos). Los rumiantes del mundo son responsables, aproximadamente, de un 50 por ciento más de gas de efecto invernadero que todo el sector de los transportes.

En este aspecto, tampoco ayuda mucho el movimiento «localista», que anima a la gente a consumir alimentos cultivados en su zona. Un estudio reciente de dos investigadores de Carnegie Mellon, Christopher Weber y H. Scott Matthews, reveló que, en realidad, comprar productos locales *hace aumentar* las emisiones de gases de efecto invernadero. ¿Por qué?

Más del 80 por ciento de las emisiones relacionadas con los alimentos tienen lugar en la fase de producción, y las explotaciones grandes son más eficientes que las granjas pequeñas. El transporte representa solo el 11 por ciento de las emisiones, y el reparto de los productores a los minoristas solo el 4 por ciento. La mejor manera de ayudar, sugieren Weber y Matthews, es cambiar sutilmente la dieta. «Cambiando menos de un día a la semana de carne roja y productos lácteos a pollo, pescado, huevos o verduras, se reduce más la emisión de gases de efecto invernadero que comprando toda la comida a productores locales», aseguran.

También se puede pasar de comer carne de vacuno a comer canguro, porque el destino ha querido que las flatulencias de canguro no contengan metano. Pero imaginen la campaña de marketing que se necesitaría para que los norteamericanos consumieran hamburguesas de canguro. Y piensen en la presión que aplicarían los rancheros sobre Washington para que prohibiera la carne de canguro. Por suerte, un equipo de científicos australianos está abordando este problema desde el lado contrario, intentando replicar las bacterias digestivas del estómago del canguro para poder trasplantarlas a las vacas.

Por diversas razones, el calentamiento global es un problema espinoso como él solo.

Para empezar, los científicos no pueden hacer experimentos. En este aspecto, se parecen más a los economistas que a los físicos o biólogos, ya que su objetivo es deducir relaciones a partir de los datos existentes sin la posibilidad de imponer, por ejemplo, una prohibición de los coches (o de las vacas) durante diez años.

En segundo lugar, esta ciencia es extraordinariamente compleja. El impacto de cualquier actividad humana —supongamos que triplicamos el número de vuelos en avión, por ejemplo— depende de muchos factores diferentes: los gases emitidos, sí, pero también el efecto de los aviones en fenómenos como las corrientes de convección y la formación de nubes.

Para predecir las temperaturas en la superficie de la Tierra, hay que tener en cuenta estos y otros muchos factores, entre ellos la evaporación, la lluvia y, sí, las emisiones animales. Pero ni siquiera los modelos climáticos más sofisticados consiguen representar de manera adecuada estas variables, y esto, obviamente, hace que sea muy difícil predecir el futuro climático. En comparación, los modelos de riesgo utilizados por las modernas instituciones financieras parecen muy fiables... aunque, como han demostrado las recientes quiebras bancarias, no siempre es el caso.

La imprecisión inherente a la ciencia climatológica significa que no sabemos con certeza si el camino que seguimos llevará a un aumento de las temperaturas de 2 °C o de 10 °C. Tampoco sabemos en realidad si un aumento pronunciado sería una simple molestia o el fin de la civilización que conocemos.

Este espectro de la catástrofe, por remota que parezca, ha llevado el tema del calentamiento global al primer plano de la política pública. Si estuviéramos seguros de que el calentamiento impondría costes altos y definidos, la economía del problema se reduciría a un simple análisis de costes y beneficios. ¿Los futuros beneficios de reducir las emisiones superan a los costes? ¿O será mejor que esperemos a reducir las emisiones más adelante, o incluso que contaminemos todo lo que queramos y simplemente aprendamos a vivir en un mundo más caluroso?

El economista Martin Weitzman analizó los mejores modelos climáticos existentes y llegó a la conclusión de que el futuro presenta un 5 por ciento de posibilidades de que se dé una situación terrible: un ascenso de más de 10 °C.

Por supuesto, hay mucha incertidumbre incluso en este cálculo de la incertidumbre. ¿Por qué deberíamos dar importancia a esta posibilidad relativamente pequeña de catástrofe mundial?

El economista Nicholas Stern, que preparó un informe enciclopédico sobre el calentamiento global para el gobierno británico, proponía gastar un 1,5 por ciento del producto interior bruto global cada año —sería una factura de 1.200 billones de dólares— para combatir el problema.

Pero, como casi todos los economistas saben, la gente en general está poco dispuesta a gastar un montón de dinero para evitar un problema futuro, sobre todo si su probabilidad es tan incierta. Una buena razón para esperar es que en el futuro podríamos tener otras opciones para evitar el problema que costaran mucho menos que las actuales.

Aunque los economistas están entrenados para tener la suficiente sangre fría como para sentarse a discutir con calma los tejemanejes de una catástrofe global, el resto de nosotros somos un poco más excitables. Y la mayoría de las personas responden a la incertidumbre con más emoción —miedo, culpa, parálisis— de la que sería aconsejable. La incertidumbre, además, tiene la desagradable costumbre de hacernos conjurar las peores posibilidades (piense en la última vez que oyó un golpe fuera de su puerta en mitad de la noche). En el caso del calentamiento global, las peores posibilidades son literalmente bíblicas: mares desbordados, temperaturas infernales, sucesiones de plagas, caos en todo el planeta.

Es comprensible, pues, que el movimiento para detener el calentamiento global haya adoptado las características de una religión. La creencia básica es que la humanidad heredó un Edén inmaculado, ha pecado gravemente contaminándolo y ahora debe sufrir para que no perezcamos todos en un apocalipsis ardiente. James Lovelock, a quien se podría considerar un sumo sacerdote de esta religión, escribe en un lenguaje confesional que encajaría bien en cualquier liturgia: «Hemos hecho mal uso de la energía y superpoblado la Tierra [...] Es demasiado tarde para el desarrollo sostenible; lo que necesitamos es una retirada sostenible».

Lo de la «retirada sostenible» suena un poco a hacer penitencia. Para los ciudadanos del mundo desarrollado en particular, significaría consumir menos, usar menos, conducir menos... y aunque es de mala educación decirlo en voz alta, aprender a vivir con una despoblación gradual de la Tierra.

Si el movimiento conservacionista moderno tiene un santo patrón, ese es sin duda Al Gore, ex vicepresidente y reciente galardonado con el Nobel. Su película documental *Una verdad incómoda* convenció a millones de personas de los peligros del consumo excesivo. Desde entonces ha fundado la Alianza para la Protección del Clima, que se describe a sí misma como «un ejercicio de persuasión de masas sin precedentes». Su principal manifestación es una campaña de servicio público de 300 millones de dólares titulada «Nosotros», que exhorta a los norteamericanos a cambiar sus despilfarradoras costumbres.

Por otra parte, toda religión tiene sus herejes, y el calentamiento global no es una excepción. Boris Johnson, un periodista de formación clásica que llegó a ser alcalde de Londres, ha leído a Lovelock —dice que es «una figura sacerdotal»— y llegó a la siguiente conclusión: «Como todas las grandes religiones, el miedo al cambio climático satisface nuestra necesidad de culpa, nuestro mal concepto de nosotros mismos y esa eterna sensación humana de que el progreso tecnológico debe ser castigado por los dioses. Y el miedo al cambio climático es como una religión en un aspecto vital: que está envuelto en el misterio y uno no puede saber si sus actos de propiciación o aplacamiento han servido para algo».

Y así, mientras los buenos creyentes lloran la profanación de nuestro paraíso terrenal, los herejes señalan que este Edén, mucho antes de que llegaran los humanos, ya estuvo tan repleto de niebla de metano por causas naturales que quedó casi sin vida. Cuando Al Gore insta a la ciudadanía a renunciar a sus bolsas de plástico, a su aire acondicionado, a sus viajes al extranjero, los agnósticos murmuran que la actividad humana solo explica el 2 por ciento de las emisiones globales de dióxido de carbono y que el resto lo generan procesos naturales como la descomposición de las plantas.

Cuando se le quita el fervor religioso y la complejidad científica, en el núcleo del calentamiento global queda un problema increíblemente simple. Los economistas lo llaman con ingenuidad *externalidad*.

¿Qué es una externalidad? Es lo que ocurre cuando alguien realiza una acción, pero algún otro, sin estar de acuerdo, paga parte o todos los costes de dicha acción. Una externalidad es una versión económica de la tasación sin representación.

Si vive cerca de una fábrica de fertilizantes, en la dirección en que sopla el viento, el olor a amoníaco es una externalidad. Cuando sus vecinos dan una gran fiesta (y no tienen la cortesía de invitarle), el alboroto que arman es una externalidad. El humo de los cigarrillos ajenos es una externalidad, lo mismo que la bala perdida que un traficante de drogas dispara contra otro, pero que le da a un niño que juega en el parque.

Los gases de efecto invernadero considerados responsables del calentamiento global son básicamente externalidades. Cuando hace una hoguera en su patio trasero, no solo está tostando malvavisco. Está también emitiendo gases que, a su modesta manera, contribuyen a calentar el planeta. Cada vez que se pone al volante de un coche, o come una hamburguesa, o vuela en avión, está generando algunos subproductos que no paga usted.

Imagine un tipo llamado Jack que vive en una casa preciosa —se la construyó él mismo— y vuelve a casa del trabajo el primer día caluroso del verano. Lo único que quiere es descansar y refrescarse. Así que pone el aire acondicionado al máximo. Tal vez piense un momento en el dólar o dos que pagará de más en la próxima factura de la luz, pero el coste no es suficiente para disuadirle.

En lo que *no* piensa es en el humo negro de la central de energía que quema el carbón que calienta el agua que se convierte en vapor que mueve la turbina que hace funcionar el generador que produce la energía que enfría la casa que Jack construyó.

Tampoco pensará en los costes ambientales de extraer y transportar ese carbón, ni en los peligros que acarrea. Solo en Estados

Unidos, más de 100.000 mineros del carbón murieron en el trabajo durante el siglo pasado, y otros 200.000 murieron tiempo después de enfermedades pulmonares. Eso son externalidades. Gracias a Dios, las muertes de mineros han caído en picado en Estados Unidos, hasta una media actual de unos 36 al año. Pero si Jack viviera en China, la externalidad mortal sería mucho mayor: en China mueren al menos 3.000 mineros del carbón cada año.

Es difícil culpar a Jack por no pensar en las externalidades. La tecnología moderna es tan hábil que con frecuencia enmascara los costes asociados con nuestro consumo. No hay nada visiblemente sucio en la electricidad que hace funcionar el aparato de aire acondicionado de Jack. Aparece por arte de magia, como salida de un cuento de hadas.

Si solo hubiera unos pocos Jacks en el mundo, o incluso unos cuantos millones, a nadie le importaría. Pero como la población mundial se acerca a los 7.000 millones, todas esas externalidades se acumulan. ¿Y quién va a pagar por ellas?

En principio, no debería ser un problema difícil. Si supiéramos cuánto le cuesta a la humanidad cada vez que alguien llena un depósito de gasolina, podríamos imponerle al conductor un impuesto de esa magnitud. El impuesto no le convencería necesariamente de que debe cancelar su viaje, ni tiene por qué hacerlo. El objetivo del impuesto es asegurarse de que el conductor carga con todos los costes de sus acciones (o, en la jerga de los economistas, *internaliza la externalidad*).

Los ingresos obtenidos con estos impuestos se podrían repartir después entre las personas que sufren los efectos del cambio climático: la gente que vive en las tierras bajas de Bangladesh, por ejemplo, que quedarían inundadas si el nivel de los océanos subiera de repente. Si elegimos exactamente el impuesto correcto, los ingresos podrían compensar de manera adecuada a las víctimas del cambio climático.

Pero cuando se trata de resolver *en la realidad* las externalidades del cambio climático a base de impuestos, lo único que podemos decir es «buena suerte». Además de los impedimentos obvios —como determinar la cuantía exacta del impuesto y conseguir que alguien lo recaude—, está el hecho de que los gases de efecto invernadero no respetan las fronteras nacionales. La atmósfera de la Tierra está en constante y complejo movimiento, lo que significa que sus emisiones se hacen mías, y las mías suyas. Resultado: calentamiento global.

Si, por ejemplo, Australia decidiera de la noche a la mañana eliminar sus emisiones de carbono, esa gran nación no disfrutaría de los beneficios de su costosa y dolorosa conducta, a menos que todas las demás siguieran su ejemplo. Y ninguna nación tiene derecho a decirle a otra lo que tiene que hacer. En los últimos años, Estados Unidos ha intentado esporádicamente reducir sus emisiones. Pero cuando se intenta que China o la India hagan lo mismo, no se puede culpar a estos países por decir *Oye, tú tuviste vía libre para llegar a ser una superpotencia industrial. ¿Por qué no la vamos a tener nosotros?*

Cuando a la gente no se la obliga a pagar todos los costes de sus acciones, tiene pocos incentivos para cambiar de conducta. Cuando las grandes ciudades del mundo estaban ahogándose en estiércol de caballo, la gente no se pasó al automóvil porque fuera bueno para la sociedad; lo hizo porque convenía a sus intereses económicos. Ahora se le pide a la gente que cambie de conducta, no por interés propio, sino más bien por altruismo. Esto podría hacer que el calentamiento global parezca un problema sin solución a menos que —y con esto cuenta Al Gore— la gente esté dispuesta a dejar a un lado su propio interés y hacer lo correcto aunque ello suponga un coste personal. Gore está apelando a nuestro altruismo, a nuestros ángeles interiores que odian las externalidades.

Hay que tener en cuenta que las externalidades no siempre son tan obvias como parecen.

Para impedir que les roben sus coches en la calle, muchas personas bloquean el volante con un artefacto llamado barra antirrobo. La barra es grande y muy visible (hasta las hay en rosa fosforescente). Al utilizar una barra antirrobo, está diciéndole explícitamente a un ladrón en potencia que su coche será difícil de robar. La señal *implícita*, mientras tanto, es que el coche de su vecino —el que no tiene barra antirrobo— es un objetivo mucho mejor. Y así su barra antirrobo produce una externalidad negativa para su vecino sin barra, en forma de un mayor riesgo de que le roben *su* coche. La barra antirrobo es un ejercicio perfecto de interés propio.

Un aparato llamado LoJack, en cambio, es en muchos aspectos lo contrario de la barra. Es un pequeño transmisor de radio, no mucho más grande que una baraja, oculto en el coche o debajo de él, donde el ladrón no pueda verlo. Pero si el coche es robado, la policía puede activar a distancia el transmisor y seguir su señal hasta el coche.

A diferencia de la barra antirrobo, el LoJack no impide que un ladrón le robe el coche. Así que ¿por qué molestarse en instalarlo?

Para empezar, le ayuda a recuperar el coche, y deprisa. Cuando le han robado el coche, la rapidez es importante. Si su coche ha estado desaparecido más de unos cuantos días, generalmente ya *no quiere* recuperarlo, porque lo más probable es que esté desguazado. Pero aunque usted no quiera ya que encuentren su coche, su compañía de seguros sí quiere. Así que una segunda razón para instalar el LoJack es que los aseguradores le harán un descuento. Pero tal vez la mejor razón es que el LoJack hace que sea divertido que le roben el coche.

Hay cierta emoción en rastrear un coche equipado con Lo-Jack, como si hubiéramos soltado a los perros. La policía se pone en marcha al instante, sigue la señal de radio y atrapa al ladrón antes de que este se entere de lo que está ocurriendo. Si tiene suerte, hasta puede que haya llenado el depósito por usted.

Muchos coches robados acaban en talleres de desguace, minifábricas clandestinas que extraen las partes más valiosas y convierten el resto en chatarra. La policía tiene dificultades para erradicar estas actividades... es decir, las tenía hasta que apareció el LoJack. Ahora la policía se limita a seguir la señal de radio y casi siempre encuentra el desguace clandestino.

La gente que lleva estos desguaces no es tonta, claro. En cuanto se dan cuenta de lo que está pasando, cambian de procedimiento. El ladrón, en lugar de llevar el coche directamente al taller, lo deja en un aparcamiento unos cuantos días. Si el coche ha desaparecido cuando él regresa, sabe que tenía un LoJack. Si no, supone que es seguro llevarlo al taller de desguace.

Pero tampoco la policía es tonta. Cuando encuentra un coche robado en un aparcamiento, puede decidir no llevárselo de inmediato y vigilar el vehículo hasta que regresa el ladrón, que los guiará hasta el taller de desguace.

¿Hasta qué punto el LoJack ha complicado la vida a los ladrones de coches?

Por cada punto que aumenta el porcentaje de coches de una ciudad que tienen instalado el LoJack, la tasa general de robos disminuye un 20 por ciento. Dado que el ladrón no puede saber qué coches llevan LoJack, está menos dispuesto a jugársela con un coche cualquiera. El LoJack es relativamente caro, unos 700 dólares, lo que significa que no es demasiado popular: está instalado en menos del 2 por ciento de los coches nuevos. Aun así, estos coches crean algo raro y maravilloso —una externalidad *positiva*— para todos los conductores que son demasiado tacaños para comprar un LoJack, porque protege también sus coches.

Efectivamente: no todas las externalidades son negativas. Los buenos colegios públicos crean externalidades positivas, porque todos nos beneficiamos de una sociedad de personas bien educadas (y además hacen subir el valor de las casas). Los cultivadores de fruta y los criadores de abejas crean externalidades positivas los unos para los otros: los árboles frutales proporcionan polen gratuito a las abejas, y estas polinizan los árboles frutales, también gratis. Por eso los apicultores y los fruticultores suelen instalarse unos junto a otros.

Una de las externalidades positivas más improbables que se conocen vino camuflada en un desastre natural.

En 1991, una montaña erosionada y boscosa de la isla filipina de Luzón empezó a rugir y a escupir cenizas sulfúricas. Resultó que el viejo y querido monte Pinatubo era un volcán latente. Los campesinos y habitantes urbanos de la zona se resistían a evacuarla, pero los geólogos, sismólogos y vulcanólogos que acudieron a toda prisa acabaron convenciendo a la mayoría de que se marcharan.

Y menos mal que lo hicieron: el 15 de junio, el Pinatubo hizo erupción durante nueve furiosas horas. Las explosiones fueron tan tremendas que la cima de la montaña se hundió sobre sí misma, formando lo que se llama una caldera, un enorme cráter en forma de olla, con la nueva cima 250 metros más abajo que la cumbre original. Y eso no fue lo peor: la zona fue azotada al mismo tiempo por un tifón. Según una crónica, el cielo vertió «fuertes lluvias y cenizas con fragmentos de piedra pómez del tamaño de pelotas de golf». Murieron unas 250 personas, sobre todo por hundimiento de tejados, y en los días siguientes perecieron más a causa de las avalanchas de barro. Aun así, gracias a los avisos de los científicos, la cifra de muertos fue relativamente baja.

La del monte Pinatubo fue la erupción volcánica más potente en casi cien años. A las dos horas de la principal explosión, las cenizas sulfúricas habían ascendido a 35 kilómetros de altura. Cuando terminó la erupción, el Pinatubo había descargado más de 20 millones de toneladas de dióxido de azufre en la estratosfera. ¿Qué efecto tuvo eso en el ambiente?

Pues resultó que la nube estratosférica de dióxido de azufre actuó como una especie de sombrilla, reduciendo la cantidad de radiación solar que llegaba a la Tierra. Durante los dos años siguientes, mientras la nube de polvo iba asentándose, la Tierra se enfrió medio grado centígrado por término medio. Una sola erupción volcánica prácticamente invirtió, aunque fuera de manera temporal, el calentamiento global acumulativo de los cien años anteriores.

El Pinatubo generó además otras externalidades positivas. Los bosques del mundo crecieron con más vigor, porque los árboles prefieren recibir luz solar un poco difusa. Y todo aquel dióxido de azufre en la estratosfera dio lugar a algunas de las puestas de sol más bellas que se han visto jamás.

Por supuesto, lo que llamó la atención de los científicos fue el enfriamiento global. Un artículo publicado en *Science* llegaba a la conclusión de que una erupción como la del Pinatubo cada pocos años «contrarrestaría gran parte del calentamiento antropogénico esperado para el próximo siglo».

Hasta James Lovelock estaba de acuerdo en esto: «Podría salvarnos —escribió— algún suceso inesperado, como una serie de erupciones volcánicas lo bastante fuertes para bloquear la luz solar y enfriar la Tierra. Pero solo los perdedores apostarían sus vidas con una probabilidad tan baja».

Ciertamente, puede que haya que ser un perdedor, o al menos un tonto, para creer que se puede persuadir a un volcán de que escupa al cielo sus efluvios protectores a intervalos convenientes. Pero ¿y si algunos tontos creen que tal vez el Pinatubo pudiera servir como modelo para detener el calentamiento global? ¿La misma clase de tontos que, por ejemplo, pensaron hace tiempo que las mujeres *no tenían que morir* al dar a luz, o que el hambre en el mundo *no* estaba predestinada? Y ya puestos, ¿podrían de paso hacer que su solución fuera fácil y barata?

Y de ser así, ¿dónde podríamos encontrar a esos tontos?

En una zona nada destacada de Bellevue, Washington, un suburbio de Seattle, se alza una serie de edificios nada destacados. Hay una empresa de calefacción y aire acondicionado, un constructor de barcos, una empresa que fabrica baldosas de mármol y otro edificio que antes era un taller de reparaciones de motos Harley-Davidson. Este último es una estructura sin ventanas y sin ningún encanto, de unos 1.800 metros cuadrados, cuyo ocupante está identificado solo por una hoja de papel pegada a la puerta de cristal. En ella reza «Intellectual Ventures» (IV).

Dentro se encuentra uno de los laboratorios más insólitos del mundo. Hay tornos y moldeadoras, impresoras en 3D y muchos ordenadores muy potentes, claro, pero también hay un insectario donde se crían mosquitos para poder meterlos en una pecera vacía y matarlos con un láser desde más de 30 metros de distancia. Este experimento está pensado para combatir la malaria. La enfermedad solo la propagan las hembras de ciertas especies de mosquitos, y el sistema rastreador del láser identifica a las hembras por su frecuencia de aleteo —baten las alas más despacio que los machos porque son más pesadas— y las fulmina.

Intellectual Ventures es una empresa de inventos. El laboratorio, además de todo el equipo, cuenta con un grupo de cerebros de primera fila: todo tipo de científicos y solucionadores de problemas. Inventan procesos y productos y después solicitan las patentes, más de 500 al año. La empresa también adquiere patentes a inventores de fuera, desde empresas que figuran en la lista de *Fortune* hasta genios solitarios que trabajan en sótanos. IV funciona más o menos como una cooperativa privada, reuniendo capital para inversión y pagando dividendos cuando obtiene las patentes. En la actualidad, la empresa controla más de 20.000 patentes, más que cualquier empresa del mundo, con excepción de unas pocas decenas. Esto ha llevado a algunos descontentos a decir que IV es un «acaparador de patentes», que acumula patentes para poder extorsionar dinero a otras empresas, recurriendo a los tribunales si es necesario. Pero hay muy pocas evidencias de estos cargos. Una versión más realista sería que IV ha creado el primer mercado masivo de propiedad intelectual.

Su jefe es un hombre sociable llamado Nathan, el mismo Nathan que conocimos hace poco, ese que piensa debilitar los huracanes sembrando en el océano neumáticos de camión con faldones. Sí, ese aparato es un invento de IV. En la empresa lo llaman el sumidero Salter, porque hunde el agua cálida de la superficie y fue una idea original de Stephen Salter, un prestigioso ingeniero británico que lleva décadas trabajando para aprovechar la energía de las olas marinas.

A estas alturas, ya debe ser evidente que Nathan no es un simple inventor de fin de semana. Es Nathan Myhrvold, ex director tecnológico de Microsoft. En el año 2000 creó IV con Edward Jung, biofísico y antiguo jefe de arquitectura de software de Microsoft. Myhrvold ejercía múltiples funciones en Microsoft: futurólogo, estratega, fundador del laboratorio de investigación y confidente en jefe de Bill Gates. «No conozco a nadie de quien pueda decir que es más inteligente que Nathan», comentó Gates en una ocasión.

Myhrvold, que tiene cincuenta años, lleva mucho tiempo siendo inteligente. Se crió en Seattle, terminó el instituto a los catorce años, y a los veintitrés ya tenía una licenciatura en matemáticas, dos másters (en geofísica/física espacial y en economía matemática) y un doctorado (en física matemática), realizados principalmente en la UCLA y en Princeton. Después fue a la Universidad de Cambridge para investigar cosmología cuántica con Stephen Hawking.

Myhrvold recuerda que de niño veía la serie británica de televisión *Dr. Who*: «El doctor se presentaba a alguien, que decía: "¿Doctor? ¿Es usted alguna clase de científico?".Y el doctor decía: "Señor, soy *toda* clase de científico".Y yo saltaba:"¡Sí! *¡Sí!* ¡Eso es lo que yo quiero ser! *¡Toda* clase de científico!».

Es tan polifacético que hace que un polifacético normal tiemble de vergüenza. Además de sus intereses científicos, es un experto fotógrafo de la naturaleza, cocinero, escalador y coleccionista de libros raros, motores de cohetes, instrumentos científicos antiguos y, sobre todo, huesos de dinosaurios: es codirector de un proyecto que ha sacado a la luz más esqueletos de *T. rex* que nadie en el mundo. Es también —y algo tendrá que ver con sus hobbies— muy rico. En 1999, cuando dejó Microsoft, figuraba en la lista Forbes de los 400 americanos más ricos.

Al mismo tiempo —y así es como Myhrvold ha conseguido *seguir siendo* rico— es famoso por su tacañería. Cuando recorre el laboratorio de IV señalando sus instrumentos y aparatos favoritos, su mayor orgullo lo reserva para los artículos que compró en eBay o en liquidaciones por quiebra. Aunque Myhrvold comprende la complejidad tan bien como el que más, es un firme creyente en que las soluciones deberían ser baratas y simples siempre que se pueda.

En la actualidad, él y sus colaboradores están trabajando, entre otros proyectos, en: un motor de combustión interna mejor, una manera de reducir la fricción de los aviones y aumentar así la eficiencia del combustible, y un nuevo tipo de central nuclear que mejore radicalmente el futuro de la producción eléctrica mundial. Aunque muchas de sus ideas son solo eso, ideas, algunas ya han empezado a salvar vidas. La compañía ha inventado un proceso con el que un neurocirujano que intenta reparar un aneurisma puede enviar a IV los datos de una tomografía del cerebro del paciente, que se introducen en una impresora 3D que a su vez produce un modelo de plástico del aneurisma a tamaño natural. El modelo se envía al cirujano, que puede hacer un plan detallado de cómo atacar el aneurisma *antes* de abrir el cráneo del paciente.

Hace falta una saludable dosis de arrogancia colectiva para que un pequeño grupo de científicos e ingenieros piense que pueden afrontar a la vez muchos de los problemas más difíciles del mundo. Por suerte, estos tipos tienen la cantidad necesaria. Ya han enviado satélites a la Luna, ayudado a defender a Estados Unidos de un ataque con misiles y, mediante avances informáticos, cambiado la manera de funcionar del mundo. (Bill Gates no solo invierte en IV, sino que además es inventor ocasional; el láser fulminador de mosquitos es consecuencia de su filantrópico empeño en erradicar la malaria.) También han realizado trascendentales investigaciones científicas en muchos campos, incluyendo la climatología.

Así que solo era cuestión de tiempo que empezaran a pensar en el calentamiento global. El día en que visitamos IV, Myhrvold había convocado aproximadamente a una decena de colaboradores para hablar del problema y sus posibles soluciones. Se sentaron alrededor de una mesa de conferencias ovalada, con Myhrvold cerca de uno de los extremos.

Son un cónclave de brujos, y sin duda Myhrvold es su Harry Potter. Durante las diez horas siguientes, alimentado por una cantidad asombrosa de refresco light, sondeó, amplificó, interrumpió y desafió.

Todos los presentes estaban de acuerdo en que la Tierra se ha estado calentando, y en general sospechaban que la actividad humana tiene algo que ver con ello. Pero también estaban de acuerdo en que la retórica típica sobre el calentamiento global en los medios y en los círculos políticos es exagerada y simplificada en exceso. Demasiados informes, dice Myhrvold, están hechos por gente «a la que se le suben los humos y dice que nuestra especie va a ser exterminada».

¿Lo cree él?

«Probablemente, no.»

Cuando se menciona *Una verdad incómoda*, en la mesa estalla un mar de gruñidos. El objetivo de la película, cree Myhrvold, era «hacer que la gente se cague de miedo». Aunque Al Gore «técnicamente no miente», dice, algunas de las posibilidades de pesadilla que Gore describe —el estado de Florida desapareciendo bajo el nivel del mar, por ejemplo— «no tienen ninguna base en la realidad física, en ningún plazo razonable de tiempo. Ningún modelo climático predice que ocurrirán».

Pero también la comunidad científica tiene su parte de culpa. La actual generación de modelos de predicción del clima es, según palabras de Lowell Wood, «enormemente rudimentaria». Wood es un corpulento y espectacularmente parlanchín astrofísico de sesenta y tantos años que se da un aire a un Ignatius P. Reilly cuerdo. Hace mucho tiempo, Wood fue el mentor académico de Myhrvold. (A su vez, Wood fue un protegido del físico Edward Teller.) Myhrvold opina que Wood es uno de los hombres más inteligentes del universo. A primera vista, Wood parece saber mucho de prácticamente todo: la tasa de deshielo en Groenlandia (80 kilómetros cúbicos al año), el porcentaje de centrales energéticas chinas no homologadas que entraron en funcionamiento el año pasado (un 20 por ciento), el número de veces que las células cancerígenas recorren el torrente sanguíneo antes de establecerse y formar una metástasis («hasta un millón»).

Wood ha conseguido muchos logros científicos trabajando en universidades, empresas privadas y para el gobierno de Estados

Unidos. Fue a Wood a quien se le ocurrió el sistema de asesinato de mosquitos con láser, que, si parece vagamente familiar, es porque Wood trabajó también en el proyecto «Guerra de las Galaxias» de defensa con misiles en el Laboratorio Nacional Lawrence Livermore, del que se retiró hace poco. (De combatir misiles nucleares soviéticos a mosquitos transmisores de malaria: ¡eso sí que es una ganancia para la paz!)

Hoy, en la reunión de IV, Wood lleva una camisa de manga corta con estampado multicolor y corbata a juego.

«Los modelos climáticos son rudimentarios en cuestión de espacio y rudimentarios en cuestión tiempo —continúa—. Hay una enorme cantidad de fenómenos naturales que no pueden predecir. No pueden hacerlo ni con tormentas gigantes como los huracanes.»

Esto es así por varias razones, explica Myhrvold. Los modelos actuales utilizan una cuadrícula de celdillas para cartografiar la tierra, y estas plantillas son demasiado grandes para hacer un modelo real del tiempo. Para hacer unas plantillas más pequeñas y precisas se necesitaría un software más avanzado, que a su vez requeriría más potencia en los ordenadores. «Estamos intentando predecir el cambio climático de aquí a veinte o treinta años —dice—, pero se tardaría casi el mismo tiempo en que la industria informática nos proporcionara ordenadores lo bastante rápidos para hacer el trabajo.»

Dicho esto, la mayoría de los modelos climáticos actuales tienden a producir predicciones similares. Esto podría llevarnos a la razonable conclusión de que los climatólogos tienen bastante bien calado el futuro.

Pues no, dice Wood.

«Todo el mundo hace girar los mandos —es decir, ajusta los parámetros de control y los coeficientes de sus modelos— para no salirse de la norma, porque el modelo que se salga tendrá dificultades para obtener subvenciones.» En otras palabras, la realidad económica de la financiación de las investigaciones, y no un consenso científico desinteresado y no coordinado, es lo que hace que los modelos coincidan aproximadamente unos con otros. No es que haya que hacer caso omiso de los actuales modelos climáticos, dice Wood, pero cuando se está considerando el destino del planeta, habría que apreciar debidamente su carácter limitado.

A medida que Wood, Myhrvold y los demás científicos discuten las diversas hipótesis convencionales acerca del calentamiento global, pocas de ellas quedan indemnes, si es que queda alguna.

¿El énfasis en el dióxido de carbono? «Erróneo», dice Wood.

¿Por qué?

«Porque el dióxido de carbono no es el principal gas de efecto invernadero. El principal gas de efecto invernadero es el vapor de agua». Pero los modelos climáticos actuales «no saben cómo manejar el vapor de agua y los diversos tipos de nubes. Es el elefante en el rincón de la habitación. Espero que tengamos buenas cifras acerca del vapor de agua para 2020, aproximadamente.»

Myhrvold cita un artículo reciente que afirma que el dióxido de carbono puede tener poco que ver con el calentamiento reciente. En cambio, toda la contaminación con partículas pesadas que hemos generado en décadas anteriores parece haber *enfriado* la atmósfera velando el sol. Ese fue el enfriamiento global que llamó la atención de los científicos en los años setenta. La tendencia empezó a invertirse cuando empezamos a limpiar el aire.

«Así que la mayor parte del calentamiento observado en las últimas décadas —dice Myhrvold— podría deberse en realidad a la *buena administración ambiental.*»

No hace muchos años, a los niños se les enseñaba en los colegios que el dióxido de carbono es la sustancia natural vital para las plantas, como el oxígeno para nosotros. En la actualidad, es muy probable que los niños piensen que el dióxido de carbono es un veneno. Esto se debe a que la cantidad de dióxido de carbono en la atmósfera ha aumentado mucho en los cien últimos años, de unas 280 partes por millón a 380.

Pero lo que la gente no sabe, dicen los científicos de IV, es que el nivel de dióxido de carbono hace unos 80 millones de años —cuando estaban evolucionando nuestros antepasados mamíferos— era de al menos *mil* partes por millón. De hecho, esa es la concentración de dióxido de carbono que se respira habitualmente si trabajas en un edificio de oficinas nuevo, energéticamente eficiente, porque ese es el nivel establecido por el equipo de ingenieros que fija los criterios para los sistemas de calefacción y ventilación.

Así que no solo el dióxido de carbono no es venenoso, sino que los cambios en los niveles de dióxido de carbono no reflejan necesariamente la actividad humana. Además, el dióxido de carbono atmosférico no necesariamente calienta la Tierra: la evidencia de los casquetes polares indica que en los últimos miles de años, los niveles de dióxido de carbono han aumentado *después* de que subieran las temperaturas, y no al revés.

Al lado de Myhrvold se sienta Ken Caldeira, un hombre de voz suave con cara de niño y una aureola de pelo rizado. Dirige un laboratorio de ecología en Stanford para la Institución Carnegie. Caldeira es uno de los climatólogos más prestigiosos del mundo, y sus investigaciones son citadas con aprobación por los ambientalistas más fervientes. Él y un coautor inventaron la expresión «acidificación marina», que describe el proceso por el que los mares absorben tanto dióxido de carbono que está poniendo en peligro a los corales y otros organismos de aguas poco profundas. También ha contribuido a las investigaciones del Panel Intergubernamental sobre el Cambio Climático, que compartió con Al

Gore el premio Nobel de la Paz en 2007 por hacer sonar la alarma acerca del calentamiento global. (Sí, Caldeira tiene un certificado del Nobel.)

Si conociera a Caldeira en una fiesta, probablemente lo situaría en el campo de los ambientalistas fervientes. Estudió filosofía en la universidad, por el amor de Dios, y su mismo nombre —una variante de *caldera*, el cráter en forma de olla de un volcán— lo relaciona con el mundo natural. En su juventud (ahora tiene cincuenta y tres años) fue un furibundo activista medioambiental y pacifista en todos los frentes.

Caldeira está completamente convencido de que la actividad humana es responsable de parte del calentamiento global, y es más pesimista que Myhrvold en lo referente a los efectos del clima futuro sobre la humanidad. Cree que «estamos siendo increíblemente insensatos emitiendo dióxido de carbono» como hacemos en la actualidad. Pero sus estudios le dicen que el dióxido de carbono no es el verdadero villano de esta guerra. Para empezar, como gas de efecto invernadero, no es particularmente eficiente. «El doble de dióxido de carbono atrapa menos del 2 por ciento de la radiación saliente emitida por la Tierra», dice. Además, el dióxido de carbono atmosférico se rige por la ley de efectos decrecientes: cada gigatonelada añadida al aire tiene menos impacto que la anterior en la radiación.

Caldeira menciona un estudio que él realizó acerca del impacto de altos niveles de dióxido de carbono en la vida vegetal. Aunque las plantas obtienen el agua del suelo, su alimento —es decir, el dióxido de carbono— lo toman del aire.

«Las plantas pagan muy caro el dióxido de carbono —interviene Lowell Wood—. Una planta tiene que bombear del suelo cien veces más agua que el dióxido de carbono que capta del aire, considerando la proporción entre moléculas perdidas y moléculas ganadas. La mayoría de las plantas, sobre todo durante la parte activa de la estación de crecimiento, sufren escasez de agua. Les cuesta sangre obtener su alimento.»

Así que un aumento del dióxido de carbono significa que las plantas necesitan menos agua para crecer. ¿Y qué ocurre con la productividad?

El estudio de Caldeira demostró que si se duplica la cantidad de dióxido de carbono manteniendo estables todas las demás entradas —agua, nutrientes, etc.—, se obtiene un aumento del 70 por ciento en el crecimiento de la planta, un beneficio obvio para la productividad agrícola.

«Por eso la mayoría de los invernaderos hidropónicos comerciales refuerzan el dióxido de carbono —dice Myhrvold—. Y lo normal es que funcionen a 1.400 partes por millón.»

«Hace veinte mil años —dice Caldeira—, los niveles de dióxido de carbono eran más bajos, el nivel del mar era más bajo, y los árboles estaban casi en un estado de asfixia por falta de dióxido de carbono. No hay nada especial en el nivel actual de dióxido de carbono, ni en el nivel actual del mar, ni en las temperaturas actuales. Lo perjudicial son los cambios *rápidos*. En general, el aumento de dióxido de carbono es probablemente *bueno* para la biosfera; solo que está aumentando demasiado deprisa.»

Los caballeros de IV aportan nuevos ejemplos de creencias erróneas sobre el calentamiento global.

La subida del nivel del mar, por ejemplo, «no se debe principalmente al deshielo de los glaciares —dice Wood, por muy útil que pueda ser esta imagen para los activistas ambientales. La verdad es mucho menos sexy—. Se debe principalmente al calentamiento del agua; es decir, a la dilatación térmica del agua del mar al calentarse».

El nivel de los mares *está* subiendo, dice Wood... y ha estado subiendo desde hace unos 12.000 años, desde el final del último período glacial. Ahora los océanos están unos 130 metros más altos, pero la mayor parte de esta subida se dio en los primeros mil años. Durante el siglo pasado, el nivel del mar subió menos de 20 centímetros.

En cuanto al futuro: en lugar de la catastrófica subida de nueve metros que algunos han pronosticado para el próximo siglo —¡adiós, Florida!—, Wood comenta que la literatura más autorizada sobre la cuestión sugiere una subida aproximada de 45 centímetros para 2100. Esto es mucho menos que la variación de las mareas que tiene lugar dos veces al día en casi todas las localidades costeras. «Por eso se hace un poco difícil —dice— entender en qué consiste la crisis de la que hablan.»

Caldeira, con una especie de mirada lastimera en los ojos, menciona un problema ambiental de lo más sorprendente: los árboles. Sí, los árboles. A pesar de lo mucho que le gusta a Caldeira la vida vegetal —su despacho en Stanford está refrescado por una cámara con neblina de agua, y no con aire acondicionado—, sus investigaciones han descubierto que plantar árboles en ciertos lugares acentúa el calentamiento, porque las hojas relativamente oscuras absorben más luz solar que, por ejemplo, las praderas, los desiertos de arena o las extensiones cubiertas de nieve.

Y, por otra parte, hay un dato sobre el calentamiento global del que se habla muy poco; aunque los tambores fúnebres han estado sonando cada vez más fuertes durante los últimos años, en realidad la temperatura global media ha *descendido* durante este tiempo.

En la penumbra de la sala de conferencias, Myhrvold proyecta una diapositiva que resume las opiniones de IV sobre la actual lista de soluciones propuestas para el calentamiento global. La diapositiva dice:

- Demasiado poco
- Demasiado tarde
- Demasiado optimista

Demasiado poco significa que los esfuerzos de conservación típicos no representarán mucha diferencia. «Si crees que hay un problema que vale la pena resolver —dice Myhrvold—, estas soluciones no van a bastar para resolverlo. La energía eólica y casi todas las demás energías alternativas están muy bien, pero no llegan al nivel suficiente. En estos momentos, los parques eólicos son fundamentalmente un plan subvencionado por el gobierno.» ¿Y qué hay del amado Prius y otros vehículos de baja emisión? «Son estupendos —dice—, solo que el transporte no es un sector tan grande.»

Además, el carbón es tan barato que intentar generar energía sin él sería un suicidio económico, sobre todo para los países en vías de desarrollo. Myhrvold argumenta que los acuerdos basados en cuotas, en los que se pone un límite máximo a las emisiones según el coste, no pueden servir de mucho, en parte porque ya es...

Demasiado tarde. El semiperíodo del dióxido de carbono atmosférico es de aproximadamente cien años, y parte de él permanece en la atmósfera miles de años. Así pues, aunque la humanidad dejara inmediatamente de quemar combustibles fósiles, el dióxido de carbono existente seguiría en la atmósfera durante varias generaciones. Imaginemos que Estados Unidos (y tal vez Europa) se convierten milagrosamente de la noche a la mañana y pasan a ser sociedades de cero emisiones carbónicas. Supongamos a continuación que convencen a China (y tal vez a la India) de que destruyan todas las centrales energéticas en las que se quema carbón, y también los camiones diésel. En lo referente al dióxido de carbono atmosférico, puede que esto no importara mucho.

Y por cierto, esa sociedad de cero emisiones carbónicas con la que soñaba es algo…

Demasiado optimista. «Muchas cosas que la gente dice que serían buenas probablemente no lo son —dice Myhrvold, citando de ejemplo la energía solar—. El problema de los paneles solares es que son negros, porque están diseñados para absorber la luz del sol. Pero solo un 12 por ciento se transforma en electricidad, y el resto se vuelve a irradiar en forma de calor… que contribuye al calentamiento global.»

Aunque una reconversión general a la energía solar pueda parecer atractiva, la realidad es engañosa. La energía consumida en construir los miles de nuevas plantas solares necesarias para sustituir a las centrales que queman carbón y otros combustibles generaría una enorme «deuda de calentamiento» a largo plazo, como la llama Myhrvold. «Con el tiempo, tendríamos una gran infraestructura que no emitiría carbono, pero solo después de empeorar cada año las emisiones y el calentamiento global hasta que hubiéramos terminado de construir las centrales solares, lo que podría tardar de treinta a cincuenta años.»

Esto no significa que haya que dejar de lado el problema de la energía. Por eso IV —y otros inventores en todo el mundo— están buscando el santo grial: formas de energía más baratas y más limpias.

Pero desde el punto de vista de la atmósfera, la energía representa lo que podríamos llamar el problema de las entradas. ¿Y qué hay del problema de las *salidas*? ¿Y si los gases de efecto invernadero que ya hemos emitido provocan un desastre ecológico?

Myhrvold no desconoce esta posibilidad. Probablemente ha pensado en estos escenarios con más detalle científico que ningún agorero climático: el derretimiento de las enormes placas de hielo de Groenlandia o la Antártida; la liberación de enormes cantidades de metano debida al deshielo del permafrost ártico; y tal como él lo describe, «la ruptura del sistema de circulación termohalina en el Atlántico Norte, que pondría fin a la corriente del Golfo».

¿Y qué pasa si resulta que los agoreros tienen razón? ¿Y si es cierto que la tierra *se está* calentando peligrosamente, ya se deba a nuestra prodigalidad con los combustibles fósiles o a algún ciclo climático natural? No querremos esperar a cocernos en nuestro propio jugo, ¿verdad?

En 1980, cuando Myhrvold era estudiante en Princeton, el monte Saint Helens entró en erupción en el estado de Washington. Aunque estaba a casi 5.000 kilómetros de distancia, Myhrvold vio una fina capa de ceniza acumulándose en el alféizar de su ventana. «Es difícil no pensar en el polvo volcánico cuando está cayendo en tu propia alcoba —dice—, aunque, para ser sincero, mi habitación estaba hecha un asco en otros muchos aspectos.»

Ya de niño, a Myhrvold le fascinaban los fenómenos geofísicos —volcanes, manchas solares y fenómenos por el estilo— y su historial de influir en el clima. La Pequeña Edad del Hielo le intrigó tanto que obligó a su familia a visitar la punta norte de Terranova, donde se dice que acamparon Leif Eriksson y sus vikingos mil años atrás.

La relación entre los volcanes y el clima no es una idea nueva. Otro sabio polifacético, Benjamin Franklin, escribió lo que parece ser el primer artículo científico sobre el tema. En «Imaginaciones y conjeturas meteorológicas», publicado en 1784, Franklin sostenía que las recientes erupciones volcánicas en Islandia habían sido la causa de un invierno particularmente duro y un verano fresco, con «nieblas constantes en toda Europa y gran parte de Norteamérica». En 1815, la gigantesca erupción del monte Tambora en Indonesia provocó «el año sin verano», un desastre de alcance mundial que acabó con cultivos, ocasionó una hambruna generalizada y disturbios por los alimentos, e hizo que nevara en Nueva Inglaterra hasta junio.

Tal como dice Myhrvold: «Todos los volcanes verdaderamente culogordos tienen efectos climáticos».

En todo el mundo hay volcanes que entran en erupción constantemente, pero los «verdaderamente culogordos» son escasos. Si no lo fueran… bueno, probablemente no estaríamos aquí para preocuparnos por el calentamiento global. El antropólogo Stanley Ambrose ha sugerido que una superexplosión volcánica ocurrida en el lago Toba (Sumatra) hace unos 70.000 años bloqueó de tal manera la luz del sol que inició un período glacial que casi aniquiló al *Homo sapiens*.

Lo que distingue un volcán gordo no es solo la cantidad de materia que expulsa, sino adónde va a parar lo expulsado. El volcán tipo lanza dióxido de azufre a la troposfera, la capa atmosférica más cercana a la superficie de la Tierra. Esto es similar a lo que hace una central energética que quema carbón con sus emisiones sulfurosas. En ambos casos, el gas solo permanece en el aire aproximadamente una semana y después cae al suelo en forma de lluvia ácida, por lo general a unos cientos de kilómetros de su origen.

Pero un volcán «culogordo» dispara el dióxido de azufre a mucha más altura, hasta la estratosfera. Esta es la capa de atmósfera que comienza a unos 11 kilómetros de la superficie de la Tierra, o 9,5 kilómetros en los polos. Por encima de esta altitud, hay un cambio drástico en diversos fenómenos atmosféricos. El dióxido de azufre, en lugar de regresar pronto a la superficie terrestre, absorbe vapor de agua de la estratosfera y forma una nube de partículas aerosol que circula con rapidez, cubriendo la mayor parte del planeta. En la estratosfera, el dióxido de azufre puede permanecer un año o más, afectando así al clima global.

Esto fue lo que ocurrió en 1991 cuando el monte Pinatubo entró en erupción en las Filipinas. El Pinatubo hizo que el monte Saint Helens pareciera un estornudo; lanzó a la estratosfera más dióxido de azufre que ningún otro volcán desde el Krakatoa, más de un siglo antes. En el período transcurrido entre estas dos erupciones, el estado de la ciencia había progresado considerablemente. Un grupo internacional de científicos montaba guardia ante el Pinatubo, equipado con tecnología moderna para registrar todos los datos que se pudieran medir. Los efectos atmosféricos del Pinatubo eran innegables: disminución del ozono, luz solar más difusa y, sí, un descenso consistente de la temperatura global.

Por entonces, Nathan Myhrvold estaba trabajando en Microsoft, pero todavía seguía la literatura científica sobre fenómenos geofísicos. Tomó nota de los efectos climáticos del Pinatubo y, un año después, de un informe de 900 páginas de la Academia Nacional de Ciencias, titulado *Implicaciones políticas del efecto invernadero*. Incluía un capítulo sobre geoingeniería, que la Academia definía como «ingeniería a gran escala de nuestro entorno, con el fin de combatir o contrarrestar los efectos de los cambios en la química atmosférica».

En otras palabras: si la actividad humana está calentando el planeta, ¿podría el ingenio humano enfriarlo?

Los humanos han intentado manipular el tiempo desde tiempos inmemoriales. Prácticamente, todas las religiones que se han inventado tienen una oración para provocar lluvia. Pero los laicos se han unido a la causa en las últimas décadas. A finales de los años cuarenta, tres científicos de General Electric que trabajaban en Schenectady (Nueva York) esparcieron con éxito yoduro de plata en las nubes. El trío incluía a un químico llamado Bernard Vonnegut; el relaciones públicas del proyecto era su hermano menor, Kurt, que después se convertiría en un novelista de fama mundial... y en sus escritos incluyó mucha de la ciencia imaginativa que había visto en Schenectady.

El informe de la Academia Nacional de Ciencias de 1992 daba un empujón a la credibilidad de la geoingeniería, que hasta entonces se consideraba terreno de chiflados y de gobiernos poco de fiar. Aun así, algunas de las propuestas de la Academia habrían parecido extravagantes incluso en una novela de Vonnegut. Una «pantalla de múltiples globos», por ejemplo, para desviar la luz solar lanzando al cielo miles de millones de globos de aluminio. Un «espejo espacial» que exigiría poner en órbita alrededor de la Tierra 55.000 velas reflectoras.

El informe de la Academia planteaba también la posibilidad de lanzar deliberadamente dióxido de azufre a la estratosfera. La idea se le atribuía a un climatólogo bielorruso llamado Mijaíl Budiko. Después del Pinatubo, no cabía duda de que el dióxido de azufre estratosférico enfriaba la Tierra. ¿No sería mejor no tener que depender de los volcanes para hacer el trabajo?

Por desgracia, las propuestas para llevar dióxido de azufre a la estratosfera eran complicadas, caras y poco prácticas. Cargar obuses de artillería, por ejemplo, y dispararlos hacia el cielo. O lanzar una flota de reactores de combate con combustible de alto contenido de azufre y dejar que sus escapes pintaran la estratosfera. «Era más ciencia ficción que ciencia —dice Myhrvold—. Ninguno de los planes tenía sentido, ni económico ni práctico.»

El otro problema era que a muchos científicos, en particular a los amantes de la naturaleza como Ken Caldeira, la idea misma les parecía aborrecible. ¿Verter sustancias químicas en la atmósfera para reparar los daños causados por... verter sustancias químicas en la atmósfera? Era un plan descabellado, una cura con veneno, que parecía violar todos los principios del ecologismo. Los que veían el calentamiento global como una cuestión religiosa no podían imaginar un sacrilegio más horrible.

Pero la mejor razón para rechazar la idea, pensaba Caldeira, era que simplemente no daría resultado.

Esta fue su conclusión después de asistir a una conferencia de Lowell Wood sobre el dióxido de azufre atmosférico en la conferencia de Aspen sobre el clima, en 1998. Pero como es un científico que prefiere los datos a los dogmas —aunque en este caso el dogma medioambiental le toque muy hondo—, Caldeira elaboró un modelo climático para poner a prueba las afirmaciones de Wood. «La intención —dice— era poner fin a toda la palabrería sobre geoingeniería.»

Fracasó. A pesar de lo mucho que le disgustaba la idea, su modelo respaldó las afirmaciones de Wood de que la geoingeniería podría estabilizar el clima aunque se produjera un gran aumento del dióxido de carbono atmosférico, y escribió un artículo exponiéndolo. Caldeira, el geoingeniero más reacio que se pueda imaginar, se transformó en un converso, dispuesto al menos a estudiar la idea.

Y así fue como, más de diez años después, Caldeira, Wood y Myhrvold —el antiguo pacifista, el antiguo armamentista y el antiguo fan de los vikingos— se sentaron juntos en un antiguo taller de reparación de Harleys, en el que expusieron sus planes para detener el calentamiento global.

Lo que sorprendió a Caldeira no fue solo el potencial enfriador del dióxido de azufre estratosférico. Fue lo poco que se necesitaba para hacer el trabajo: aproximadamente, 128 litros por minuto, no mucho más que la cantidad de agua que sale por una manguera de jardín de gran potencia.

El calentamiento es principalmente un fenómeno polar, y esto significa que las zonas de alta latitud son cuatro veces más sensibles al cambio climático que el ecuador. Según los cálculos de IV, 100.000 toneladas de dióxido de azufre al año invertirían el calentamiento en el alto Ártico y lo reducirían en gran parte del Hemisferio Norte.

Puede parecer mucho, pero en términos relativos es una nadería. Ya están pasando a la atmósfera por lo menos 200 *millones* de toneladas de dióxido de azufre cada año, aproximadamente el 25 por ciento por los volcanes, un 25 por ciento por artefactos humanos como los vehículos a motor y las centrales de energía que utilizan carbón, y el resto por otras causas naturales como la espuma de mar.

Así que todo lo que se necesitaría para provocar un efecto a escala global sería una vigésima parte del 1 por ciento de las emisiones de azufre actuales, simplemente dirigiéndolo a un lugar más elevado de la atmósfera. ¿Cómo puede ser? La respuesta de Myhrvold: «¡El efecto palanca!».

El efecto palanca es el ingrediente secreto que distingue la física de, por ejemplo, la química. Recordemos el sumidero Salter, el invento de IV para evitar huracanes. Los huracanes son destructivos porque acumulan la energía térmica de la superficie del océano y la transforman en fuerza física, un acto primordial de creación de fuerza de palanca. El sumidero Salter impide este proceso al utilizar la fuerza de las olas para hundir continuamente el agua cálida durante toda la estación de los huracanes.

«Un kilo de dióxido de azufre, emitido a la troposfera por un camión, un autobús o una central de energía, te beneficia mucho menos que en la estratosfera —dice Myhrvold—. Allí hace mucha fuerza de palanca, y eso está muy bien. Por eso Arquímedes dijo "Dadme un punto de apoyo y moveré el mundo".»*

Así pues, cuando se elimina el moralismo y la angustia vital, la tarea de detener el calentamiento global se reduce a un simple problema de geoingeniería: ¿cómo llevar 128 litros de dióxido de azufre por minuto a la estratosfera?

---

* Lowell Wood discutió la cita de Arquímedes según Myhrvold: «En realidad, lo que pidió fue una palanca suficientemente *larga*». A lo que Myhrvold respondió bufando: «¡También habría necesitado un punto de apoyo!».

Respuesta: con una manguera muy larga.

Por eso IV llama a este proyecto «manguera al cielo». O, cuando se sienten un poco más técnicos, «escudo estratosférico para la estabilización del clima». Considerando su antecedente científico y la manera en que envuelve el planeta en una capa protectora, tal vez debería llamarse «manta de Budiko».

Para los amantes de las soluciones simples y baratas, las cosas no han mejorado mucho. Así es como funcionaría: en una estación base se quemaría azufre para obtener dióxido de azufre, que después se licuaría. «La tecnología para hacer esto es bien conocida —dice Wood—, porque a principios del siglo XX el dióxido de azufre era el principal gas refrigerante.»

La manguera, que se extendería desde la estación base hasta la estratosfera, tendría una longitud de unos 30 kilómetros pero sería ligerísima. «El diámetro es solo de unos cinco centímetros, no es una tubería gigante —dice Myhrvold—. Es básicamente una manguera de incendios especializada.»

La manguera estaría sostenida por una serie de globos muy resistentes llenos de helio, sujetos a la manguera a intervalos de 100 a 300 metros (una «sarta de perlas» lo llaman en IV), con diámetros que variarían desde 7,5 metros cerca del suelo hasta 30 metros cerca del punto más alto.

El dióxido de azufre licuado se enviaría al cielo mediante una serie de bombas acopladas a la manguera cada 100 metros. También estas serían relativamente ligeras, de unos 20 kilos cada una, «más pequeñas que las bombas de mi piscina», dice Myhrvold. Utilizar muchas bombas pequeñas en lugar de una bomba gigante en la estación base tiene varias ventajas: una gran bomba en el suelo crearía más presión, lo que a su vez exigiría una manguera mucho más pesada; incluso si algunas de las bombas pequeñas fallaran, la misión en sí no fracasaría; y utilizar unidades estandarizadas reduciría los costes.

Al final de la manguera, un conjunto de boquillas rociaría la estratosfera con una fina niebla de dióxido de azufre líquido e incoloro.

Gracias a los vientos estratosféricos que alcanzan habitualmente velocidades de 160 kilómetros por hora, la rociada envolvería la Tierra en aproximadamente diez días. Eso es lo que se tardaría en crear la manta de Budiko. Como el aire estratosférico se mueve en espirales hacia los polos, y dado que las regiones árticas son más vulnerables al calentamiento global, tiene sentido esparcir el aerosol de azufre en latitudes altas: tal vez una manguera en el Hemisferio Sur y otra en el Norte.

En sus viajes recientes, Myhrvold encontró un sitio que podría ser perfecto. Junto con Bill Gates y Warren Buffett, estaba haciendo una gira educativa relámpago por varios sistemas de producción de energía: una central nuclear, un parque eólico, etcétera. Uno de sus destinos eran las Arenas Oleosas de Athabasca, en el norte de Alberta (Canadá).

De allí se pueden sacar miles de millones de barriles de petróleo, pero el crudo es pesado y muy impuro. En lugar de formar una bolsa líquida bajo la corteza terrestre, está mezclado como si fuera melaza con la tierra de la superficie. En Athabasca no se perfora en busca de petróleo; se extrae como de una mina, sacando gigantescas paletadas de tierra y después separando el petróleo de los residuos.

Uno de los residuos más abundantes es el azufre, que tiene un precio tan bajo que las compañías petroleras simplemente lo amontonan. «¡Había grandes montañas amarillas de azufre, como de cien metros de altura por mil metros de anchura! —dice Myhrvold—. Y lo apilan escalonadamente, como una pirámide mexicana. Así que se podría montar allí una pequeña instalación de bombeo y con una esquina de una de esas montañas de azufre se podría resolver todo el problema del calentamiento global en el Hemisferio Norte.»

Es interesante pensar en lo que podría haber ocurrido si Myhrvold hubiera estado disponible hace cien años, cuando Nueva York y otras ciudades se ahogaban en excrementos de caballo. Uno se pregunta si, allí donde todos los demás miraban las montañas de estiércol y veían la calamidad, él habría podido ver la oportunidad.

En conjunto, la manta de Budiko es un plan diabólicamente simple. Teniendo en cuenta la complejidad del clima en general y lo mucho que ignoramos, probablemente tiene sentido empezar por poco. Con el método de la manguera, se puede empezar con un goteo de azufre y comprobar los resultados. La cantidad se podría aumentar o reducir con facilidad y, de ser necesario, se podría cortar el flujo. No hay nada permanente ni irreversible en el proceso.

Y sería sorprendentemente barato. IV calcula que se podría poner en marcha el plan «Salvar el Ártico» en solo dos años y por solo 20 millones de dólares, con un coste anual de operación de unos 10 millones. Si no bastara con enfriar solo los polos, IV ha elaborado una versión «Salvar el Planeta», con cinco estaciones base en el mundo, en lugar de dos, y tres mangueras en cada estación. Así se bombearían a la estratosfera cantidades de dióxido de azufre de tres a cinco veces mayores. Aun así, eso representaría menos del 1 por ciento de las emisiones de azufre actuales en todo el mundo. IV calcula que este plan podría estar en funcionamiento en unos tres años, con un coste inicial de 150 millones de dólares y un coste operativo anual de 100 millones.

De manera que la manta de Budiko podría contrarrestar el calentamiento global por un precio total de 250 millones de dólares. En comparación con los 1,2 billones que Nicholas Stern propone gastar cada año para combatir el problema, la idea de IV saldría prácticamente gratis. Costaría 50 millones menos detener el calentamiento global que lo que está pagando la fundación de

Al Gore solo para aumentar la conciencia pública acerca del calentamiento global.

Y aquí está la clave de la pregunta que planteábamos al principio de este capítulo: *¿Qué tienen en común Al Gore y el monte Pinatubo?* La respuesta es que tanto Gore como el Pinatubo sugieren maneras de enfriar el planeta, aunque con métodos cuyas relaciones coste/eficacia están a un universo de distancia.

Con esto no pretendemos desestimar las posibles objeciones a la manta de Budiko, que son legión. Para empezar, ¿funcionaría?

La evidencia científica dice que sí. Es básicamente una imitación controlada de la erupción del monte Pinatubo, cuyos efectos enfriadores fueron estudiados exhaustivamente y siguen sin ponerse en duda.

El argumento científico más sólido a favor del plan es, tal vez, el de Paul Crutzen, un científico holandés especialista en la atmósfera, cuyas credenciales ambientalistas son aún más extensas que las de Caldeira. Crutzen ganó el premio Nobel en 1995 por su investigación sobre el agotamiento del ozono atmosférico. Y, sin embargo, en 2006 escribió un ensayo en la revista *Climatic Change* lamentando los «tremendamente ineficaces» esfuerzos por emitir menos gases de efecto invernadero y reconociendo que una inyección de azufre en la estratosfera «es la única opción existente para reducir rápidamente el ascenso de las temperaturas y contrarrestar otros efectos climáticos».

Que Crutzen se pasara a la geoingeniería se consideró tal herejía en el colectivo de los climatólogos que algunos de sus colegas trataron de impedir la publicación de su ensayo. ¿Cómo podía el hombre reverentemente conocido como «Doctor Ozono» respaldar semejante plan? ¿No sería el daño ambiental mucho mayor que los beneficios?

En realidad, no. Crutzen llegó a la conclusión de que el daño en el ozono sería mínimo. El dióxido de azufre acabaría por depositarse en las regiones polares, pero en cantidades tan relativamente pequeñas que también allí era improbable que se produjeran grandes daños. Si surgía algún problema, escribió Crutzen, la inyección de azufre «se podría detener en poco tiempo [...] lo que permitiría que la atmósfera recuperara su anterior estado en unos pocos años».

Otra objeción fundamental a la geoingeniería es que altera intencionadamente el estado natural de la Tierra. Para esto, Myhrvold tiene una respuesta simple: «*Ya* hemos geoalterado la Tierra».

En solo unos pocos siglos, hemos quemado casi todo el combustible fósil que, para formarse, necesitó 300 millones de años de acumulación biológica. En comparación con eso, inyectar un poco de azufre en la atmósfera parece bastante suave. Tal como dice Lowell Wood, el azufre ni siquiera es la sustancia óptima para un escudo estratosférico. Otros materiales de resonancias menos nocivas —microcuentas de plástico aluminizado, por ejemplo— podrían formar una sombrilla aún más eficiente. Pero el azufre es la opción más atractiva «simplemente porque tenemos la prueba del volcán de que es factible —dice Wood— y, además, pruebas de que es inocuo».

A Wood y Myhrvold les preocupa que la manta de Budiko pueda servir de «excusa para contaminar». Es decir, que en lugar de permitirnos ganar tiempo para crear nuevas soluciones energéticas, atraiga a la gente a la complacencia. Pero culpar a la geoingeniería de esto, dice Myhrvold, es como culpar a un cardiocirujano de salvar la vida de alguien que no hace ejercicio y come demasiadas patatas fritas.

Posiblemente, la principal objeción a la idea de la manguera es que es *demasiado* simple y *demasiado* barata. Cuando escribimos esto, no existe ningún marco regulador que prohíba a nadie —un gobierno, una institución privada, incluso un individuo— echar dióxido de azufre a la atmósfera. (Si lo hubiera, muchas de las casi 8.000 centrales eléctricas del mundo que queman carbón se verían en serios problemas.) Aun así, Myhrvold reconoce que «la gente se pondría de los nervios» si alguien construyera unilateralmente el artefacto. Pero por supuesto, eso depende de quién lo haga. Si lo hiciera Al Gore, podría conseguir un segundo premio Nobel de la Paz; si fuera Hugo Chávez, probablemente recibiría pronto una visita de los aviones de combate estadounidenses.

También podemos imaginar las guerras que podrían estallar por los controles de la manta de Budiko. Un gobierno que dependa de los altos precios del petróleo podría querer echar más azufre para mantenerlo todo bien fresquito; otros, en cambio, estarían más a gusto con estaciones de crecimiento más largas para sus cultivos.

Lowell Wood recuerda una conferencia que pronunció en cierta ocasión, en la que mencionó que un escudo estratosférico podría impedir también que se filtraran los dañinos rayos ultravioletas. Un miembro del público planteó que menos rayos ultravioletas darían lugar a más gente con raquitismo.

«Mi respuesta —dice Wood— fue que su farmacéutico se podía encargar de ello con vitamina D, y que eso sería mejor para su salud general.»

Todos los científicos espaciales, climatólogos, físicos e ingenieros de la conferencia de IV se echaron a reír ante la respuesta de Wood. Entonces, alguien preguntó si IV, con la manta de Budiko en la manga, debería dedicarse a buscar una patente de prevención del raquitismo. Todos se rieron más fuerte.

Pero no es del todo una broma. A diferencia de la mayoría de las patentes que IV posee, la manta de Budiko no promete beneficios claros. «Si fueras uno de mis inversores —dice Myhrvold—, podrías preguntar: "Recuérdame otra vez por qué estás trabajando en esto".» De hecho, muchos de los proyectos de IV que más tiempo consumen, incluyendo diversas soluciones para el sida y la malaria, son básicamente trabajos *pro bono*.

«Ahí tienes al mayor filántropo del mundo, sentado al otro lado de la mesa —dice Wood con una risita y haciendo un gesto hacia Myhrvold—. Involuntariamente, pero lo es.»

A pesar de lo descalificador que puede ser Myhrvold respecto a las ideas predominantes sobre el calentamiento global, se apresura a negar que desestime el calentamiento global. (De ser así, no dedicaría tantos recursos de su empresa a buscar soluciones.) Tampoco pide que se despliegue inmediatamente la manta de Budiko, sino más bien que se investiguen y pongan a prueba tecnologías de ese tipo para que estén listas para usarse si se cumplieran las peores predicciones acerca del clima.

«Es un poco como tener aspersores contra incendios en un edificio —dice—. Por una parte, debes procurar por todos los medios que no haya un incendio. Pero también necesitas algo a lo que recurrir si el incendio se produce de todas maneras.» Igual de importante, dice, es que «te da un respiro para pasarte a fuentes de energía libres de carbono».

También le interesa mucho que la geoingeniería avance, debido a lo que él ve como «un verdadero acaloramiento» de los activistas contra el calentamiento global en los últimos años.

«Están proponiendo en serio hacer una serie de cosas que podrían tener un impacto enorme, y creemos que probablemente ese impacto sería negativo, en la vida humana —dice—. Quieren desviar una enorme cantidad de recursos económicos hacia iniciativas anticarbono inmediatas y precipitadas, sin pensar bien las cosas. Esto tendrá una gran repercusión en la economía mundial. Hay miles de millones de pobres que se verían considerablemente frenados, si no impedidos por completo, en su intento de alcanzar el nivel de vida del Primer Mundo. En este país nos podemos permitir el lujo de hacer lo que queramos en el terreno de la energía y el ambiente, pero otras partes del mundo sufrirían mucho.»

Ciertas ideas nuevas, por útiles que resulten, se ven invariablemente como repugnantes. Como hemos dicho antes, un buen ejemplo es el mercado de órganos humanos, aunque pueda salvar decenas de miles de vidas cada año.

Con el tiempo, algunas ideas cruzan la barrera de la repugnancia para hacerse realidad. Cobrar interés en los préstamos. Vender semen y óvulos humanos. Sacar provecho de la muerte prematura de un ser querido. Este último ejemplo, por supuesto, describe el funcionamiento de los seguros de vida. En la actualidad es una práctica habitual apostar sobre tu propia muerte para que tu familia quede atendida. Hasta mediados del siglo XIX, los seguros de vida se consideraban «una profanación —escribe la socióloga Viviana Zelizer— que transformaba el sagrado acontecimiento de la muerte en una vulgar mercancía».

La manta de Budiko puede parecer un plan demasiado repugnante para que se le dé una oportunidad. ¿Contaminación intencionada? ¿Jugar con la estratosfera? ¿Poner el clima del planeta en manos de unos pocos tipos arrogantes de Seattle? Una cosa es que pesos pesados de la climatología como Paul Crutzen y Ken Caldeira respalden semejante solución. Pero no son más que científicos. Los verdaderos pesos pesados en esta lucha son personas como Al Gore.

¿Y qué piensa él de la geoingeniería?

«En una palabra —dice Gore—, creo que es una tontería.»

Si la manguera al cielo no coge vuelo, IV tiene otra propuesta que se basa en la misma ciencia, pero que tal vez sea un poco menos repugnante. Resulta que la cantidad de azufre estratosférico necesario para enfriar el planeta es igual a la cantidad que ya arrojan unas cuantas centrales energéticas donde se quema carbón. Este segundo plan consiste simplemente en prolongar las chimeneas en unas cuantas centrales estratégicamente situadas. De modo que en lugar de arrojar su humo cargado de azufre a unos cientos de metros de altura en el aire, estas chimeneas lo suelten a unos treinta kilómetros de altitud, en la estratosfera, donde tendría el mismo efecto refrescante neto que el plan de la manguera.

Este plan resulta atractivo porque simplemente recoloca la contaminación existente sin añadir nada más. Aunque una chimenea de treinta kilómetros de altura puede parecer algo muy difícil de construir, IV ha ideado la manera: básicamente, acoplando a la chimenea de la central de energía un globo de aire caliente largo y delgado, creando un canal que deja que los gases sulfurosos calientes suban hasta la estratosfera por su propia fuerza ascensional. Este proyecto se llama, naturalmente, «chimenea al cielo».

Y si también *este* plan parece muy repugnante, IV tiene algo completamente diferente, un plan que es prácticamente celestial: un cielo lleno de nubes blancas y algodonosas.

Esta es una idea de John Latham, un climatólogo británico que se unió hace poco al equipo de inventores de IV. Latham es un hombre amable, de hablar suave y sesenta y muchos años, que además es un poeta bastante bueno. Por eso le llamó la atención que, hace mucho tiempo, cuando estaba mirando la puesta del sol desde la cima de una montaña con su hijo de ocho años, Mike, el niño, señalando lo mucho que brillaban las nubes, dijera que eran como «espejos mojados».

¡Precisamente!

«En términos generales, la función de las nubes es producir un enfriamiento —dice Latham—. Si no existieran nubes en la atmósfera, la Tierra sería mucho más caliente de lo que es.»

Hasta las nubes artificiales —las estelas de los aviones a reacción, por ejemplo— tienen un efecto refrescante. Después de los atentados terroristas del 11 de septiembre, todos los vuelos comerciales de Estados Unidos quedaron interrumpidos durante tres días. Utilizando datos de más de 4.000 estaciones meteorológicas de todo el país, los científicos descubrieron que la repentina ausencia de estelas ocasionó un ascenso de 1,1 grados centígrados en la temperatura al nivel del suelo.

Los elementos imprescindibles para que se formen nubes son por lo menos tres: aire ascendente, vapor de agua y partículas sólidas, que se conocen como núcleos de condensación de las nubes. Cuando los aviones vuelan, las partículas del tubo de escape sirven como núcleos. Por encima de las masas de tierra, este trabajo lo hacen las partículas de polvo. Pero sobre los océanos del mundo hay muchos menos núcleos, explica Natham, y por eso las nubes contienen menos gotitas y son menos reflectantes. Como consecuencia, llega más luz solar a la superficie de la tierra. El océano, que es oscuro, es particularmente eficaz absorbiendo el calor del sol.

Según los cálculos de Latham, un aumento de solo un 10 o 12 por ciento en la reflectancia de las nubes oceánicas enfriaría la Tierra lo suficiente para contrarrestar hasta el doble de los gases de efecto invernadero que hay ahora. Su solución: utilizar el océano mismo para fabricar más nubes.

Resulta que las salpicaduras de espuma marina rica en sales proporcionan excelentes núcleos para la formación de nubes. Lo único que hay que hacer es elevar la espuma varios metros en el aire sobre la superficie del mar. A partir de ahí, ascenderá de manera natural hasta la altitud donde se forman las nubes.

IV ha considerado varias maneras de hacer que esto suceda. Por el momento, la idea favorita es una flota de botes de vela de fibra de vidrio diseñados por Stephen Salter, con turbinas bajo el agua que generan el suficiente impulso para lanzar al aire un chorro constante de espuma. Como no hay motor, no hay contaminación. Los únicos elementos —agua de mar y viento— son, por supuesto, gratuitos. El volumen de espuma (y por lo tanto, la reflectancia de las nubes) se podría graduar con facilidad. El precio estimado: menos de 50 millones de dólares por los primeros prototipos, y después unos cuantos miles de millones de dólares para una flota de embarcaciones lo bastante grande para contrarrestar el calentamiento previsto al menos hasta 2050. En los anales de las soluciones fáciles y baratas a problemas molestos, es difícil pensar en un ejemplo más elegante que los espejos mojados de John Latham: una geoingeniería que encantaría incluso a los ecologistas más radicales.

Dicho esto, Myhrvold teme que hasta las propuestas más suaves de IV serían mal acogidas en algunos círculos ecologistas. Lo cual, para él, no tiene sentido.

«Si crees que los cuentos de miedo pueden ser ciertos, o al menos posibles, deberías creer también que confiar solo en reducir las emisiones de dióxido de carbono no es una respuesta muy buena», dice. En otras palabras: es ilógico creer en un apocalipsis inducido por el carbono *y creer también* que dicho apocalipsis se puede evitar simplemente reduciendo las nuevas emisiones de carbono. «Las historias de terror podrían hacerse realidad aunque hiciéramos esfuerzos hercúleos para reducir nuestras emisiones, en cuyo caso la única respuesta realista es la geoingeniería.»

Al Gore, mientras tanto, contraataca con su propia lógica. «Si no sabemos lo suficiente para dejar de verter en la atmósfera 70 millones de toneladas de contaminación calentadora cada año —dice—, ¿como demonios vamos a saber lo suficiente para contrarrestar eso exactamente?»

Pero si se piensa como un economista con sangre fría en lugar de como un humanista de corazón cálido, el razonamiento de Gore no se sostiene. No es que *no sepamos cómo* dejar de contaminar la atmósfera. Es que *no queremos* parar, o no estamos dispuestos a pagar el precio.

Recordemos que la mayor parte de la contaminación es una externalidad negativa de nuestro consumo. Por difíciles que puedan parecer la ingeniería o la física, más difícil es conseguir que los seres humanos cambien de manera de actuar. Por el momento, las recompensas por limitar el consumo son pequeñas, lo mismo que las penalizaciones por consumir demasiado. Gore y otros ambientalistas están pidiéndole a la humanidad que consuma menos y, por lo tanto, contamine menos, y es una invitación noble. Pero como incentivo, no es muy fuerte.

Y el cambio de conducta *colectivo*, por seductor que pueda sonar, puede ser exasperantemente evasivo. Que se lo pregunten a Ignatz Semmelweis.

En 1847, cuando resolvió el misterio de la fiebre puerperal, Semmelweis fue jaleado como un héroe… ¿o no?

Todo lo contrario. Sí, la tasa de mortalidad en la sala de maternidad del General de Viena cayó en picado cuando él ordenó que los médicos se lavaran las manos después de realizar autopsias. Pero en los demás sitios, los médicos no hicieron caso de los descubrimientos de Semmelweis. Sin duda, razonaban, una enfermedad tan devastadora no se podía evitar simplemente lavándose las manos. Además, los médicos de aquella época —que no eran el colectivo más humilde— no podían aceptar la idea de que ellos eran la raíz del problema.

Semmelweis estaba cada vez más frustrado, y con el tiempo su frustración cuajó en vitriolo. Se portaba como un mesías despreciado, y a todo el que criticaba su teoría le llamaba asesino de mujeres y niños. A veces sus argumentos eran absurdos; su conducta personal se volvió rara, con episodios de indecencia y desorden sexual. Visto en retrospectiva, se podría decir con fundamento que Semmelweis se estaba volviendo loco. A los cuarenta y siete años de edad, le persuadieron con engaños de que ingresara en un sanatorio mental. Intentó escapar, se le sujetó por la fuerza y murió a las dos semanas, con su reputación hecha pedazos.

Pero eso no significa que no tuviera razón. Semmelweis fue reivindicado póstumamente por los estudios de Pasteur sobre la teoría de los gérmenes, después de lo cual se convirtió en práctica habitual que los médicos se lavaran escrupulosamente las manos antes de tratar a los pacientes.

¿Y siguen los médicos contemporáneos las instrucciones de Semmelweis?

Una serie de estudios recientes ha demostrado que el personal de hospital se lava o desinfecta las manos *en menos de la mitad* de las ocasiones en que deberían hacerlo. Y los peores cumplidores son los médicos, más descuidados que las enfermeras y los celadores.

Este fallo parece desconcertante. En el mundo moderno, tendemos a creer que como mejor se resuelven las conductas peligrosas es mediante la educación. Es la idea en que se apoyan casi todas las campañas de concienciación pública que se emprenden, desde el calentamiento global a la prevención del sida o conducir bebido. Y los médicos son las personas con más formación del hospital.

En un informe de 1999 titulado «Errar es humano», el Instituto de Medicina calculaba que cada año mueren entre 44.000 y 98.000 norteamericanos a causa de errores hospitalarios evitables —más muertos que por accidentes de automóvil o cáncer de mama—, y que uno de los principales errores es la infección de heridas. ¿La mejor medicina para evitar las infecciones? Hacer que los médicos se laven las manos con más frecuencia.

Tras la publicación de este informe, los hospitales de todo el país se apresuraron a resolver el problema. Incluso un hospital de fama mundial como el Centro Médico Cedars-Sinai de Los Ángeles consideró que era preciso mejorar, ya que la tasa de higiene era solo del 65 por ciento. Sus administradores formaron una comisión para identificar las razones de este fallo.

Para empezar, reconocieron, los médicos están increíblemente ocupados, y el tiempo que pasan lavándose las manos es tiempo que no dedican a tratar pacientes. Craig Feied, nuestro revolucionario de las salas de urgencias de Washington, calcula que muchas veces habrá interactuado con más de cien pacientes por turno. «Si corriera a lavarme las manos cada vez que toco a un paciente, como manda el protocolo, me pasaría casi la mitad del tiempo delante de un lavabo.»

Los lavabos, además, no siempre son tan accesibles como deberían y, sobre todo en las salas de pacientes, muchas veces están bloqueados por equipo o mobiliario. El Cedars-Sinai, como muchos otros hospitales, tenía expendedores de Purell montados en las paredes para desinfectarse cómodamente, pero también se prescindía muchas veces de ellos.

Parece que el incumplimiento de los doctores en el lavado de manos tiene también componentes psicológicos. El primero es lo que se podría llamar (generosamente) un fallo de percepción. Durante un estudio de cinco meses en la unidad de cuidados intensivos de un hospital infantil australiano, se pidió a los médicos que llevaran la cuenta de la frecuencia con que se lavaban las manos. ¿Qué porcentaje comunicaron? Un 73 por ciento. No es perfecto, pero tampoco es tan terrible.

Pero sin que aquellos doctores lo supieran, sus enfermeras les espiaban, y registraron la verdadera tasa de higiene manual de los médicos: un patético 9 por ciento.

Paul Silka, médico de urgencias en el Cedars-Sinai, que también ejercía de jefe de personal del hospital, indica un segundo factor psicológico: la arrogancia. «El ego puede intervenir hasta cuando llevas mucho tiempo ejerciendo —explica—. Te dices: "Venga, es imposible que sea yo el que transmita bichos. Tiene que ser el *otro* personal del hospital".»

Silka y los demás administradores del Cedars-Sinai se propusieron cambiar el comportamiento de sus colegas. Probaron con todo tipo de incentivos: persuasión suave a base de carteles y mensajes por correo electrónico; recibir a los médicos cada mañana con un frasco de Purell; crear una Patrulla de Seguridad de Higiene Manual que rondaba por las salas, dando un vale Starbucks de 10 dólares a los médicos a los que veían lavarse adecuadamente las manos... Se podría pensar que las personas que más ganan en el hospital serían inmunes a un incentivo de 10 dólares, «pero ninguno de ellos rechazó el vale», dice Silka.

Al cabo de varias semanas, el porcentaje de higiene manual del Cedars-Sinai había aumentado, pero no lo suficiente. Esta noticia fue comunicada por Rekha Murthy, epidemióloga del hospital, durante una comida de trabajo de la Comisión Asesora de la Dirección. Había aproximadamente veinte miembros, la mayoría de ellos médicos importantes del hospital. Estaban claramente desanimados por el informe. Cuando terminó la comida, Murthy le dio a cada uno una placa de agar: una placa de petri esterilizada con una capa esponjosa de agar. «Me encantaría hacer un cultivo de vuestras manos», les dijo.

Los médicos apretaron las palmas contra las placas, y Murthy las envió al laboratorio. Las imágenes resultantes, recuerda Silka, «eran repugnantes y sorprendentes, con colonias de bacterias».

Estas eran las personas más importantes del hospital, las que decían a todos los demás cómo cambiar de conducta, y sin embargo no tenían las manos limpias. Y lo más preocupante: esto tuvo lugar en una comida de trabajo.

Podría haber sido tentador barrer esta información bajo la alfombra, pero la administración decidió aprovechar el repugnante poder de las huellas palmares cargadas de bacterias instalando una de las imágenes como salvapantallas en todos los ordenadores del hospital. Para los médicos —salvadores de vidas por profesión y por juramento—, esta siniestra advertencia resultó más poderosa que ningún otro incentivo. El cumplimiento en la higiene manual en el Cedars-Sinai subió de golpe a cerca del ciento por ciento.

Cuando se corrió la voz, otros hospitales empezaron a copiar la solución del salvapantallas. ¿Y por qué no? Era fácil, barata y efectiva.

Un final feliz, ¿no?

Sí, pero… piensen en ello un momento. ¿Por que se necesitaron tantos esfuerzos para persuadir a los médicos de que hicieran lo que se sabe que vienen haciendo desde los tiempos de Semmelweis? ¿Por qué resultó tan difícil hacer que cambiaran de conducta, cuando cumplir (lavarse las manos) cuesta tan poco y el posible precio del incumplimiento (la pérdida de una vida humana) es tan alto?

Una vez más, como con la contaminación, la respuesta tiene que ver con las externalidades.

Cuando un médico deja de lavarse las manos, la vida que se pone en peligro no es la suya propia. Es la del siguiente paciente que trata, el que tiene la herida abierta o el sistema inmunitario en mal estado. Las bacterias peligrosas que el paciente recibe son una externalidad negativa de los actos del médico, lo mismo que la contaminación es una externalidad negativa de todo el que conduce un coche, sube el aire acondicionado o envía humo de carbón por una chimenea. El contaminador no tiene suficientes incentivos para no contaminar, y el médico no tiene suficientes incentivos para lavarse las manos.

Esto es lo que hace que la ciencia del cambio de conducta sea tan difícil.

Así que en lugar de retorcernos nuestras sucias manos ante conductas tan difíciles de cambiar, ¿por qué no buscamos soluciones de ingeniería, diseño o incentivos que hagan innecesario dicho cambio?

Eso es lo que Intellectual Ventures tiene pensado para el calentamiento global, y es lo que las autoridades sanitarias han adoptado por fin para reducir las infecciones adquiridas en los hospitales. Entre las mejores soluciones: usar brazaletes desechables para tomar la tensión a los pacientes que llegan, infundir partículas de iones de plata en el equipo hospitalario para crear un escudo antimicrobiano, y prohibir a los médicos llevar corbata, porque, como ha observado el Departamento de Salud del Reino Unido, «se lavan muy de vez en cuando», «no tienen ningún efecto beneficioso en la atención al paciente» y «se ha demostrado que están colonizadas por patógenos».

Por eso Craig Feied ha llevado pajarita durante años. También ha contribuido a desarrollar una interfaz de realidad virtual que permite a los médicos con bata y guantes examinar por rayos X mediante un ordenador sin tener que tocarlo… porque los teclados y los ratones de los ordenadores tienden a acumular patógenos al menos tan eficazmente como las corbatas de los médicos. Y la próxima vez que se encuentre en una habitación de hospital, no coja el mando a distancia del televisor hasta haberlo desinfectado a conciencia.

Tal vez no sea tan sorprendente que cueste tanto cambiar la conducta de la gente cuando son otros los que recogen los beneficios. Pero seguro que somos capaces de cambiar de conducta cuando está en juego nuestro propio bienestar, ¿a que sí?

Pues, desgraciadamente, no. Si lo fuéramos, todas las dietas funcionarían (y para empezar, no necesitaríamos dietas). Si lo fuéramos, la mayoría de los fumadores serían ex fumadores. Si lo fuéramos, nadie que haya asistido a una clase de educación sexual tendría un embarazo no deseado. Pero saber y hacer son dos cosas diferentes, sobre todo cuando hay placer de por medio.

Consideremos la alta incidencia del VIH y el sida en África. Durante años, las autoridades sanitarias del mundo entero han estado combatiendo este problema. Han predicado toda clase de cambios de conducta: utilizar condones, limitar el número de parejas sexuales, etcétera. Y, sin embargo, hace poco, un investigador francés llamado Bertran Auvert realizó un estudio médico en África del Sur y obtuvo resultados tan prometedores que se interrumpió el experimento para poder aplicar inmediatamente la nueva medida preventiva.

¿Cuál era este tratamiento mágico?

La circuncisión. Por razones que Auvert y otros científicos no comprenden del todo, se descubrió que la circuncisión reduce el riesgo de transmisión del VIH hasta en un 60 por ciento en los hombres heterosexuales. Posteriores estudios en Kenia y Uganda confirmaron los resultados de Auvert.

En toda África empezaron a caer prepucios. «La gente está acostumbrada a medidas que se centran en las conductas —dijo una autoridad médica sudafricana—, pero la circuncisión es una intervención quirúrgica: es acero frío y duro.»

La decisión de someterse a la circuncisión a una edad adulta es, evidentemente, muy personal. Difícilmente nos atreveríamos a aconsejar a nadie en uno u otro sentido. Pero para los que elijan la circuncisión, una simple advertencia: antes de que el doctor se le acerque, asegúrese de que se lava las manos.

Epílogo
Los monos también son personas

La rama de la economía que se ocupa de cuestiones como la inflación, las recesiones y las crisis financieras se llama macroeconomía. Cuando la economía va bien, los macroeconomistas son ensalzados como héroes; cuando se pone mal, como ocurrió hace poco, se llevan mucha de la culpa. En ambos casos, los titulares son para los macroeconomistas.

Esperamos que después de leer este libro se haya dado cuenta de que existe por ahí toda una casta diferente de economistas —los microeconomistas— acechando en la sombra. Intentan comprender las decisiones que toman los individuos, no solo en términos de lo que compran, sino de la frecuencia con que se lavan las manos y de si se volverán terroristas.

Algunos de estos microeconomistas no limitan sus investigaciones a la especie humana.

Keith Chen, hijo de inmigrantes chinos, es un treintañero hiperlocuaz y bien vestido con el pelo de punta. Después de una educación itinerante en el Medio Oeste rural, Chen asistió a Stanford, donde, tras un breve idilio con el marxismo, cambió de parecer y se pasó a la economía. Ahora es profesor asociado de economía en Yale.

Su programa de investigación se inspiró en algo que escribió hace mucho tiempo Adam Smith, el fundador de la economía clásica: «Nadie ha visto a un perro hacer un intercambio justo y deliberado de un hueso por otro con otro perro. Nadie ha visto a un animal que, con gestos y sonidos naturales, indique a otro: *esto es mío y eso es tuyo; estoy dispuesto a darte esto a cambio de eso*».

En otras palabras, Smith estaba seguro de que solo la humanidad tiene tendencia al intercambio monetario.

Pero ¿tenía razón?

En la economía, como en la vida, nunca encuentras la respuesta a una pregunta hasta que estás dispuesto a plantearla, por tonto que esto parezca. La pregunta de Chen era simplemente esta: *¿Qué ocurriría si enseñara a un grupo de monos a utilizar dinero?*

El mono elegido por Chen fue el capuchino, un bonito mono pardo del Nuevo Mundo, del tamaño aproximado de un niño de un año, o al menos de un niño de un año muy flaco y con una cola muy larga. «El capuchino tiene un cerebro pequeño —dice Chen— y está muy centrado en la comida y el sexo.» (Esto, podríamos aducir, no hace al capuchino muy diferente de mucha gente que conocemos, pero esa es otra historia.) «Se podría considerar al capuchino como un estómago sin fondo, siempre con apetito. Se les puede dar malvavisco todo el día, lo vomitarán y volverán a por más.»

Para un economista, esto convierte al capuchino en un excelente sujeto para la investigación.

Chen, junto con Venkat Lakshminarayanan, se puso a trabajar con siete capuchinos en un laboratorio instalado por la psicóloga Laurie Santos en el Hospital de Yale-New Haven. Siguiendo la tradición de los monos de laboratorio de todo el mundo, a los capuchinos se les pusieron nombres, en este caso derivados de personajes de las películas de James Bond. Había cuatro hembras y tres machos. El macho alfa se llamaba Felix, como el agente de la CIA Felix Leiter. Era el favorito de Chen.

Los monos vivían juntos en una gran jaula abierta. En un extremo había una jaula mucho más pequeña, la cámara de pruebas, donde podía entrar un mono cada vez para participar en experimentos. Como moneda, Chen se decidió por un disco plateado de 2,5 centímetros de diámetro con un agujero en el centro. «Parecido a las monedas chinas», dice.

El primer paso consistía en enseñar a los monos que las monedas tenían valor. Para esto se necesitó cierto esfuerzo. Si le da una moneda a un capuchino, este la olfateará y, después de asegurarse de que no puede comérsela (ni practicar el sexo con ella), la tirará a un lado. Si repite esto varias veces, puede que le empiece a tirar las monedas *a usted*, y con fuerza.

Así que Chen y sus colaboradores le daban al mono una moneda y después le enseñaban una golosina. Cuando el mono devolvía la moneda a los investigadores, estos le daban la golosina. Se tardó muchos meses, pero al final los monos aprendieron que con las monedas se podían comprar las golosinas.

Resultó que los monos individuales tenían fuertes preferencias por diferentes golosinas. A un capuchino le daban doce monedas en una bandeja —su presupuesto limitado— y después un investigador le ofrecía, por ejemplo, cubitos de Jell-O y otro le ofrecía rodajas de manzana. El mono entregaba sus monedas al investigador que le presentara su comida favorita, y el investigador le daba la mercancía.

A continuación, Chen introdujo cambios de precios y cambios de ingresos en la economía de los monos. Supongamos que la comida favorita de Felix era el Jell-O y que estaba acostumbrado a recibir tres cubitos por una moneda. ¿Cómo reaccionaría si de pronto solo pudiera comprar dos cubitos con una moneda?

Para sorpresa de Chen, Felix y los demás respondieron racionalmente. Cuando el precio de un alimento subía, los monos compraban menos, y cuando el precio bajaba, compraban más. La ley más básica de la economía —que la curva de la demanda se inclina hacia abajo— valía tanto para los monos como para los humanos.

Ahora que había observado su conducta racional, Chen quería poner a prueba la conducta *irracional* de los capuchinos. Introdujo dos juegos. En el primero, se le enseñaba al capuchino una uva y, según cómo cayera una moneda, se llevaba solo esa uva o ganaba un premio de una uva más. En el segundo juego, el capuchino empezaba viendo dos uvas, pero si la moneda no le era favorable, los investigadores retiraban una uva y le daban solo una al mono.

En ambos casos, el mono recibía por término medio el mismo número de uvas. Pero el primer juego se presentaba como una potencial ganancia, mientras que el segundo se presentaba como una posible pérdida.

¿Cómo reaccionaron los capuchinos?

Dado que los monos no son muy listos para empezar, uno podría suponer que la estrategia de juego estaba muy por encima de sus capacidades. En ese caso, se supondría que preferirían que el investigador les ofreciera al principio dos uvas en lugar de una. ¡Pero ocurrió justo lo contrario! En cuanto los monos se dieron cuenta de que el investigador de las dos uvas se quedaba a veces la segunda uva, y que el investigador de una sola uva a veces añadía otra, los monos prefirieron claramente al investigador de una sola uva. A un mono racional no le habría importado, pero estos monos irracionales padecían lo que los psicólogos llaman «aversión a la pérdida». Se comportaban como si el sufrimiento de perder una uva fuera mayor que el placer de ganar una.

Hasta ahora, los monos parecían tan racionales como los humanos en su utilización del dinero. Pero sin duda este último experimento demostraba la enorme brecha existente entre el mono y el hombre.

¿O no?

Lo cierto es que experimentos similares con seres humanos —los jugadores de Bolsa, por ejemplo— habían demostrado que las personas toman el mismo tipo de decisiones irracionales con casi idéntica frecuencia. Los datos generados por los monos capuchinos, dice Chen, «los hacen estadísticamente indistinguibles de la mayoría de los inversores en Bolsa».

Así que los paralelismos entre los seres humanos y estos monos de cerebro pequeño obsesionados por la comida y el sexo permanecían intactos. Y después, como si Chen necesitara más evidencias de estos paralelismos, empezaron a ocurrir en el laboratorio las cosas más extrañas.

Felix se introdujo en la cámara de pruebas como había hecho incontables veces antes, pero esta vez, por razones que Chen nunca podrá entender, Felix no recogió las doce monedas de la bandeja para comprar comida con ellas. Lo que hizo fue lanzar todas las monedas de la bandeja a la jaula común y salir corriendo de la cámara de pruebas, detrás de las monedas. Un atraco a un banco seguido por una fuga de prisión.

Hubo un gran alboroto en la jaula grande, con doce monedas en el suelo y siete monos intentando cogerlas. Cuando Chen y los otros investigadores entraron a recoger las monedas, los monos se negaron a entregarlas. Al fin y al cabo, habían aprendido que las monedas tenían valor. Así que los humanos recurrieron a sobornar a los capuchinos con golosinas. Esto enseñó a los monos otra valiosa lección: el crimen tiene sus recompensas.

Después, por el rabillo del ojo, Chen observó algo muy sorprendente. Un mono, en lugar de entregar su moneda a los humanos para obtener una uva o un trozo de manzana, se acercó a una mona y le dio la moneda a ella. Chen había realizado un estudio anterior en el que se descubrió que los monos podían ser altruistas. ¿Acababa de presenciar un acto espontáneo de altruismo primate?

Tras unos pocos segundos de acicalamiento, ¡zas!, los dos capuchinos estaban manteniendo relaciones sexuales.

Lo que había visto Chen no era altruismo, sino más bien el primer caso de prostitución simiesca en los anales de la ciencia.

Y después, solo para demostrar lo bien que los monos habían asimilado el concepto del dinero, en cuanto terminó el sexo —duró solo unos ocho segundos; son monos, después de todo—, la capuchina que había recibido la moneda se apresuró a llevársela a Chen para comprar unas uvas.

Este episodio hizo que a Chen le diera vueltas la cabeza. Hasta ahora, los investigadores habían realizado experimentos con dinero muy definidos, con un mono cada vez. ¿Y si Chen pudiera introducir directamente el dinero en las vidas de los monos? Las posibilidades de la investigación parecían infinitas.

Por desgracia, el capitalismo capuchino soñado por Chen no llegó a ocurrir. Las autoridades que supervisaban el laboratorio de monos temían que introducir dinero en el grupo de capuchinos dañara irreparablemente su estructura social.

Probablemente, tenían razón.

Si los capuchinos se dieron tanta prisa en inventar la prostitución en cuanto tuvieron algo de dinero, imaginen con qué rapidez el mundo acabaría dominado por monos asesinos y monos terroristas, por monos contaminadores que contribuirían al calentamiento global y por monos médicos que no se lavarían las manos. Por supuesto, las futuras generaciones de monos intervendrían y resolverían estos problemas. Pero siempre habría que arreglar algo… como la testaruda insistencia de los monos en que todos sus hijos viajaran en coche en sillitas infantiles.

Agradecimientos

En primer lugar, los dos queremos dar las gracias a todas las personas que nos han permitido contar sus historias en este libro. Por lo general, por cada persona citada en el texto hay cinco o diez más que han contribuido de diversas maneras. Gracias a todos vosotros. También tenemos una gran deuda con los muchos expertos e investigadores cuyos trabajos se citan en el libro.

Suzanne Gluck, de William Morris Endeavor, es una agente como no hay otra, y tenemos suerte de contar con ella. Tiene muchos colaboradores extraordinarios, como Tracy Fisher, Raffaella De Angelis, Cathryn Summerhayes, Erin Malone, Sarah Ceglarski, Caroline Donofrio y Eric Zohn, todos los cuales han sido de gran ayuda, igual que otros trabajadores de WME, pasados y presentes.

En William Morrow/HarperCollins lo hemos pasado muy bien trabajando con nuestro maravilloso editor Henry Ferris, y Dee Dee DeBartlo es infalible en el trabajo y dando ánimos. Tenemos que dar las gracias a muchos otros —entre ellos, a Brian Murray, Michael Morrison, Liate Stehlik, Lynn Grady, Peter Hubbard, Danny Goldstein y Frank Albanese— y a algunos que ya no están, en especial Jane Friedman y Lisa Gallagher. Por el té, la simpatía y más cosas, gracias a Will Goodlad y a Stefan McGrath, de Penguin U.K. (que también aportan excelentes libros infantiles británicos para nuestros retoños).

El *New York Times* nos ha permitido, en sus páginas y en nuestro blog, desarrollar algunas de las ideas de este libro. Gracias en especial a Gerry Marzorati, Paul Tough, Aaron Retica, Andy Rosenthal, David Shipley, Sasha Koren, Jason Kleinman, Brian Ernst y Jeremy Zilar.

A las mujeres del Número 17: ¡qué divertido! Y aún habrá más.

La Agencia Harry Walker nos ha dado más oportunidades de conocer a gente increíble de las que jamás habríamos imaginado, y es un placer trabajar con ellos. Gracias a Don Walker, Beth Gargano, Cynthia Rice, Kim Nisbet, Mirjana Novkovic y todos los demás.

Linda Jines sigue demostrando que no tiene igual cuando se trata de poner nombre a las cosas.

Y gracias, en especial, a todos los lectores que se tomaron la molestia de enviar sus inteligentes, fascinantes, retorcidas y enloquecedoras ideas para que nosotros las desarrolláramos.

AGRADECIMIENTOS PERSONALES

Tengo una enorme deuda con mis numerosos coautores y colegas, cuyas grandes ideas llenan este libro, y con todas las personas amables que se han tomado la molestia de enseñarme lo que sé de economía y de la vida. Mi esposa, Jeanette, y nuestros hijos, Amanda, Olivia, Nicholas y Sophie, dan alegría cada día, aunque echamos mucho de menos a Andrew. Por encima de todo, quiero dar las gracias a mi buen amigo y coautor Stephen Dubner, que es un magnífico escritor y un genio creativo.

S. D. L.

Personas como Sudhir Venkatesh, Allie, Craig Feied, Ian Horsley, Joe De May Jr., John List, Nathan Myhrvold y Lowell Wood hacen que dé las gracias todos los días por haberme hecho escritor. Están llenos de visiones y sorpresas que es un placer descubrir. Steve Levitt no solo es un gran colaborador, sino también un maravilloso profesor de economía. Por su extraordinaria labor de investigación, gracias a Rhena Tantisunthorn, Rachel Fershleiser, Nicole Tourtelot, Danielle Holtz y, sobre todo, Ryan Hagen, que hicieron un gran trabajo en este libro y algún día escribirán grandes libros propios. A Ellen, mi extraordinaria esposa, y a las fantásticas criaturas conocidas como Solomon y Anya: sois todos la mar de maravillosos.

S. J. D.

Notas

INTRODUCCIÓN: METIENDO LO FRIKI EN LA ECONOMÍA

17-19 Los peligros de caminar borracho: el brillante economista Ke-
       vin Murphy hizo que nos fijáramos en el peligro relativo de
       andar borracho. Para más información sobre *los peligros de con-
       ducir borracho*, véase Steven D. Levitt y Jack Porter, «How Dan-
       gerous Are Drinking Drivers?», *Journal of Political Economy*
       109, n.º 6 (2001). / 17 Una de las ventajas de una burocracia
       federal agobiante es que da empleo a decenas de miles de tra-
       bajadores en agencias que recopilan y organizan infinitos
       montones de datos estadísticos. La Administración Nacional
       de Seguridad de Tráfico en Carreteras (NHTSA) es una de
       esas agencias, que proporciona datos valiosos y definitivos so-
       bre seguridad en el tráfico. En cuanto a la *proporción de kilóme-
       tros conducidos en estado de embriaguez*, véase «Impaired Driving
       in the United States», NHTSA, 2006. / 18 Sobre *muertes de
       peatones borrachos*, véase «Pedestrian Roadway Fatalities»,
       NHTSA, DOT HS 809 456, abril de 2003. / 18 Sobre *muer-
       tes de conductores borrachos*, véase «Traffic Safety Facts 2006»,
       NHTSA, DOT HS 810 801, marzo de 2008. / 18 *«Se tumban
       a descansar en carreteras rurales»*: véase William E. Schmidt, «A
       Rural Phenomenon: Lying-in-the-Road Deaths», *The New
       York Times*, 30 de junio de 1986. / 19 El *número de norteameri-*

canos en edad de conducir: aquí y en todas partes de este libro, las
estadísticas y características de población suelen estar tomadas
de datos de la Oficina del Censo de Estados Unidos. / 19 «*Los
amigos no dejan que sus amigos...*»: Por pura casualidad, conocimos hace poco a uno de los creadores del popular eslogan
«Los amigos no dejan que sus amigos conduzcan bebidos». Se
llama Susan Wershba Zerin. A principios de los años ochenta,
trabajaba en la agencia publicitaria Leber Katz Partners de
Nueva York, y era jefa de contabilidad de una campaña contra la conducción en estado de embriaguez organizada por el
Departamento de Transportes de Estados Unidos. «Nuestro
principal contacto era Elizabeth Dole, la secretaria de Transportes», recuerda. La frase «Los amigos no dejan que sus amigos conduzcan bebidos» se escribió como declaración estratégica interna de la campaña, pero resultó tan memorable entre
los implicados que se adoptó como lema de la misma.

20-25   El improbable salvador de las mujeres indias: esta sección recoge muchos elementos de Robert Jensen y Emily Oster,
«The Power of TV: Cable Television and Women's Status in
India», *Quarterly Journal of Economics*, de próxima aparición.
Para más información sobre los *niveles de vida en la India*, véanse el informe de las Naciones Unidas sobre Desarrollo Humano en la India; «National Family Health Survey (NFHS-3),
2005-06, India», Instituto Internacional de Ciencias de la Población y Macro Intl., y el «Estudio sobre Corrupción en la
India 2005», Center for Media Studies, Transparency International, India. / 20 Sobre el *rechazo a las niñas en la India* y el
uso de ecografías para identificar el sexo de los fetos con vistas al aborto, véanse el informe de NFHS-3; Peter Wonacott,
«India's Skewed Sex Ratio Puts GE Sales in Spotlight», *The
Wall Street Journal*, 19 de abril de 2007; Neil Samson Katz y
Marisa Sherry, «India: The Missing Girls», *Frontline*, 26 de abril
de 2007. / 20 Para más información sobre la persistencia de

las *dotes en la India*, véanse Siwan Anderson, «Why Dowry Payments Declined with Modernization in Europe but Are Rising in India», *Journal of Political Economy* 111, n.º 2 (abril de 2003); Sharda Srinivasan y Arjun S. Bedi, «Domestic Violence and Dowry: Evidence from a South Indian Village», *World Development* 35, n.º 5 (2007), y Amelia Gentleman, «Indian Brides Pay a High Price», *The International Herald Tribune*, 22 de octubre de 2006. / 20 La historia de *Smile Train* se basa en entrevistas del autor con Brian Mullaney, de Smile Train; véase también Stephen J. Dubner y Steven D. Levitt, «Bottom-Line Philanthropy», *The New York Times Magazine*, 9 de marzo de 2008. / 21 Para más información sobre las *mujeres desaparecidas de la India*, véanse Amartya Sen, «More than 100 Million Women Are Missing», *The New York Review of Books*, 20 de diciembre de 1990; Stephan Klasen y Claudia Wink, publicado en K. Basu y R. Kanbur, eds., *Social Welfare, Moral Philosophy and Development: Essays in Honour of Amartya Sen's Seventy-Fifth Birthday* (Oxford University Press, 2008), y Swami Agnivesh, Rama Mani y Angelika Koster-Lossack, «Missing: 50 Million Indian Girls», *The New York Times*, 25 de noviembre de 2005. Véase también Stephen J. Dubner y Steven D. Levitt, «The Search for 100 Million Missing Women», *Slate*, 24 de mayo de 2005, que informa sobre el descubrimiento por Emily Oster de una relación entre las mujeres desaparecidas y la hepatitis B; pero véase también Steven D. Levitt, «An Academic Does the Right Thing», blog de Freakonomics, *The New York Times*, 22 de mayo de 2008, donde se comprueba que la conclusión de la hepatitis es incorrecta. / 21 *Culto al hijo en China*: véanse Therese Hesketh y Zhu Wei Xing, «Abnormal Sex Ratios in Human Populations: Causes and Consequences», *Proceedings of the National Academy of Sciences*, 5 de septiembre de 2006, y Sharon LaFraniere, «Chinese Bias for Baby Boys Creates a Gap of 32 Million», *The New York Times*, 10 de abril de 2009. / 21 Se puede encontrar información acerca de la *cremación de esposas, malos tratos y otras atrocidades domésticas* en Virendra Kumar, Sarita Kanth, «Bride Burning», *The Lancet* 364, sup. 1 (18 de diciembre de 2004); B. R. Sharma, «Social Etiology of Violence Against Women in India», *Social Science Journal* 42, n.° 3 (2005); «India HIV and AIDS Statistics», AVERT, disponible en www.avert.org/indiaaids.htm, y Kounteya Sinha, «Many Women Justify Wife Beating», *The Times of India*, 12 de octubre de 2007. / 22 *«El condón no está optimizado para la India»*: véanse Rohit Sharma, «Project Launched in India to Measure Size of Men's Penises», *British Medical Journal*, 13 de octubre de 2001; Damian Grammaticus, «Condoms "Too Big" for Indian Men», *BBC News*, 8 de diciembre de 2006, y Madhavi Rajadhyaksha, «Indian Men Don't Measure Up», *The Times of India*, 8 de diciembre de 2006. / 22 *Apni Beti, Apna Dhan* se describe en Fahmida Jabeen y Ravi Karkara, «Government Support to Parenting in Bangladesh and India», Save the Children, diciembre de 2005.

25-30   Ahogándose en estiércol de caballo: véanse Joel Tarr y Clay McShane, «The Centrality of the Horse to the Nineteenth-Century American City», en *The Making of Urban America*, ed. Raymond Mohl (Rowman & Littlefield, 1997); Eric Morris, «From Horse Power to Horsepower», *Access*, n.° 30, primavera de 2007, y Ann Norton Greene, *Horses at Work: Harnessing Power in Industrial America* (Harvard University Press, 2008). Basado también en entrevistas del autor con Morris, McShane y David Rosner, profesor Ronald H. Lauterstein de ciencias sociomédicas en la Universidad de Columbia. / 29 *El cambio climático destruirá «el planeta Tierra tal como lo conocemos»*: véase Martin Weitzman, «On Modeling and Interpreting the Economics of Catastrophic Climate Change», *The Review of Economics and Statistics* 91, n.° 1 (febrero de 2009). / 29-30 *El caso del estiércol de caballo robado* se cuenta en dos artículos del *Boston Globe* escritos por Kay Lazar: «It's Not a Dung Deal»,

26 de junio de 2005, y «Economics Professor Set to Pay for Manure», 2 de agosto de 2005.

30-32   Pero, bueno, ¿qué es la «freakonomía»? *Gary Becker, el freako-nomista original*, ha escrito numerosos libros, trabajos y artículos que deberían leerse mucho, entre ellos *The Economic Approach to Human Behavior, A Treatise on the Human Family* y *Human Capital.* Véanse también su discurso de aceptación del Nobel, «The Economic Way of Looking at Life», Conferencia Nobel, Universidad de Chicago, 9 de diciembre de 1992, y *The Nobel Prizes, Presentations, Biographies, and Lectures,* Tore Frängsmyr, ed. (Fundación Nobel, 1993). / 31 *«Nuestro trabajo en este libro consiste en encontrar esas preguntas»*: como dicen que dijo una vez el prestigioso estadístico John Tukey: «Una respuesta aproximada a la pregunta adecuada vale mucho más que una respuesta precisa a la pregunta inadecuada». / 32 *Una mama y un testículo*: por esta idea, un saludo al futurista Watts Wacker.

32-34   Histeria de ataques de tiburones: Los reportajes de la revista *Time* aparecieron el 30 de julio de 2001, e incluían «Saving Jessie Arbogast», de Timothy Roche. / 33 La fuente definitiva de *estadísticas sobre ataques de tiburones* es el International Shark Attack File, recopilado por el Museo de Historia Natural de Florida, en la Universidad de Florida. / 33 *Muertes por elefantes*: véase *People and Wildlife, Conflict or Co-existence,* Rosie Woodroffe, Simon Thirgood y Alan Rabinowitz, eds. (Cambridge University Press, 2005). Para más información sobre ataques de elefantes a humanos, véase Charles Siebert, «An Elephant Crackup?», *The New York Times Magazine,* 8 de octubre de 2006.

1. ¿En qué se parece una prostituta de la calle a un Santa Claus de unos grandes almacenes?

37-38 Presentamos a LaSheena: es una de las muchas prostitutas callejeras que participaron en el trabajo de campo de Sudhir Venkatesh, resumido con mucho más detalle en otra parte de este capítulo e incluido en el trabajo de Steven D. Levitt y Sudhir Alladi Venkatesh, «An Empirical Analysis of Street-Level Prostitution».

38 Es duro ser mujer: sobre la esperanza de vida en la historia, véase Vern Bullough y Cameron Campbell, «Female Longevity and Diet in the Middle Ages», *Speculum* 55, n.º 2 (abril de 1980). / 38 *Ejecutadas por brujas*: véase Emily Oster, «Witchcraft, Weather and Economic Growth in Renaissance Europe», *Journal of Economic Perspectives* 18, n.º 1 (invierno de 2004). 38 / *Aplanado de pechos*: véase Randy Joe Sa'ah, «Cameroon Girls Battle "Breast Ironing"», *BBC News*, 23 de junio de 2006; hasta un 26 por ciento de las muchachas camerunesas sufren el procedimiento, realizado muchas veces por sus madres, al llegar a la pubertad. / 38 *La situación de las mujeres chinas*: véase el informe del Departamento de Estado de Estados Unidos, «2007 Country Reports on Human Rights Practices»; sobre las consecuencias a largo plazo del vendado de pies, véase Steven Cummings, Xu Ling y Katie Stone, «Consequences of Foot Binding Among Older Women in Beijing, China», *American Journal of Public Health* 87, n.º 10 (1997).

38-41 Espectaculares mejoras en la vida de las mujeres: el *avance de las mujeres en la educación superior* se ha basado en dos informes del Centro Nacional de Estadísticas de Educación, Departamento de Educación de Estados Unidos: *120 Years of American Education: A Statistical Portrait* (1993), y *Postsecondary Institutions in the United States: Fall 2007, Degrees and Other Awards Confe-*

rred: 206-07, and 12-Month Enrollment: 2006-07 (2008). / 39
Hasta las mujeres de Harvard ganan menos que los hombres:
véase Claudia Goldin y Lawrence F. Katz, «Transitions: Career
and Family Lifecycles of the Educational Elite», *AEA Papers
and Proceedings*, mayo de 2008. / 39 *Penalización salarial para
mujeres con sobrepeso*: véase Dalton Conley y Rebecca Glauber,
«Gender, Body Mass and Economic Status», trabajo de la Oficina Nacional de Investigación Económica (NBER), mayo de
2005. / 40 *Mujeres con dientes estropeados*: véase Sherry Glied y
Matthew Neidell, «The Economic Value of Teeth», trabajo de
la NBER, marzo de 2008. / 40 *El precio de la menstruación*:
véase Andrea Ichino y Enrico Moretti, «Biological Gender
Differences, Absenteeism and the Earnings Gap», *American
Economic Journal: Applied Economics* 1, n.º 1 (2009). / 40-41 *El
Título IX crea trabajos para mujeres; los hombres se los quedan*:
véanse Betsey Stevenson, «Beyond the Classroom: Using Title
IX to Measure the Return to High School Sports», Escuela
Wharton, Universidad de Pensilvania, junio de 2008; Linda
Jean Carpenter y R. Vivian Acosta, «Women in Intercollegia-
te Sport: A Longitudinal, National Study Twenty-Seven-Year
Update, 1977-2004», y Christina A. Cruz, *Gender Games: Why
Women Coaches Are Losing the Field* (VDM Verlag, 2009). So-
bre la disparidad en la WNBA, véase Mike Terry, «Men Do-
minate WNBA Coaching Ranks», *The Los Angeles Times*, 2 de
agosto de 2006.

41-45   Prostitución de antes de la guerra: esta sección se ha basado
          en diversos archivos y libros, entre ellos: *The Social Evil in
          Chicago* (también conocido como Informe de la Comisión
          Antivicio de Chicago), American Vigilance Association, 1911;
          George Jackson Kneeland y Katharine Bement Davis, *Com-
          mercialized Prostitution in New York City* (The Century Co.,
          1913); Howard Brown Woolston, *Prostitution in the United Sta-
          tes*, vol. 1, *Prior to the Entrance of the United States into the World*

War (The Century Co., 1921), y *The Lost Sisterhood: Prostitution in America, 1900-1918* (The Johns Hopkins University Press, 1983). Para más información sobre el Everleigh Club, véase el fascinante libro de Karen Abbott *Sin in the Second City* (Random House, 2007).

44   A la cárcel van los vendedores de drogas, no los compradores: véase Ilyana Kuziemko y Steven D. Levitt, «An Empirical Analysis of Imprisoning Drug Offenders», *Journal of Public Economics* 88 (2004); véase también *2008 Sourcebook of Federal Sentencing Statistics*, de la Comisión de Sentencias de Estados Unidos.

45-64   Las prostitutas callejeras de Chicago: esta sección se basa principalmente en el trabajo de Steven D. Levitt y Sudhir Alladi Venkatesh, «An Empirical Analysis of Street-Level Prostitution».

46-48   Mentir al encuestador de «oportunidades»: véase César Martinelli y Susan Parker, «Deception and Misreporting in a Social Program», *Journal of European Economics Association* 7, n.º 4 (2009). La periodista Tina Rosenberg nos hizo fijarnos en este artículo.

50   Perder la virginidad con una prostituta, antes y ahora: véanse Charles Winick y Paul M. Kinsie, *The Lively Commerce: Prostitution in the United States* (Quadrangle Books, 1971), donde se cita un artículo de P. H. Gebhard presentado en la reunión de diciembre de 1976 de la Asociación Americana para el Avance de la Ciencia, y Edward O. Laumann, John H. Gagnon, Robert T. Michael y Stuart Michaels, *The Social Organization of Sexuality: Sexual Practices in the United States* (The University of Chicago Press, 1994).

53-54   ¿Por qué se ha abaratado tanto el sexo oral?: véase Bonnie L. Halpern-Felsher, Jodi L. Cornell, Rhonda Y. Kropp y Jeanne

M. Tschann, «Oral Versus Vaginal Sex Among Adolescents: Perceptions, Attitudes and Behavior», *Pediatrics* 115 (2005); Stephen J. Dubner y Steven D. Levitt, «The Economy of Desire», *The New York Times Magazine*, 11 de diciembre de 2005; Tim Harford, «A Cock-and-Bull Story: Explaining the Huge Rise in Teen Oral Sex», *Slate*, 2 de septiembre de 2006. / 53 *«Facilidad de salida»* es una frase empleada por el doctor Michael Rekart, de la Universidad de Columbia Británica, en una entrevista con el autor; véase también Michael Rekart, «Sex-Work Harm Reduction», *Lancet* 366 (2005).

55   Discriminación en el precio: para más información sobre los cortadores de pelo del Dr. Leonard para humanos y animales, véase Daniel Hamermesh, «To Discriminate You Need to Separate», blog de Freakonomics, *The New York Times*, 8 de mayo de 2008.

57   Mucha incidencia de sida entre los clientes de los prostitutos: véase K.W. Elifson, J. Boles, W.W. Darrow y C.E. Sterk, «HIV Seroprevalence and Risk Factors Among Clients of Female and Male Prostitutes», *Journal of Acquired Inmune Deficiency Syndromes and Human Retrovirology* 20, n.º 2 (1999).

58-62 Chulimpacto > Agimpacto: véanse Igal Hendel, Aviv Nevo y François Ortalo-Magne, «The Relative Performance of Real Estate Marketing Platforms: MLS versus FSBOMadison.com», *American Economic Review*, de próxima aparición, y Steven D. Levitt y Chad Syverson, «Antitrust Implications of Outcomes When Home Sellers Use Flat-Fee Real Estate Agents», *Brookings-Wharton Papers on Urban Affairs*, 2008.

64-66 Feminismo y enseñanza: las *profesiones de las mujeres en 1910* están tomadas del censo estadounidense de 1910. / 65 *Porcen-*

taje de mujeres profesoras: véase Claudia Goldin, Lawrence F. Katz e Ilyana Kuziemko, «The Homecoming of American College Women: The Reversal of the College Gender Gap», *Journal of Economic Perspectives* 20, n.º 4 (otoño de 2006). Gracias a Kuziemko por cálculos adicionales. / 65 *Se multiplican las oportunidades para las mujeres*: véase Raymond F. Gregory, *Women and Workplace Discrimination: Overcoming Barriers to Gender Equality* (Rutgers University Press, 2003). / 65 *La guardería como «héroe olvidado»*: véase Stefania Albanesi y Claudia Olivetti, «Gender Roles and Technological Progress», trabajo de la Oficina Nacional de Investigación Económica, junio de 2007. / 66 *La erosión de la calidad del profesorado*: véanse Marigee P. Bacolod, «Do Alternative Opportunities Matter? The Role of Female Labor Markets in the Decline of Teacher Supply and Teacher Quality, 1940-1990», *Review of Economics and Statistics* 89, n.º 4 (noviembre de 2007); Harold O. Levy, «Why the Best Don't Teach», *The New York Times*, 9 de septiembre de 2000, y John H. Bishop, «Is the Test Score Decline Responsible for the Productivity Gowth Decline», *American Economic Review* 79, n.º 1 (marzo de 1989).

66-69   Hasta las mejores mujeres ganan menos: véanse Justin Wolfers, «Diagnosing Discrimination: Stock Returns and CEO Gender», *Journal of the European Economic Association* 4, n.ᵒˢ 2-3 (abril-mayo de 2006), y Marianne Bertrand, Claudia Goldin y Lawrence F. Katz, «Dynamics of the Gender Gap for Young Professionals in the Financial and Corporate Sectors», trabajo de la Oficina Nacional de Investigación Económica, enero de 2009.

68   ¿Les gusta el dinero a los hombres como los niños a las mujeres?: el *experimento de diferenciación de sexos ante un incentivo económico* se presentó en Roland G. Fryer, Steven D. Levitt y John A. List, «Exploring the Impact of Financial Incentives on

Stereotype Threat: Evidence from a Pilot Study», *AEA Papers and Proceedings* 98, n.º 2 (2008).

69-71   ¿Puede un cambio de sexo hacer subir tu salario?: véase Kristen Schilt y Matthew Wiswall, «Before and After: Gender Transitions, Human Capital and Workplace Experiences», *B.E. Journal of Economic Analysis & Policy* 8, n.º 1 (2008). Se obtuvo más información para esta sección en entrevistas de los autores con Ben Barres y Deirdre McCloskey; véanse también Robin Wilson, «Leading Economist Stuns Field by Deciding to Become a Woman», *Chronicle of Higher Education*, 16 de febrero de 1996, y Shankar Vedantam, «He, Once a She, Offers Own View on Science Spat», *The Wall Street Journal*, 13 de julio de 2006.

71-79   ¿Por qué no hay más mujeres como Allie?: como hemos contado en la nota explicativa de este libro, conocimos a Allie gracias a un conocido común. Allie no es su verdadero nombre, pero todos los demás datos sobre ella son ciertos. En los últimos años, los dos hemos pasado mucho tiempo con ella (todos completamente vestidos), ya que esta sección se ha basado en largas entrevistas, el análisis de sus libros de cuentas y algunas conferencias que se le invitó a dar en la Universidad de Chicago para el curso de Levitt «Economía del delito». Varios estudiantes dijeron que era la mejor clase que habían tenido en todos sus años de universidad, lo que es a la vez un firme testimonio de la inteligencia de Allie y una brutal descalificación de Levitt y los demás profesores. Véase también Stephen J. Dubner, «A Call Girl's View of the Spitzer Affair», blog de Freakonomics, *The New York Times*, 12 de marzo de 2008.

79   Toda bonanza inmobiliaria atrae a un enjambre de agentes de la propiedad: véase Stephen J. Dubner y Steven D. Levitt, «Endangered Species», *The New York Times Magazine*, 5 de marzo de 2006.

2. ¿POR QUÉ LOS TERRORISTAS SUICIDAS DEBERÍAN CONTRATAR UN SEGURO DE VIDA?

81-84   El ramadán y otros efectos de nacimiento: la sección sobre *ayuno diurno prenatal* está basada en Douglas Almond y Bhashkar Mazumder, «The Effects of Maternal Fasting During Ramadan on Birth and Adult Outcomes», trabajo de la Oficina Nacional de Investigación Económica, octubre de 2008. / 82 *La ruleta natal afecta también a los caballos*: véanse Bill Mooney, «Horse Racing: A Study on the Loss of Foals», *The New York Times*, 2 de mayo de 2002, y Frank Fitzpatrick, «Fate Stepped in for Smarty», *The Philadelphia Inquirer*, 26 de mayo de 2004. / 83 *El efecto de la «gripe española»*: véanse Douglas Almond, «Is the 1918 Influenza Pandemic Over? Long-Term Effects of *In Utero* Influenza Exposure in the Post-1940 U.S. Population», *Journal of Political Economy* 114, n.° 4 (2006), y Douglas Almond y Bhashkar Mazumder, «The 1918 Influenza Pandemic and Subsequent Health Outcomes: An Analysis of SIPP Data», *Recent Developments in Health Economics* 95 n.° 2 (mayo de 2005). / 83 *Albert Aab contra Albert Zyzmor*: véanse Liran Einav y Leeat Yariv, «What's in a Surname? The Effects of Surname Initials on Academic Success», *Journal of Economic Perspectives* 20, n.° 1 (2006), y C. Mirjam van Praag y Bernard M. S. van Praag, «The Benefits of Being Economics Professor A (and not Z)», trabajo para discusión del Instituto de Estudio del Trabajo, marzo de 2007.

84-87   La agrupación de cumpleaños y el efecto de la edad relativa: véanse Stephen J. Dubner y Steven D. Levitt, «A Star Is Made», *The New York Times Magazine*, 7 de mayo de 2006; K. Anders Ericsson, Neil Charness, Paul J. Feltovich y Robert R. Hoffman, *The Cambridge Handbook of Expertise and Expert Performance* (Cambridge University Press, 2006); K. Anders Ericsson, Ralf Th. Krampe y Clemens Tesch-Romer, «The Role of

Deliberate Practice in the Acquisition of Expert Performance», *Psychological Review* 100, n.º 3 (1993); Werner Helsen, Jan van Winckel y A. Mark Williams, «The Relative Age Effect in Youth Soccer Across Europe», *Journal of Sports Sciences* 23, n.º 6 (junio de 2005), y Greg Spira, «The Boys of Late Summer», *Slate*, 16 de abril de 2008. Como se explica en una nota al pie de esta sección, habíamos planeado escribir un capítulo de *Superfreakonomics* sobre cómo se adquiere el talento; es decir, cuando una persona es muy buena en una cosa, ¿qué le hace ser tan buena? Pero nuestros planes cambiaron hace poco, cuando se publicaron varios libros sobre este tema. Muchas personas nos ofrecieron generosamente su tiempo y sus ideas cuando nos documentábamos para este capítulo abandonado, y quedamos en deuda con ellas. Anders Ericsson fue sumamente cooperador, y también Werner Helsen, Paula Barnsley, Gus Thompson, entre muchos otros. Estamos especialmente agradecidos a Takeru Kobayashi, el campeón japonés de competiciones de comida, por su tiempo, sus ideas y su disposición durante una visita a Nueva York para probar un perrito caliente Papaya King y un Nacional Hebreo, aunque no le gustan particularmente los perritos calientes, excepto cuando está comiendo ocho o diez por minuto. Fue claramente trabajar en vacaciones, y Kobayashi no pudo haber estado más elegante.

87-90 ¿Quién se hace terrorista?: véanse Alan B. Krueger, *What Makes a Terrorist* (Princeton University Press, 2007); Claude Berrebi, «Evidence About the Link Between Education, Poverty and Terrorism Among Palestinians», documento de trabajo del Departamento de Relaciones Industriales de la Universidad de Princeton, 2003, y Krueger y Jita Maleckova, «Education, Poverty and Terrorism: Is There a Causal Connection?», *Journal of Economic Perspectives* 17, n.º 4 (otoño de 2003). / 88 Para más información sobre *objetivos de los terroristas*, véase Mark Juergensmeyer, *Terror in the Mind of God* (University of California Press, 2001). / 88-89 *El terrorismo es difícil de definir*: véase «Muslim Nations Fail to Define Terrorism», Associated Press, 3 de abril de 2002.

89-92   Por qué el terrorismo es tan barato y fácil: *la cifra de muertos en la zona metropolitana de Washington D.C.* fue aportada por el FBI, que recoge estadísticas de criminalidad de los departamentos de policía locales. La zona estadística metropolitana de Washington D. C. incluye el distrito mismo y algunos condados de los alrededores pertenecientes a Maryland, Virginia y Virginia Oriental. Para más información sobre el *impacto de los ataques de los francotiradores de Washington*, véase Jeffrey Schulden *et al.*, «Psychological Responses to the Sniper Attacks: Washington D. C., Area, October 2002», *American Journal of Preventative Medicine* 31, n.º 4 (octubre de 2006). / 90 Las cifras sobre *controles de seguridad en aeropuertos* están tomadas de la Oficina Federal de Estadísticas de Transportes. / 91 *Impacto económico del 11-S*: véase Dick K. Nanto, «9/11 Terrorism: Global Economic Costs», *Congressional Research Service*, 2004. / 91 *Muertes de más en accidentes después del 11-S*: véanse Garrick Blalock, Vrinda Kadiyali y Daniel Simon, «Driving Fatalities after 9/11: A Hidden Cost of Terrorism», trabajo del Departamento de Economía Aplicada y Gestión de la Universidad de Cornell, 2005; Gerd Gigerenzer, «Dread Risk, September 11, and Fatal Traffic Accidents», *Psychological Science* 15, n.º 4 (2004); Michael Sivak y Michael J. Flannagan, «Consequences for Road Traffic Fatalities of the Reduction in Flying Following September 11, 2001», *Transportation Research* 7 n.ºs 4-5 (julio-septiembre de 2004), y Jenny C. Su *et al.*, «Driving Under the Influence (of Stress): Evidence of a Regional Increase in Impaired Driving and Traffic Fatalities After the September 11 Terrorist Attacks», *Psychological Science* 20, n.º 1 (diciembre de 2008). / 91 *Stock options con fecha atrasada*: véanse Mark Maremont, Charles Forelle y James Bandler, «Companies Say Backdating used in Days after 9/11», *The Wall Street Journal*, 7 de marzo de 2007. / 91-92 *Recursos policiales desviados al terrorismo*: véanse Selwyn Raab, *Five Families: The Rise, Decline and Resurgence of America's Most Powerful Mafia Empires* (Macmillan, 2005); Janelle Nanos, «Stiffed», *New York*, 6 de noviembre de 2006; Suzy Jagger, «FBI Diverts Anti-Terror Agents to Bernard Madoff $ 50 Billion Swindle», *The Times* (Londres), 22 de diciembre de 2008, y Eric Lichtblau, «Federal Cases of Stock Fraud Drop Sharply», *The New York Times*, 24 de diciembre de 2008. / 92 *La gripe y los viajes aéreos*: véase John Brownstein, Cecily Wolfe y Kenneth Mandl, «Empirical Evidence for the Effect of Airline Travel on Interregional Influenza Spread in the United States», *PloS Medicine*, octubre de 2006. / 92 *Baja la criminalidad en D.C.*: véase Jonathan Klick y Alexander Tabarrok, «Using Terror Alert Levels to Estimate the Effect of Police on Crime», *Journal of Law and Economics* 48, n.º 1 (abril de 2005). / 92 *Bonanza para la marihuana de California*: véanse «Home-Grown», *The Economist*, 18 de octubre de 2007, y Jeffrey Miron, «The Budgetary Implications of Drug Prohibition», Universidad de Harvard, diciembre de 2008.

92-101 El hombre que arregla hospitales: esta sección está basada principalmente en entrevistas de los autores con Craig Feied y otros miembros de su equipo, incluido a Mark Smith. También hemos utilizado abundantemente el trabajo de Rosabeth Moss Kanter y Michelle Heskett, «Washington Hospital Center», una serie en cuatro partes en *Harvard Business School*, 21 de julio de 2002, N9-303-010 a N9-303-022. / 92-93 *La medicina de urgencias como especialidad*: véase Derek R. Smart, *Physician Characteristics and Distribution in the U.S.* (American Medical Association Press, 2007). / 93 *Estadísticas de urgencias*: véanse Eric W. Nawar, Richard W. Niska y Jiamin Xu, «National Hospital Ambulatory Medical Care Survey: 2005

Emergency Department Summary», *Advance Data from Vital and Health Statisics*, Centros para el Control y la Prevención de Enfermedades, 29 de junio de 2007, y la información recogida de la Agencia Federal de Investigación y Calidad Sanitaria (AHRQ), así como los siguientes informes de la AHRQ: Pamela Horsleys y Anne Elixhauser, «Hospital Admissions That Began in the Emergency Department, 2003», y el informe estadístico del Healthcare Cost and Utilization Project (H-CUP) n.º 1, febrero de 2006. / 97 *Lo que haces en los primeros sesenta minutos*»: tomado de Fred D. Baldwin, «It's All About Speed», *Healthcare Informatics*, noviembre de 2000. / 98 «*Deriva cognitiva*»: véanse R. Miller, «Response Time in Man-Computer Conversational Transactions», *Proceedings of the AFIPS Fall Joint Computer Conference*, 1968, y B. Shneiderman, «Response Time and Display Rate in Human Performance with Computers», *Computing Surveys*, 1984.

101-110 ¿Quiénes son los mejores y los peores médicos de urgencias?: esta sección está basada principalmente en el trabajo de Mark Duggan y Steven D. Levitt, «Assessing Differences in Skill Across Emergency Room Physicians». / 101-102 El *efecto negativo de los informes de los médicos*: véase David Dranove, Daniel Kessler, Mark McClellan y Mark Satterhwaite, «Is More Information Better?», *Journal of Political Economy* 111, n.º 3 (2003). / 109-110 *¿Salvan vidas las huelgas de médicos?*: véanse Robert S. Mendelsohn, *Confessions of a Medical Heretic* (Contemporary Books, 1979), y Solveig Argeseanu Cunningham, Kristina Mitchell, K. M. Venkat Narayan y Salim Yusuf, «Doctors' Strikes and Mortality: A Review», *Social Science and Medicine* 67, n.º 11 (diciembre de 2008).

110-112 Maneras de aplazar la muerte: *ganar un premio Nobel*: véanse Matthew D. Rablen y Andrew J. Oswald, «Mortality and Inmortality», Universidad de Warwick, enero de 2007, y Donald

MacLeod, «Nobel Winners Live Longer, Say Researchers», *The Guardian*, 17 de enero de 2007. *Entrar en el Salón de la Fama*: véase David J. Becker, Kenneth Y. Chay y Shailender Swaminathan, «Mortality and the Baseball Hall of Fame: An Investigation into the Role of Status in Life Expectancy», iHEA 2007, VI Congreso Mundial: Revisión de la Salud Económica. *Contratar rentas vitalicias*: véase Thomas J. Phillipson y Gary S. Becker, «Old-Age Longevity and Mortality-Contingent Claims», *Journal of Political Economy* 106, n.° 3 (1998). *Ser religioso*: véase Ellen L. Idler y Stanislav V. Kasl, «Religion, Disability, Depression and the Timing of Death», *American Journal of Sociology* 97, n.° 4 (enero de 1992). *Ser patriota*: véase David McCullough, *John Adams* (Simon & Schuster, 2001). *Eludir el impuesto de sucesiones*: Joshua Gans y Andrew Leigh, «Did the Death of Australian Inheritance Taxes Affect Deaths?», *Topics in Economic Analysis and Policy* (Berkeley Electronic Press, 2006).

112-115   La verdad acerca de la quimioterapia: esta sección está basada en parte en entrevistas con oncólogos en ejercicio e investigadores de oncología, entre ellos Thomas J. Smith, Max Wicha, Peter D. Eisenberg, Jerome Groopman y varios participantes en «Requisitos para la cura del cáncer», una conferencia extraoficial organizada en 2007 por Arny Glazier y el Instituto de Investigación Van Andel (gracias a Rafe Furst por la invitación). Véanse también: Thomas G. Roberts Jr., Thomas J. Lynch Jr., Bruce A. Chabner, «Choosing Chemotherapy for Lung Cancer Based on Cost: Not Yet», *Oncologist*, 1 de junio de 2002; Scott Ramsey *et al.*, «Economic Analysis of Vinorelbine plus Cisplatin versus Paclitaxel plus Carboplatin for Advanced Non-Small-Cell Lung Cancer», *Journal of the National Cancer Institute* 94, n.° 4 (20 de febrero de 2002); Graeme Morgan, Robyn Wardy y Michael Bartonz, «The Contribution of Cytotoxic Chemotherapy to 5-year Survival in Adult Malignancies», *Clinical Oncology* 16 (2004); Guy Faguet, *The*

War on Cancer: An Anatomy of Failure, a Blueprint for the Future (Springer Netherlands, 2005); Neal J. Meropol y Kevin A. Schulman, «Cost of Cancer Care: Issues and Implications», *Clinical Oncology* 25, n.º 2 (enero de 2007), y Bruce Hillner y Thomas J. Smith, «Efficacy Does Not Necessarily Translate to Cost Effectiveness: A Case Study in the Challenges Associated with 21st Century Cancer Drug Pricing», *Journal of Clinical Oncology* 27, n.º 13 (mayo de 2009). / 115 *«El profundo y pertinaz deseo de no morirse»*: Thomas Smith ofreció esta cita de memoria, atribuyéndosela a su colega Thomas Finucane, en «How Gravely Ill Becomes Dying: A Key to End-of-Life Care», *Journal of the American Medical Association* 282 (1999). Pero la memoria de Smith había mejorado un poco la cita original de Finucane, que decía «el extendido y arraigado deseo de no morir».

115   Vivir lo suficiente para morir de cáncer: véase Bo E. Honore y Adriana Lleras-Muney, «Bounds in Competing Risks Models and the War on Cancer», *Econometrica* 76, n.º 6 (noviembre de 2006).

116   La guerra no es tan peligrosa como creemos: basado en «U.S. Active Duty Military Deaths 1980 through 2008 (as of April 22, 2009)», preparado por el Centro de Datos de Personal de Defensa, Departamento de Defensa; gracias a un lector llamado Adam Smith (en serio) por darnos a conocer estos datos.

116-126 Cómo atrapar a un terrorista: esta sección está basada en «Identifying Terrorists Using Banking Data», documento de trabajo de Steven D. Levitt y A. Danger Powers, y en entrevistas de los autores con Ian Horsley (seudónimo), principalmente en Londres. / 118-119 *Fraude bancario en el Reino Unido*: tomado de la Asociación de Clarificación de Pagos (APACS). / 121 *Falsos positivos en pruebas de cáncer*: véase Jennifer Miller Croswell *et al.*, «Cumulative Incidence of False-

Positive Results in Repeated, Multimodal Cancer Scree-
ning», *Annals of Family Medicine* 7 (2009). / 121 *Mike Lowell*:
véase Jimmy Golen, «Lowell: Baseball Held to Higher Stan-
dard», The Associated Press, 18 de enero de 2008. / 122 *Puesta en libertad de sospechosos de terrorismo*: véase Alan Travis,
«Two-Thirds of U.K. Terror Suspects Released Without
Charge», *The Guardian*, 12 de mayo de 2009.

3. HISTORIAS INCREÍBLES DE APATÍA Y ALTRUISMO

127-129 Kitty Genovese y los «38 testigos»: esta sección, así como la
sección del final del capítulo acerca de Kitty Genovese, se
debe en gran parte al tiempo y las aportaciones de Joseph De
May Jr., que ha creado un fondo de evidencia documental
acerca del crimen en www.kewgardenshistory.com. También
estamos en deuda con muchos otros que aportaron sus conocimientos sobre el caso en entrevistas o correspondencia, entre ellos Andrew Blauner, Mike Hoffman, Jim Rasenberger,
Charles Skoller, Jim Solomon y Harold Takooshian. Y hemos
tomado mucho material de algunos de los numerosos libros y
artículos escritos acerca del asesinato, entre ellos: Martin
Gansberg, «37 Who Saw Murder Didn't Call the Police:
Apathy at Stabbing of Queens Woman Shocks Inspector», *The
New York Times*, 27 de marzo de 1964; A. M. Rosenthal,
Thirty-Eight Witnesses: The Kitty Genovese Case (Melville Hou-
se, 2008; publicado originalmente en 1964 por McGraw-
Hill); Elliot Aronson, *The Social Animal*, 5ª ed. (W. H. Freeman
and Co., 1988); Joe Sexton, «Reviving Kitty Genovese Ca-
se, and Its Passions», *The New York Times*, 25 de julio de 1995;
Malcolm Gladwell, *The Tipping Point* (Little, Brown, 2000);
Jim Rasenberger, «Nightmare on Austin Street», *American He-
ritage*, octubre de 2006; Charles Skoller, *Twisted Confessions*
(Bridgeway Books, 2008); Rachel Manning, Mark Levine y

Alan Collins, «The Kitty Genovese Murder and the Social Psychology of Helping: The Parable of the 38 Witnesses», *American Psychologist* 62, n.° 6 (2007). / 127 Las *condiciones meteorológicas en Queens* fueron aportadas por el Servicio Nacional de Meteorología. / 129 *Genovese y el Holocausto*: véase Maureen Dowd, «20 Years After the Murder of Kitty Genovese, the Question Remains: Why?», *The New York Times*, 12 de marzo de 1984. Dowd cita a R. Lance Shotland, profesor de psicología en la Universidad Estatal de Pensilvania, que comentó que, «probablemente, ningún otro incidente ha hecho que los psicólogos sociales prestaran tanta atención a un aspecto de la conducta social como el asesinato de Kitty Genovese». / 129 Las *declaraciones de Bill Clinton* sobre el asesinato de Genovese están tomadas de sus comentarios en el Foro de Seguridad Pública del AmeriCorps en Nueva York, 10 de marzo de 1994.

130-135 Crimen y televisión en Estados Unidos: esta sección se basa principalmente en Steven D. Levitt y Matthew Gentzkow, «Measuring the Impact of TV's Introduction on Crime», documento de trabajo. Véanse también: Matthew Gentzkow, «Television and Voter Turnout», *Quarterly Journal of Economics* 121, n.° 3 (agosto de 2006), y Matthew Gentzkow y Jesse M. Shapiro, «Preschool Television Viewing and Adolescent Test Scores: Historical Evidence from the Coleman Study», *Quarterly Journal of Economics* 123, n.° 1 (febrero de 2008). / 131 *Hacinamiento en las prisiones y el «experimento» de la ACLU*: véase Steven D. Levitt, «The Effect of Prison Population Size on Crime Rates: Evidence from Prison Overcrowding Litigation», *The Quarterly Journal of Economics* 11, n.° 2 (mayo de 1996).

135-136 ¿Altruismo familiar?: véanse Gary Becker, «Altruism in the Family and Selfishness in the Marketplace», *Economica* 48, n.° 189, New Series (febrero de 1981), y B. Douglas Bernheim, Andrei Shleifer y Lawrence H. Summers, «The Strategic Bequest Motive», *Journal of Political Economy* 93, n.° 6 (diciembre de 1985).

137-138   Los norteamericanos son famosos por su altruismo: estas cifras están sacadas de un estudio del Centro de Filantropía de la Universidad de Indiana. De 1996 a 2006, las donaciones totales de los norteamericanos ascendieron de 193.000 millones de dólares a 295.000 millones (cantidad ajustada según la inflación), lo que representa un aumento del 1,7 por ciento del PIB al 2,6 por ciento del PIB. Véase también David Leonhardt, «What Makes People Give», *The New York Times*, 9 de marzo de 2008. / 138 Para más información acerca de *donaciones para desastres y cobertura televisiva*, véase Philip H. Brown y Jessica H. Minty, «Media Coverage and Charitable Giving After the 2004 Tsunami», *Southern Economic Journal* 75, n.° 1 (2008).

138-139   La validez de los experimentos de laboratorio: el *experimento de aceleración de Galileo* se describe en Galileo Galilei, *Diálogo acerca de dos nuevas ciencias*. La *opinión de Richard Feynman* sobre la importancia de la experimentación está tomada de sus *Lectures on Physics*, ed. Matthew Linzee Sands (Addison-Wesley, 1963).

139-142   Ultimátum y Dictador: el primer artículo sobre el *Ultimátum*, como se le conoce normalmente, es Werner Guth, Rolf Schmittberger y Bernd Schwarze, «An Experimental Analysis of Ultimatum Bargaining», *Journal of Economic Behavior and Organization* 3, n.° 4 (1982). Para una buena información sobre la evolución de estos juegos, véase Steven D. Levitt y John A. List, «What Do Laboratory Experiments Measuring Social Preferences Tell Us About the Real World», *Journal of Economic Perspectives* 21, n.° 2 (2007). Véanse también: Daniel Kahneman, Jack L. Knetsch y Richard Thaler, «Fairness as a Constraint on Profit Seeking: Entitlements in the Market», *American Economic Review* 76, n.° 4 (septiembre de 1986); Robert

Forsythe, Joel L. Horowitz, N. E. Savin y Martin Sefton, «Fairness in Simple Bargining Experiments», *Games and Economic Behavior* 6, n.º 3 (mayo de 1994); Colin F. Camerer, *Behavioral Game Theory* (Princeton University Press, 2003), y John A. List, «Dictator Game Giving Is an Experimental Artifact», documento de trabajo, 2005.

142-145 Trasplantes de órganos: el primer *trasplante de riñón con éxito a largo plazo* lo realizó Joseph Murray en el Hospital Peter Bent Brigham de Boston en diciembre de 1954, tal como se relata en Nicholas Tilney, *Transplant: From Myth to Reality* (Yale University Press, 2003). / 143 «*Motodonantes*»: véase Stacy Dickert-Conlin, Todd Elder y Brian Moore, «Donorcycles: Do Motorcycle Hemlet Laws Reduce Organ Donations?», documento de trabajo, 2009. / 143 Leyes de «*consentimiento supuesto*» en Europa: véase Alberto Abadie y Sebastien Gay, «The Impact of Presumed Consent Legislation on Cadaveric Organ Donation: A Cross Country Study», *Journal of Health Economics* 25, n.º 4 (julio de 2006). / 144 *El programa de riñones iraní* se describe en Ahad J. Ghods y Shekoufeh Savaj, «Iranian Model of Paid and Regulated Living-Unrelated Kidney Donation», *Clinical Journal of the American Society of Nephrology* 1 (octubre de 2006), y Benjamin E. Hippen, «Organ Sales and Moral Travails»: Lessons from the Living Kidney Vendor Program in Iran», Instituto Cato, *Policy Analysis*, n.º 614, 20 de marzo de 2008. / 144 El *enfrentamiento entre el doctor Barry Jacobs y Al Gore* tuvo lugar en la audiencia ante la subcomisión de Salud y Medio Ambiente para considerar H.R. 4080, 17 de octubre de 1983.

145-157 John List, que cambió el juego: esta sección está basada principalmente en entrevistas de los autores con John List y en varios de sus muchos, muchísimos artículos, algunos escritos en colaboración con Steven D. Levitt. Dichos artículos incluyen: List, «Does Market Experience Eliminate Market Anoma-

lies?», *Quarterly Journal of Economics* 118, n.º 1 (2003); Glenn
Harrison y List: «Field Experiments», *Journal of Economic Lite-
rature* 42 (diciembre de 2004); List, «Dictator Game Giving Is
an Experimental Artifact», documento de trabajo, 2005; List,
«The Behavioralist Meets the Market: Measuring Social Preferences and Reputation Effects in Actual Transactions», *Journal of Political Economy* 14, n.º 1 (2006); Levitt y List, «View-
point: On the Generalizability of Lab Behavior to the Field»,
Canadian Journal of Economics 40, n.º 2 (mayo de 2007); Levitt
y List, «What Do Laboratory Experiments Measuring Social
Preferences Tell Us About the Real World», *Journal of Economic
Perspectives* 21, n.º 2 (2007); List, «On the Interpretation of Giving in Dictator Games», *Journal of Political Economy* 115, n.º 3
(2007); List y Todd L. Cherry, «Examining the Role of Fair-
ness in High Stakes Allocation Decisions», *Journal of Economic
Behavior & Organization* 65, n.º 1 (2008); Levitt y List, «Homo
Economicus Evolves», *Science*, 15 de febrero de 2008; Levitt,
List y David Reiley, «What Happens in the Field Stays in the
Field: Professionals Do Not Play Minimax in Laboratory Experiments», *Econometrica* (a publicar en 2009); Levitt y List,
«Field Experiments in Economics: The Past, the Present and
the Future», *European Economic Review* (a publicar en 2009).
Nótese que otros investigadores han empezado a preguntarse
si el altruismo observado en el laboratorio es un artefacto del
experimento mismo; en especial, véase Nicholas Bardsley,
«Experimental economics and the Artificiality of Alteration»,
Journal of Economic Methodology 12, n.º 2 (2005). / 154 «*Estu-
diantes de segundo curso*» y «benefactores científicos»: véase R. L.
Rosenthal, *Artifact in Behavioral Research* (Academic Press,
1969). / 154 «*Mayor necesidad de aprobación*»: véase Richard L.
Doty y Colin Silverthorne, «Influence of Menstrual Cycle on
Volunteering Behavior», *Nature*, 1975. / 155 *El jefe se lava las
manos*: véase Kristen Munger y Shelby J. Harris, «Effects of an
Observer on Hand Washing in a Public Restroom», *Perceptual

and Motor Skills 69 (1989). / 155 *El experimento de la «caja de confianza»*: véase Melissa Bateson, Daniel Nettle y Gilbert Roberts, «Cues of Being Watched Enhance Cooperation in a Real-World Setting», *Biology Letters*, 2006. En esta misma línea, consideremos otro ingenioso experimento de campo, llevado a cabo en treinta iglesias holandesas por un joven economista llamado Adriaan R. Soetevent. En estas iglesias, la colecta se recogía en una bolsa cerrada que se pasaba de una persona a otra, fila tras fila. Soetevent consiguió que las iglesias le permitieran cambiar las cosas, sustituyendo en algunas la bolsa de colecta cerrada por una cesta abierta durante varios meses. Quería saber si el escrutinio añadido cambiaba los patrones de donación. (La cesta abierta te permite ver cuánto dinero se ha recolectado ya, y cuánto echa tu vecino.) Y desde luego que cambió: con las cestas abiertas, los feligreses daban más dinero, y menos monedas de escaso valor, que con las bolsas cerradas; aunque es interesante observar que el efecto fue disminuyendo cuando las cestas abiertas llevaban ya usándose algún tiempo. Véase Soetevent, «Anonymity in Giving in a Natural Context — A Field Experiment in 30 Churches», *Journal of Public Economics* 89 (2005). / 156 *«Un autómata estúpido»*: véase A. H. Pierce, «The Subconscious Again», *Journal of Philosophy, Psychology & Scientific Methods* 5 (1908). / 156 *«Cooperación forzada»*: véase Martin T. Orne, «On the Social Psychological Experiment: With Particular Reference to Demand Characteristics and Their Implications», *American Psychologist* 17, n.° 10 (1962). / 156-157 *«Por qué los oficiales nazis obedecían»*: véase Stanley Milgram, «Behavioral Study of Obedience», *Journal of Abnormal and Social Psychology* 67, n.° 4 (1963). / 157 *Los experimentos de «prisión» de Stanford:* véase Craig Haney, Curtis Banks y Philip Zimbardo, «Interpersonal Dynamics in a Simulated Prison», *International Journal of Criminology and Penology* 1 (1973).

157-159   «Altruismo impuro»: *los norteamericanos, como grandes donantes*:
véase «International Comparisons of Charitable Giving», informe de la Charities Aid Foundation, noviembre de 2006.
Y para los igualmente altos incentivos fiscales, véase David
Roodman y Scott Standley, «Tax Policies to Promote Private
Charitable Giving in DAC Countries», documento de trabajo del Centro para el Desarrollo Global, enero de 2006. / 157
Altruismo «impuro» y «de aura»: véanse James Andreoni, «Giving with Impure Altruism: Applications to Charity and Ri-
cardian Equivalence», *Journal of Political Economy* 97 (diciembre de 1989), y Andreoni, «Impure Altruism and Donations to
Public Goods: A Theory of Warm-Glow Giving», *Economic
Journal* 100 (junio de 1990). / 158 *La economía de la mendici-
dad*: véase Gary S. Becker, «Spouses and Beggars: Love and
Sympathy», en *Accounting for Tastes* (Harvard University Press,
1998). / 158 *Listas de espera para trasplantes de órganos*: esta información se sacó de la página web de la Red de Adquisición
y Trasplante de Órganos del Departamento de Sanidad y Servicios Humanos de Estados Unidos, www.optn.org. También
hay material aportado por el economista Julio Jorge Elias, de la
Universidad Estatal de Nueva York en Buffalo. Véanse también
Becker y Elias, «Introducing Incentives in the Market for Live
and Cadaveric Organ Donations», *Journal of Economic Perspectives* 21, n.º 3 (verano de 2007), y Stephen J. Dubner y Steven D.
Levitt, «Flesh Trade», *The New York Times Magazine*, 9 de julio de
2006. / 158-159 *En Irán no hay lista de espera*: véanse Benjamin
E. Hippen, «Organ Sales and Moral Travails: Lessons for the Li-
ving Kidney Vendor Program in Iran», Instituto Cato, *Policy
Analysis*, n.º 614, 20 de marzo de 2008, y Stephen J. Dubner,
«Human Organs for Sale, Legally, in... *Which* Country?», blog
de Freakonomics, *The New York Times*, 29 de abril de 2008.

159-166   Nueva visita a Kitty Genovese: para la lista de fuentes en las
que nos basamos para la revisión del caso, véanse las notas del

principio de este capítulo. Esta segunda sección se ha basado principalmente en entrevistas con Joseph De May Jr. y Mike Hoffman, y en el libro de A. M. Rosenthal *Thirty-Eight Witnesses*... Uno de nosotros (Dubner) tuvo la oportunidad de trabajar con Rosenthal en los últimos tiempos de este en el *Times*. Incluso al final de su vida (murió en 2006), Rosenthal seguía siendo un periodista enérgico y un hombre de opiniones sumamente contundentes, que no soportaba a los tontos o, como han argumentado algunos, las opiniones discrepantes. En 2004, Rosenthal participó en un simposio en la Universidad Fordham de Nueva York para conmemorar el cuadragésimo aniversario del asesinato de Genovese. Allí ofreció una singular explicación de su obsesión por el caso: «¿Por qué me conmovió tan profundamente el incidente Genovese? Os diré esto: yo tenía cinco hermanas y era el más joven. Qué cariñosas y magníficas eran mis hermanas. Pero una de mis hermanas fue asesinada. La joven Bess volvía a casa dos noches antes de Año Nuevo por un sendero del parque Van Cortlandt, cuando un pervertido sexual saltó de entre los arbustos y se exhibió ante ella. Asustada, escapó corriendo y corrió alrededor de un kilómetro y medio hasta llegar a casa, sudorosa en aquel tiempo gélido. A los dos días, Bess enfermó y murió. Todavía echo de menos a nuestra querida Bess, y siento que Bess fue asesinada por aquel criminal que le quitó la vida, como el monstruo que mató a Kitty Genovese»... El asesinato de Genovese hizo que muchos eruditos desempolvaran un famoso comentario pronunciado por Edmund Burke dos siglos antes: «Lo único que necesita el mal para triunfar es que los buenos no hagan nada». Parecía resumir a la perfección lo que ocurrió aquella noche. Pero Fred Shapiro, editor de *The Yale Book of Quotations*, no pudo encontrar nada parecido en los escritos de Burke. Lo cual significa que esta famosa cita —junto con, al parecer, la mitad de las citas atribuidas a Mark Twain y Oscar Wilde— parece tan apócrifa como la historia de los 38 testigos.

4. LA COSA TIENE ARREGLO... Y ES FÁCIL Y BARATO

167   Tasas de mortalidad maternal: para cifras recientes, véase «Maternal Mortality in 2005: Estimates Developed by WHO, UNICEF, UNFPA and the World Bank», Organización Mundial de la Salud, 2007. Para tasas históricas, véase Irvine Loudon, «Maternal Mortality in the Past and Its Relevance to Developing Countries Today», *American Journal of Clinical Nutrition* 72, n.° 1 (julio de 2000).

168-173 Ignatz Semmelweis acude al rescate: la historia de Ignatz Semmelweis se ha contado de maneras diferentes a lo largo de los años, pero el relato más impresionante es tal vez el de Sherwin B. Nuland, *The Doctor's Plague: Germs, Childbed Fever and the Strange Story of Ignatz Semmelweis* (Atlas Books, 2003). Esto puede deberse a que Nuland es médico. Hemos tomado muchos datos de este libro y estamos muy agradecidos. Véase también: Ignatz Semmelweis, «The Etiology, Concept and Prophylaxis of Childbed Fever», trad. al inglés de K. Codell Carter (University of Wisconsin Press, 1983; publicado originalmente en 1861). Nota: *Puerpera*, en latín, significa mujer que ha dado a luz.

173-175 Consecuencias no intencionadas: para una visión general, véase Stephen J. Dubner y Steven D. Levitt, «Unintended Consequence», *The New York Times Magazine*, 20 de enero de 2008. / 173 Sobre la *Ley de Norteamericanos con Discapacidades*, véase Daron Acemoglu y Joshua D. Angrist, «Consequences of Employment Protection? The Case of the Americans with Disabilities Act», *Journal of Political Economy* 109, n.° 5 (2001). / 173 Sobre la *Ley de Especies en Peligro*, véanse Dean Lueck y Jeffrey A. Michael, «Preemptive Habitat Destruction Under the Endangered Species Act», *Journal of Law and Economics* 46 (abril de 2003), y John A. List, Michael Margolis y Daniel E.

Osgood, «Is the Endangered Species Act Endangering Species?», documento de trabjo de la Oficina Nacional de Investigación Económica, diciembre de 2006. / 174 *Evitación del impuesto de basuras*: sobre el «*Seattle Stomp*», las *basuras tiradas al bosque en Charlottesville* y otras tácticas, véase Don Fullerton y Thomas C. Kinnaman, «Household Responses to Pricing Garbage by the Bag», *American Economic Review* 86, n.º 4 (septiembre de 1996); sobre *restos de comida arrojados al retrete en Alemania*, véase Roger Boyes, «Children Beware: The Rats Are Back and Hamelin Needs a New Piper», *The Times* (Londres), 17 de diciembre de 2008; sobre la *quema de basura en los patios de Dublín*, véase S. M. Murphy, C. Davidson, A. M. Kennedy, P. A. Eadie y C. Lawlor, «Backyard Burning», *Journal of Plastic, Reconstructive & Aesthetic Surgery* 61, n.º 1 (febrero de 2008). / 174 *El perdón de deudas sabático*: véase Solomon Zeitlin, «Prosbol: A Study in Tannaitic Jurisprudence», *The Jewish Quarterly Review* 37, n.º 4 (abril de 1947). (Gracias a Leon Morris por el aviso.)

175   Acaparamiento de fórceps: véanse James Hobson Aveling, *The Chamberlens and the Midwifery Forceps* (J. & A. Churchill, 1982); Atul Gawande, «The Score: How Childbirth Went Industrial», *The New Yorker*, 2 de octubre de 2006, y Stephen J. Dubner, «Medical Failures, and Successes Too: A Q&A with Atul Gawande», blog de Freakonomics, *The New York Times*, 25 de junio de 2007.

176-177 Más comida, más gente: véanse «The World at Six Billion», Naciones Unidas, 1999; Mark Overton, *Agricultural Revolution in England: The Transformation of the Agrarian Economy, 1500-1850* (Cambridge University Press, 1996), y Milton Friedman y Rose Friedman, *Free to Choose* (Harvest, 1990; publicado originalmente en 1979). La información de Will Masters, profesor de economía agraria en Purdue, se obtuvo en una entrevista con los autores. Para una asombrosa exhibición de la maestría de Masters poniendo en verso teorías de economía agraria, véase Stephen J. Dubner, «Why Are Kiwis So Cheap?», blog de Freakonomics, *The New York Times*, 4 de junio de 2009.

177-178 Consideremos la ballena: el auge y declive de la caza de ballenas están maravillosamente contados en Eric Jay Dolin, *Leviathan: The History of Whaling in America* (W.W. Norton & Company, 2007).Véanse también: Charles Melville Scammon, *The Marine Mammals of the Northwestern Coast of North America: Together with an Account of the American Whale-Fishery*, 1874; Alexander Starbuck, *History of the American Whale Fishery From Its Earliest Inception to the Year 1876*, publicado por el autor, 1878, y Paul Gilmour, «Saving the Whales, Circa 1852», carta al director, *The Wall Street Journal*, 6 de diciembre de 2008.

179-181 Los misterios de la polio: véanse David M. Oshinsky, *Polio: An American Story* (Oxford University Press, 2005), un libro verdaderamente excelente sobre el tema, y «The Battle Against Polio», *NewsHour with Jim Lehrer*, PBS, 24 de abril de 2006. / 179 *La falaz relación entre la polio y los helados* fue planteada por David Alan Grier, estadístico de la Universidad George Washington, en Steve Lohr, «For Today's Graduate, Just One Word: Statistics», *The New York Times*, 5 de agosto de 2009. / 180 Sobre el *ahorro que representan las vacunas contra la polio*, véanse Kimberly M.Thompson y Radboud J. Duintjer Tebbens, «Retrospective Cost-Effectiveness Analysis for Polio Vaccination in the United States», *Risk Analysis* 26, n.º 6 (2006), y Tebbens *et al.*, «A Dynamic Model of Poliomyelitis Outbreaks: Learning from the Past to Help Inform the Future», *American Journal of Epidemiology* 162, n.º 4 (julio de 2005). / 181 Sobre *otros remedios médicos simples y baratos*, véanse Marc W. Kirschner, Elizabeth Marincola y Elizabeth Olmsted Teisberg, «The Role of Biomedical Research in Health Care Reform», *Science* 266 (7 de octubre de 1994), y Earl S. Ford *et al.*, «Explaining the Decrease in U.S. Deaths from Coronary Disease, 1980-2000», *New England Journal of Medicine* 356, n.° 23 (7 de junio de 2007).

181-182 El coche asesino: para el *número de automóviles en los años cincuenta*, véase «Topics and Sidelights of the Day in Wall Street: Fuel Consumption», *The New York Times*, 25 de mayo de 1951. Sobre los *temores de la industria* relacionados con la seguridad, véase «Fear Seen Cutting Car Traffic, Sales», *The New York Times*, 29 de enero de 1952.

181-186 La extraña historia del cinturón de seguridad de Robert McNamara: esta sección está basada en numerosas fuentes, incluyendo entrevistas de los autores con Robert McNamara poco antes de su muerte. Véanse también: «A Life in Public Service: Conversation with Robert McNamara», 16 de abril de 1996, por Harry Kreisler, que forma parte de la serie Conversaciones con la Historia del Instituto de Estudios Internacionales de la Universidad de California en Berkeley; *The Fog of War: Eleven Lessons from the Life of Robert S. McNamara*, dirigida por Errol Morris, 2003, Sony Pictures Classics; Richard Alan Johnson, *Six Men Who Built the Modern Auto Industry* (MotorBooks/MBI Publishing Company, 2005), y Johnson, «The Outsider: How Robert McNamara Changed the Automobile Industry», *American Heritage*, verano de 2007. / 185 *Utilización del cinturón de seguridad a lo largo del tiempo*: véase Steven D. Levitt y Jack Porter, «Sample Selection in the Estimation of Air Bag and Seat Belt Effectiveness», *The Review of Economics and Statistics* 83, n.° 4 (noviembre de 2001). / 185 Sobre *Vidas salvadas por los cinturones de seguridad*, véanse Donna Glassbrenner, «Estimating the Lives Saved by Safety Belts and Air Bags», Administración Nacional de Seguridad de Tráfico en Carreteras (NHTSA), documento n.° 500, y «Lives

Saved in 2008 by Restraint Use and Minimum Drinking Age Laws», NHTSA, junio de 2009. / 186 *Cinco billones de kilómetros recorridos en coche al año*: tomado de la Oficina de Estadísticas de Transportes de Estados Unidos. / 186 *Carreteras peligrosas en otros continentes*: véase «Road Safety: A Public Health Issue», Organización Mundial de la Salud, 29 de marzo de 2004. / 186 *Coste de una vida salvada por el cinturón o por el air bag*: véase Levitt y Porter, «Sample Selection in the Estimation of Air Bag and Seat Belt Effectiveness», *The Review of Economics and Statistics* 83, n.° 4 (noviembre de 2001).

187-196   ¿Son eficaces los asientos para niños? Esta sección se basa principalmente en Steven D. Levitt, «Evidence that Seat Belts Are as Effective as Child Safety Seats in Preventing Death for Children», *The Review of Economics and Statistics* 90, n.° 1 (febrero de 2008); Levitt y Joseph J. Doyle, «Evaluating the Effectiveness of Child Safety Seats and Seat Belts in Protecting Children from Injury», *Economic Inquiry*, de próxima aparición, y Levitt y Stephen J. Dubner, «The Seat-Belt Solution», *The New York Times Magazine*, 10 de julio de 2005. Para una breve *historia de los asientos de seguridad para niños*, véase: Charles J. Kahane, «An Evaluation of Child Passenger Safety: The Effectiveness and Benefits of Safety Seats», Administración Nacional de Seguridad de Tráfico en Carreteras (NHTSA), febrero de 1986. / 193-194 *«Un grupo de destacados investigadores sobre seguridad infantil»*: véanse Flaura K. Winston, Dennis R. Durbin, Michael J. Kallan y Elisa K. Moll, «The Danger of Premature Graduation to Seat Belts for Young Children», *Pediatrics* 105 (2000), y Dennis R. Durbin, Michael R. Elliott y Flaura K. Winston, «Belt-Positioning Booster Seats and Reduction in Risk of Injury Among Children in Vehicle Crashes», *Journal of the American Medical Association* 289, n.° 21 (4 de junio de 2003).

196-198 Estadísticas de huracanes: los datos sobre *muertes causadas por huracanes en todo el mundo* fueron proporcionados por la Base de Datos de Situaciones de Emergencia, de la Universidad Católica de Lovaina; los datos de muertes en Estados Unidos se obtuvieron de la División Nacional de Investigación sobre Huracanes, de la Asociación Nacional Oceánica y Atmosférica. El *coste económico en Estados Unidos*: véase Roger Pielke, Jr. *et al.*, «Normalized Hurricane Damage in the United States: 1900-2005», *Natural Hazards Review*, febrero de 2008. Para más información sobre la *Oscilación Atlántica Multidecenial*, véanse Stephen Gray, Lisa Graumlich, Julio Betancourt y Gregory Pederson, «A Tree-Ring Based Reconstruction of the Atlantic Multidecadal Oscillation Since 1567 A.D.», *Geophysical Research Letters* 21 (17 de junio de 2004); Mihai Dima, «A Hemispheric Mechanism for the Atlantic Multidecadal Oscillation», *Journal of Climate* 20 (octubre de 2006); David Enfield, Alberto Mestas-Nuñez y Paul Trimble, «The Atlantic Multidecadal Oscillation and Its Relation to Rainfall and River Flows in the Continental U.S.», *Geophysical Research Letters* 28 (15 de mayo de 2001), y Clive Thompson, «The Five-Year Forecast», *New York*, 27 de noviembre de 2006.

198-202 «Un tipo con intelecto aventurero llamado Nathan»: esta sección está basada en entrevistas de los autores con Nathan y sus colaboradores, a quienes el lector conocerá con más detalle en el capítulo 5. Neal Stephenson —sí, el mismo que escribe novelas fantasmagóricas— fue particularmente amable al guiarnos en algunos detalles y mostrarnos simulaciones de ordenador. El apagador de huracanes descrito es conocido también como «Aplicaciones y Métodos de Alteración de la Estructura del Agua», de Jeffrey A. Bowers *et al.*, solicitud de patente en Estados Unidos 20090173366, 9 de julio de 2009. Entre los autores incluidos en *et al.* hay un tal William H. Gates III. El resumen de la solicitud de patente dice así: «Se describe en general un método que incluye alteración del ambiente. El método incluye determinar la posición de al menos un recipiente capaz de mover el agua a mayores profundidades por hundimiento inducido por las olas. El método incluye también la instalación de al menos un recipiente en la posición determinada. Además, el método incluye la generación de movimiento en el agua adyacente a la superficie, en respuesta a la instalación».

5. ¿Qué tienen en común Al Gore y el monte Pinatubo?

203-204   ¡Fundamos el casquete polar!: para la sección sobre *enfriamiento global*, véanse: Harold M. Schmeck Jr., «Climate Changes Endanger World's Food Output», *The New York Times*, 8 de agosto de 1974; Peter Gwynne, «The Cooling World», *Newsweek*, 28 de abril de 1975; Walter Sullivan, «Scientists Ask Why World Climate Is Changing; Major Cooling May Be Ahead», *The New York Times*, 21 de mayo de 1975. Las temperaturas en el suelo de los últimos cien años se pueden encontrar en «Climate Change 2007: Synthesis Report», Panel Intergubernamental de las Naciones Unidas para el Cambio Climático (IPCC).

204   James Lovelock: todas las citas de James Lovelock que aparecen en este capítulo se pueden encontrar en *The Revenge of Gaia: Earth's Climate Crisis and the Fate of Humanity* (Basic Books, 2006). Lovelock es un científico que tal vez es más conocido por ser el autor de la hipótesis Gaia, que argumenta que la Tierra es básicamente un organismo vivo muy similar (pero superior en muchos aspectos) a un ser humano. Ha escrito varios libros sobre el tema, incluyendo el fundacional *Gaia: The Practical Science of Planetary Medicine* (Gaia Books, 1991).

205   Las vacas, terribles contaminadoras: *la potencia del metano* como
           gas de efecto invernadero en comparación con el dióxido de
           carbono fue calculada por el climatólogo Ken Caldeira, de la
           Institución Carnegie para la Ciencia, basándose en el Tercer
           Informe de Valoración del IPCC. *Los rumiantes producen más*
           gas de efecto invernadero que el sector de los transportes: véanse «La
           larga sombra del ganado: cuestiones y opciones ambientales»,
           Organización para la Agricultura y la Alimentación (FAO) de
           las Naciones Unidas, Roma, 2006, y Shikegi Kobayashi,
           «Transport and Its Infrastructure», capítulo 5 del Tercer Infor-
           me de Valoración del IPCC, 25 de septiembre de 2007.

205-206   Localistas bienintencionados: véase Christopher L. Weber y
           H. Scott Matthews, «Food-Miles and the Relative Climate
           Impacts of Food Choices in the United States», *Environmental*
           Science and Technology 42, n.° 10 (abril de 2008); véanse tam-
           bién James McWilliams, «On Locavorism», blog de Freakono-
           mics, *The New York Times*, 26 de agosto de 2008, y el próximo
           libro de McWilliams, *Just Food* (Little, Brown, 2009).

206   Coman más canguro: véase «Eco-Friendly Kangaroo Farts
           Could Help Global Warming Scientists», Agencia France-
           Press, 5 de diciembre de 2007.

206-209   El calentamiento global, un problema «particularmente espi-
           noso»: sobre *«la situación terrible»*, véase Martin L. Weitzman,
           «On Modeling and Interpreting the Economics of Catastrop-
           hic Climate Change», *The Review of Economics and Statistics* 91,
           n.° 1 (febrero de 2009). / 207 *Una siniestra advertencia*: véase
           Nicholas Herbert Stern, *The Economics of Climate Change: The*
           Stern Review (Cambridge University Press, 2007). / 208 Hay
           mucho que leer acerca de la *influencia de la incertidumbre*, sobre
           todo en comparación con el riesgo. Los psicólogos israelíes
           Amos Tversky y Daniel Kahneman, a cuyo trabajo se le atri-

buye en general haber dado origen a la economía del comportamiento, realizaron una de las primeras investigaciones sobre cómo la gente toma decisiones bajo presión, y descubrieron que la incertidumbre conduce a «graves y sistemáticos errores» de juicio. (Véase «Judgement Under Uncertainty: Heuristics and Biases», en *Judgement Under Uncertainty: Heuristics and Biases,* Daniel Kahneman, Paul Slovic y Amos Tversky, eds. [Cambridge University Press, 1982].) Nosotros escribimos acerca de la diferencia entre riesgo e incertidumbre en una columna del *New York Times Magazine* («The Jane Fonda Effect», 16 de septiembre de 2007) referida al miedo a la energía nuclear: «[El economista Frank Knight] establecía una distinción entre dos factores clave de la toma de decisiones: el riesgo y la incertidumbre. La diferencia cardinal, afirmaba Knight, está en que el riesgo, por grande que sea, se puede medir, mientras que la incertidumbre no. ¿Cómo sopesa la gente el riesgo frente a la incertidumbre? Consideremos un famoso experimento que ilustra lo que se conoce como la paradoja de Ellsberg. Tenemos dos urnas. Se nos dice que la primera urna contiene 50 bolas rojas y 50 bolas negras. La segunda urna también contiene 100 bolas, rojas y negras, pero no sabemos qué número hay de cada color. Si tuviera que sacar una bola roja de una de las urnas, ¿qué urna elegiría? La mayoría de la gente elegiría la primera urna, lo que da a entender que prefieren un riesgo medible a una incertidumbre que no se puede medir. (Los economistas llaman a esta condición *aversión a la ambigüedad*.) ¿Podría ser que la energía nuclear, con todos sus riesgos, se considere ahora preferible a la incertidumbre del calentamiento global?» / 209 *La campaña «Nosotros» de Al Gore*: véanse www.climateprotect.org y Andrew C. Revkin, «Gore Group Plans Ad Blitz on Global Warming», *The New York Times*, 1 de abril de 2008. / 209 *El hereje Boris Johnson*: véase Boris Johnson, «We've Lost Our Fear of Hellfire, but Put Climate Change in Its Place», *The Telegraph*,

2 de febrero de 2006. / 209 *«Quedó casi sin vida»*: véanse Peter Ward, *The Medea Hypothesis: Is Life on Earth Ultimately Self-Destructive?* (Princeton University Press, 2009), y Drake Bennett, «Dark Green: A Scientist Argues that the Natural World Isn't Benevolent and Sustaining: It's Bent on Self-Destruction», *The Boston Globe*, 11 de enero de 2009. / 209 *Actividad humana y emisiones de carbono*: véase Kenneth Chang, «Satellite Will Track Carbon Dioxide», *The New York Times*, 22 de febrero de 2009; se puede leer más sobre lo que opina la NASA del dióxido de carbono en http://oco.jpl.nasa.gov/science/.

210 Las externalidades negativas de la minería de carbón: sobre *muertes de mineros norteamericanos*, véanse «Coal Fatalities for 1900 Through 2008» del Departamento de Trabajo de Estados Unidos, Administración de Seguridad y Sanidad en las Minas, y Jeff Goodell, *Big Coal: The Dirty Secret Behind America's Energy Future* (Houghton Mifflin, 2007). Las cifras de muertes por afecciones pulmonares se han extraído de informes del Instituto Nacional de Seguridad y Sanidad en el Trabajo. Las *muertes de mineros chinos*, según informes del gobierno chino, fueron 4.746 en 2006, 3.786 en 2007 y 3.215 en 2008; es probable que estas cifras estén por debajo de la realidad. Véanse «China Sees Coal Mine Deaths Fall, but Outlook Grim», Reuters, 11 de enero de 2007, y «Correction: 3.215 Coal Mining Deaths in 2008, China.org.cn, 9 de febrero de 2009.

213-215 LoJack: véase Ian Ayres y Steven D. Levitt, «Measuring Positive Externalities from Unobservable Victim Precaution: An Empirical Analysis of LoJack», *Quarterly Journal of Economics* 113, n.º 8 (febrero de 1998).

215 Manzanos y abejas: véanse J. E. Meade, «External Economies and Diseconomies in a Competitive Situation», *Economic Journal* 62, n.º 245 (marzo de 1952), y Steven N. S. Cheung, «The

Fable of the Bees: An Economic Investigation», *Journal of Law and Economics* 16, n.° 1 (abril de 1973). En su artículo, Cheung escribe una sentencia digna de mención: «Los datos, como el jade, no solo son caros de adquirir, sino también difíciles de verificar». Para un extraño giro en esta cuestión, véase Stephen J. Dubner, «Not as Authentic as It Seems», blog de Freakonomics, *The New York Times*, 23 de marzo de 2009.

215-216 Monte Pinatubo: para un dramático relato de la erupción, véase Barbara Decker, *Volcanoes* (Macmillan, 2005). Sobre su efecto en el clima global, véanse: Richard Kerr, «Pinatubo Global Cooling on Target», *Science*, enero de 1993: P. Minnis *et al.*, «Radiative Climate Forcing by the Mount Pinatubo Eruption», *Science*, marzo de 1993; Gregg J. S. Bluth *et al.*, «Stratospheric Loading of Sulfur from Explosive Volcanic Eruptions», *Journal of Geology*, 1997; Brian J. Soden *et al.*, «Global Cooling After the Eruption of Mount Pinatubo: A Test of Climate Feedback by Water Vapor», *Science*, abril de 2002, y T. M. L. Wigley, «A Combined Mitigation/Geoengineering Approach to Climate Stabilization», *Science*, octubre de 2006.

217-247 Intellectual Ventures y la geoingeniería: esta sección está basada principalmente en una visita que hicimos al laboratorio de Intellectual Ventures en Bellevue, Washington, a principios de 2008, y en posteriores entrevistas y correspondencia con Nathan Myhrvold, Ken Caldeira, Lowell Wood, John Latham, Bill Gates, Rod Hyde, Neal Stephenson y Pablos Holman, entre otros. Durante nuestra visita a IV, varias personas más participaron en la conversación, entre ellas Shelby Barnes, Wayt Gibbs, John Gilleand, Jordin Kare, Casey Tegreene y Chuck Witmer... También participaron *Conor y Cameron Myhrvold*, los hijos de Nathan en edad escolar. Ya han entrado en el negocio de los inventos con un «sistema de protección portátil para el cuerpo», una especie de air bag humano. Según la solicitud de patente: «En una versión, el sistema 100 puede llevarlo una persona con problemas de locomoción para protegerse de posibles caídas o choques con objetos del entorno. En otra versión, el sistema 100 pueden llevarlo los deportistas en lugar de los acolchamientos, cascos y protectores tradicionales. En otra versión, el sistema 100 pueden llevarlo las personas que montan en bicicleta, monopatín, patines, esquíes, snowboard, trineo y/o los que participan en otros varios deportes o actividades»... *Para más información interesante acerca de su padre*, véanse: Ken Auletta, «The Microsoft Provocateur», *The New Yorker*, 12 de mayo de 1997; «Patent Quality and Improvement», el testimonio de Myhrvold ante la Subcomisión de Tribunales, Internet y Propiedad Intelectual, Comisión de lo Judicial, Cámara de Representantes, Congreso de Estados Unidos, 28 de abril de 2005; Jonathan Reynolds, «Kitchen Voyeur», *The New York Times Magazine*, 16 de octubre de 2005; Nicholas Varchaver, «Who's Afraid of Nathan Myhrvold», *Fortune*, 10 de julio de 2006; Malcolm Gladwell, «In the Air; Annals of Innovation», *The New Yorker*, 12 de mayo de 2008; Amol Sharma y Don Clark, «Tech Guru Riles the Industry by Seeking Huge Patent Fees», *The Wall Street Journal*, 18 de septiembre de 2008; Mike Ullman, «The Problem Solver», *Washington CEO*, diciembre de 2008... *Myhrvold es también famoso* como escritor... en particular, de muchos informes largos, provocadores y extravagantemente detallados, pensados principalmente para uso interno. Véase Auletta, más arriba, para un buen comentario de algunos de los informes de Myhrvold para Microsoft. Tal vez el más importante hasta la fecha fue el que redactó para su actual empresa en 2003. Se titula «¿Qué constituye un gran invento?». Esperamos que algún día sea accesible para el público. / 217 *Asesinato de mosquitos con láser.* Para más detalles fascinantes, véase Robert A. Guth, «Rocket Scientists Shoot Down Mosquitoes with Lasers», *The Wall Street Journal*, 14-15 de marzo de 2009. / «No conozco a nadie más listo que Nathan», véase Auletta, arriba. / 219 *Más esqueletos de T. rex*: véase Gladwell, arriba; basado también en correspondencia con el paleontólogo Jack Horner, con quien Myhrvold colabora en la búsqueda de huesos de dinosaurios. / 220 *investigación científica [...] incluyendo la climatología*: véanse, por ejemplo, Edward Teller, Lowell Wod y Roderick Hyde, «Global Warming and Ice Ages: I. Prospects for Physics-Based Modulation of Global Change», 22° Seminario Internacional sobre Emergencias Planetarias, Erice (Sicilia, Italia), 20-23 de agosto de 1997; Ken Caldeira y Lowell Wood, «Global and Arctic Climate Engineering: Numerical Model Studies», *Philosophical Transactions of the Royal Society*, 13 de noviembre de 2008. / 220 *Durante las diez horas siguientes*: durante un descanso, si le plantea informalmente a Myhrvold una pregunta de interés —si opina, por ejemplo, que es verdad que la caída de un asteroide fue la causa de la extinción de los dinosaurios—, es capaz de obsequiarle con una larga historia de las diversas teorías en liza, la lógica (y los puntos débiles) de la teoría que ganó al final, y las falacias (y verdades menores) de las perdedoras. Para esta pregunta en particular, la breve respuesta de Myhrvold es: sí. / 221 *A su vez, Wood fue un protegido*: para una excelente exploración de la geoingeniería, que es además un perfil dual de Lowell Wood y Ken Caldeira, véase Chris Mooney, «Can a Million Tons of Sulfur Dioxide Combat Climate Change?», *Wired*, 23 de junio de 2008. / 221 *«Hasta un millón»*: véase Gladwell, arriba. / 223 *Myhrvold cita un artículo reciente*: véanse Robert Vautard, Pascal Yiou y Geert Jan van Oldenborgh, «Decline of Fog, Mist and Haze in Europe Over the Past 30 Years», *Nature Geoscience* 2, n.° 115 (2009), y Rolph Philipona, Klaus Behrens y Christian Ruckstuhl, «How Declining Aerosols and Rising Greenhouse Gases Forced Rapid Warming in Europe Since the 1980s», *Geophysical Research Letters* 36 (2009). / 224 *El dióxido de carbono que se respira en un edificio de oficinas nuevo*: basado en instrucciones de la Sociedad Americana de Ingenieros de Calefacción, Refrigeración y Aire Acondicionado. / 224 *El dióxido de carbono no es veneno*: para una aguda visión general del estado actual del pensamiento acerca del dióxido de carbono atmosférico, véase William Happer, «Climate Change», Declaración ante la Comisión de Medio Ambiente y Obras Públicas del Senado de Estados Unidos, 25 de febrero de 2009; también hay datos tomados del Centro de Análisis e Información sobre el Dióxido de Carbono del Departamento de Energía. / 224 *Los niveles de dióxido de carbono suben después de un aumento de la temperatura*: véase Jeff Severinghaus, «What Does the Lag of CO_2 Behind Temperature in Ice Cores Tell Us About Global Warming», *RealClimate*, 3 de diciembre de 2004. / 224 «*Acidificación marina*»: véanse Ken Caldeira y Michael E. Wickett, «Oceanography: Anthropogenic Carbon and Ocean pH», *Nature* 425 (septiembre de 2003), y Elizabeth Kolbert, «The Darkening Sea», *The New Yorker*, 20 de noviembre de 2006. / 225 *Furibundo activista medioambiental*: véase Mooney, arriba, con interesante información sobre el historial de Caldeira. / 225 *Caldeira menciona un estudio*: véase Caldeira *et al.*, «Impact of Geoengineering Schemes on the Terrestrial Biosphere», *Geophysical Research Letters* 29, n.º 22 (2002). / 227 *Los árboles como azote ambiental*: véanse Caldeira *et al.*, «Climate Effects of Global Land Cover Change», *Geophysical Research Letters* 32 (2005), y Caldeira *et al.*, «Combined Climate and Carbon-Cycle Effects of Large-Scale Deforestation», *Proceedings of the National Academy of Sciences* 104, n.º 16 (17 de abril de 2007). / 228 *El semiperíodo del dióxido de carbono atmosférico*: véase Archer *et al.*, «Atmospheric Lifetime of Fossil Fuel Carbon Dioxide», *Annual Review of Earth and Planetary Sciences* 37 (2009). / 230 «*Pondría fin a la corriente del Golfo*»: véanse Thomas F. Stocker y Andreas Schmittner, «Influence of Carbon Dioxide Emission Rates on the Stability of the Thermohaline Circulation», *Nature* 388 (1997), y Brad Lemley, «The Next Ice Age»,

Discover, septiembre de 202. / 230 *La punta norte de Terranova*: este antiguo emplazamiento nórdico es conocido como L'Anse aux Meadows. / 230 *Las sospechas de Benjamin Franklin acerca de los volcanes*: véanse Benjamin Franklin, «Meteorological Imaginations and Conjectures», *Memoirs of the Literary and Philosophical Society of Manchester*, 22 de diciembre de 1784, y Karen Harpp, «How Do Volcanoes Affect World Climate?», *Scientific American*, 4 de octubre de 2005. / 230 *«El año sin verano»*: véase Robert Evans, «Blast from the Past», *Smithsonian*, julio de 2002. / 231 *El supervolcán del lago Toba*: véase Stanley H. Ambrose, «Late Pleistocene Human Population Bottlenecks, Volcanic Winter, and Differentiation of Modern Humans», *Journal of Human Evolution* 34, n.º 6 (1998). / 232 *Los hermanos Vonnegut provocan lluvia*: véase William Langewiesche, «Stealing Weather», *Vanity Fair*, mayo de 2008. / 233 *La idea se atribuyó a Mijaíl Budiko*: véase M. I. Budiko, «Climatic Changes», American Geophysical Society, Washington D. C., 1977. Por improbable que parezca, Ken Caldeira hizo trabajos de posdoctorado en el instituto de Budiko en Leningrado, y 239-240 conoció a su futura esposa. /239-240 *Tal vez el argumento científico más sólido*: véase Paul J. Crutzen, «Albedo Enhancement by Stratospheric Sulfur Injections: A Contribution to Resolve a Policy Dilemma?», *Climatic Change*, 2006. / 240-241 *No existe ningún marco regulador*: para más información, véase «The Sun Blotted Out from the Sky», Elizabeth Svoboda, *Salon.com*, 2 de abril de 2008. / 243 *Ciertas ideas nuevas se ven invariablemente como repugnantes*: el decano de los estudios sobre repugnancia es el economista de Harvard Alvin E. Roth, cuya obra se puede ver en el blog de Market Design. Véanse también: Stephen J. Dubner y Steven D. Levitt, «Flesh Trade», *The New York Times Magazine*, 9 de julio de 2006, y Viviana A. Zelizer, «Human Values and the Market: The Case of Life Insurance and Death in 19th Century America», *American Journal of Sociology* 84, n.º 3 (noviembre de

1978). / 243 *Las citas de Al Gore*, aquí y en otras partes, son de Leonard David, «Al Gore: Earth Is in "Full-Scale Planetary Emergency"», *Space.com*, 26 de octubre de 2006. / 244-246 *El plan de los «espejos mojados»*: véase John Latham, «Amelioration of Global Warming by Controlled Enhancement of the Albedo and Longevity of Low-Level Maritime Clouds», *Atmospheric Science Letters* 3, n.º 2 (2002). / 245 *Estelas de aviones a reacción*: véanse David J. Travis, Andrew M. Carleton y Ryan G. Lauritsen, «Climatology: Contrails Reduce Daily Temperature Range», *Nature*, 8 de agosto de 2002; Travis, «Regional Variations in U.S. Diurnal Temperature Range for the 11-14 September 2001 Aircraft Groundings: Evidence of Jet Contrail Influence on Climate», *Journal of Climate* 17 (1 de marzo de 2004), y Andrew M. Carleton *et al.*, «Composite Atmospheric Environments of Jet Contrail Outbreaks for the United States», *Journal of Applied Meteorology and Climatology* 47 (febrero de 2008). / 247 *Combatir el calentamient global con cambios en la conducta individual*: la dificultad de esta empresa quedó demostrada, aunque indirectamente, por Barack Obama durante su campaña por la presidencia en 2008. Mientras se preparaba para un debate, Obama fue grabado quejándose de lo superficiales que podían ser los debates: «Cuando Brian Williams [de Noticias NBC] me pregunta por una cosa personal que haya hecho [que sea ecológica], yo le digo "Bueno, he plantado unos cuantos árboles". Y él me dice "Estoy hablando de algo personal". Lo que me viene a la cabeza es: "Pues la verdad, Brian, es que no podemos resolver el calentamiento global porque yo cambie unas p…s bombillas en mi casa. Tiene que ser algo colectivo"». Difundido por «Hackers and Spending Sprees», exclusiva de la web *Newsweek*, 5 de noviembre de 2008.

247-253 Manos sucias y doctores mortíferos: sobre el *triste final de Semmelweis*, véase Sherwin B. Nuland, *The Doctors' Plague: Germs,*

Childbed Fever and the Strange Story of Ignatz Semmelweis (Atlas Books, 2003). / 248 *«Una serie de estudios recientes»*: véase Didier Pittet, «Improving Adherence to Hand Hygiene Practice: A Multidisciplinary Approach», *Emerging Infectious Diseases*, marzo-abril de 2001. / 248-249 *«Errar es humano»*: Linda T. Kohn, Janet Corrigan y Molla S. Donaldson, *To Err Is Human: Building a Safer Health System* (National Academies Press, 2000). Hay que decir que los hospitales ya llevan años intentando mejorar la tasa de higiene manual de sus médicos. En los años ochenta, los Institutos Nacionales de la Salud lanzaron una campaña para fomentar la higiene manual en las salas de pediatría. El regalo promocional era un osito de peluche llamado T. Bear. T. Bear les encantaba por igual a los médicos y a los niños… pero no solo a ellos. Al cabo de solo una semana, se sacaron de las salas unas docenas de ositos para examinarlos, y se descubrió que todos ellos habían adquirido al menos uno de entre muchos amigos nuevos: *Staphylococcus aureus, E. coli, Pseudomonas, Klebsiella* y varios más. / 249-250 *El Centro Médico Cedars-Sinai*: véase Stephen J. Dubner y Steven D. Levitt, «Selling Soap», *The New York Times Magazine*, 24 de septiembre de 2006. El que nos contó esta historia fue el doctor Leon Bender, urólogo del Cedars-Sinai. / 249 *El estudio australiano*: véase J. Tibbals, «Teaching Hospital Medical Staff to Handwash», *Medical Journal of Australia* 164 (1996). / 252 *«Entre las mejores soluciones»*: sobre brazaletes desechables para medir la tensión, véase Kevin Sack, «Swabs in Hand, Hospital Cuts Deadly Infections», *The New York Times*, 27 de julio de 2007; sobre el escudo antimicrobiano de iones de plata, véase Craig Feied, «Novel Animicrobial Surface Coatings and the Potential for Reduced Fomite Transmission of SARS and Other Pathogens», manuscrito inédito, 2004; sobre las corbatas, véase «British Hospitals Ban Long Sleeves and Neckties to Fight Infection», Associated Press, 17 de septiembre de 2007.

252-253 Los prepucios están cayendo: véase Ingrid T. Katz y Alexi A. Wright, «Circumcision — A Surgical Strategy for HIV Prevention in Africa», *New England Journal of Medicine* 359, n.° 23 (4 de diciembre de 2008); basado también en entrevistas de los autores con Katz.

Epílogo: los monos también son personas

255-260 Véanse Stephen J. Dubner y Steven D. Levitt, «Monkey Business», *The New York Times Magazine*, 5 de junio de 2005; Venkat Lakshminarayanan, M. Keith Chen y Laurie R. Santos, «Endowment Effect in Capuchin Monkeys», *Philosophical Transactions of the Royal Society* 363 (octubre de 2008), y M. Keith Chen y Laurie Santos, «The Evolution of Rational and Irrational Economic Behavior: Evidence and Insight from a Non-Human Primate Species», capítulo de *Neuroeconomics: Decision Making and the Brain*, Paul Glimcher, Colin Camerer, Ernst Fehr y Russell Poldrack, eds. (Academic Press, Elsevier, 2009). / 256 *«Nadie ha visto a un perro…»*: véase Adam Smith, *An Inquiry into the Nature and Causes of the Wealth of Nations*, Edwin Cannon, ed. (University of Chicago Press, 1976; publicado originalmente en 1776). / 258 *También los jugadores en Bolsa tienen aversión a las pérdidas*: véase Terrance Odean, «Are Investors Reluctant to Realize Their Losses?», *Journal of Finance* 53, n.° 5 (octubre de 1998).

Índice alfabético